업무에 바로 쓰는
AWS 입문

지은이 **김성민** kimx3129@gmail.com

미국에서 학부로 Computer Science를 전공하고, 석사로 Data Science를 공부했다. 현재 헬스케어 관련 회사의 데이터 엔지니어로 일하고 있다. AWS, GCP와 Apache Airflow를 통해 데이터 파이프라인 생성 후 DBT tool을 사용해 정교한 ETL 과정을 디자인하고, 데이터가 잘 들어오는지 모니터링하면서 문제점을 개선한다. 집필뿐 아니라 온라인에서 강의를 통해 정보 나누기를 즐기는 데이터 엔지니어다(https://www.inflearn.com/course/aws-입문).

업무에 바로 쓰는 AWS 입문

핵심 리소스를 통해 쉽게 입문하는 AWS 가이드

초판 1쇄 발행 2023년 1월 10일
초판 2쇄 발행 2024년 7월 10일

지은이 김성민 / **펴낸이** 전태호
펴낸곳 한빛미디어(주) / **주소** 서울시 서대문구 연희로2길 62 한빛미디어(주) IT출판2부
전화 02-325-5544 / **팩스** 02-336-7124
등록 1999년 6월 24일 제 25100-2017-000058호 / **ISBN** 979-11-6921-065-2 93000

총괄 송경석 / **책임편집** 홍성신 / **기획** 박민아 / **편집** 박용규 / **진행** 김수민
디자인 표지 윤혜원 내지 박정화 / **전산편집** 다인
영업 김형진, 장경환, 조유미 / **마케팅** 박상용, 한종진, 이행은, 김선아, 고광일, 성화정, 김한솔 / **제작** 박성우, 김정우

이 책에 대한 의견이나 오탈자 및 잘못된 내용은 출판사 홈페이지나 아래 이메일로 알려주십시오
파본은 구매처에서 교환하실 수 있습니다. 책값은 뒤표지에 표시되어 있습니다.

한빛미디어 홈페이지 www.hanbit.co.kr / 이메일 ask@hanbit.co.kr

지금 하지 않으면 할 수 없는 일이 있습니다.
책으로 펴내고 싶은 아이디어나 원고를 메일(writer@hanbit.co.kr)로 보내주세요.
한빛미디어(주)는 여러분의 소중한 경험과 지식을 기다리고 있습니다.

업무에 바로 쓰는

AWS 입문

김성민 지음

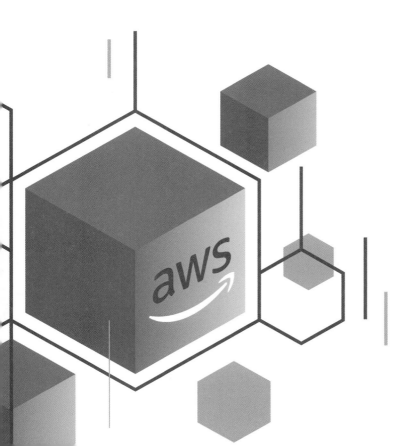

НВ 한빛미디어
Hanbit Media, Inc.

이 책은 클라우드 서비스로 어떤 것을 할 수 있는지, AWS를 어떻게 시작해야 하는지 전혀 모르는 사람도 이해할 수 있는 훌륭한 입문서입니다. AWS에서 제공하는 다양한 기능을 이해하고 실습할 수 있도록 그림과 다이어그램 등 여러 가지 방법으로 친절하게 설명합니다. 하나씩 따라 하다 보면 어느새 내가 만든 서비스를 어떻게 클라우드를 이용해서 배포하고 관리할 수 있을지 자연스럽게 알게 될 것입니다. 다양한 입문자가 이 책을 통해 AWS를 더 잘 알아갔으면 합니다.

김민규_ 네트워크 SW 개발자

이제는 클라우드가 무엇이고, 왜 중요한지 설명하는 시대는 지났습니다. 중요한 건 어떻게 하면 클라우드 리소스를 비즈니스에서 잘 활용하는가입니다. 특별히 AWS는 2006년에 시작하여 클라우드의 표준을 이끌어가고 있는 게 사실입니다. 이 책은 AWS의 각 리소스를 잘 설명하고 있으며, 필요한 실습을 통해 어떻게 그 리소스를 활용할 수 있는지 다루고 있습니다. 또한 DevOps 관점에서도 양쪽을 적절히 잘 다루고 있습니다. 이 책의 설명과 실습을 저자의 의도대로 잘 따라 하면 어느새 AWS의 핵심 서비스와 리소스를 잘 다루는 고지에 올라와 있다는 것을 알게 될 겁니다. AWS 시작, 이 책 한 권이면 충분합니다.

복종순_ 클라우드 기반 개발자 겸 강사

AWS를 가볍게 시작하며 배울 수 있습니다. 실습을 하나씩 따라 하면 AWS의 다양한 기능을 금방 익힐 수 있습니다. 혼자서도 AWS를 쉽게 공부할 수 있도록 구성되어 있습니다. 클라우드를 처음 시작하는 이에게 교재로 추천합니다.

서태호_ 클라우드 엔지니어

AWS에 대해서 하나부터 열까지 차근차근 알려주는 고마운 책입니다. 실습을 위한 캡처 화면과 각종 용어에 관한 꼼꼼한 설명은 AWS 입문자에게 많은 도움이 됩니다.

송주연_ 클라이언트 개발자

클라우드 업계에서 AWS의 기술력은 리더급에 속합니다. 그러므로 클라우드 공부를 시작한다면 AWS로 시작하는 것이 유리합니다. 이 책의 전체적인 구성을 살펴보면 해당 기술에 대한 설명을 시작으로 여러 가지 기술에 대한 사례를 짚어주고 있어 AWS의 굵직한 서비스를 정리하기 좋습니다. 즉, '이게 어떤 종류의 기술이다'에 대한 이해를 기반으로 기술 실습까지 진행할 수 있습니다. 또한 중간중간 AWS 자격증에 대한 이야기도 있어서 흥미롭게 읽을 수 있습니다.

조유민_ 아롬정보기술, KT Cloud Portal API 개발자

클라우드 네이티브 환경에서 경험을 쌓아가고 있는 실무자로서 그중 가장 대중적인 플랫폼인 AWS의 핵심 리소스를 잘 설명하고 있는 책입니다. 기본적인 리소스의 내용 설명과 함께 빠르게 실습 내용을 소개하면서 직접 클라우드 구축을 하나씩 진행할 수 있습니다. Network, Compute, Security, DB, Storage, Governance와 같은 핵심 카테고리의 기본적인 리소스를 빠뜨리지 않고, AWS 내 실제 콘솔 화면으로 친절하고 꼼꼼하게 가이드해주어 처음 AWS를 접하는 엔지니어에게 좋은 교본이 됩니다.

최승환_ CNP Technology Cloud Lab, CTO

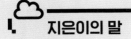

지은이의 말

90년대 초중반 최대 공간이 2MB가 안 됐던 5.25인치나 3.5인치 플로피디스크를 통해 파일을 저장하고 불러왔던 적이 있었습니다. 프로그램 크기가 2MB를 넘는다면 ZIP, RAR 압축을 통해 여러 개의 디스크에 파일을 나눠서 보관했습니다. 시간이 지나 CD가 탄생하고, 공CD를 사용해 음악 CD를 만들었습니다. 크기가 650MB였기 때문에 플로피디스크보다 더 많은 파일을 보관할 수 있게 되었습니다. 하지만 빠른 기술의 발전으로 어느 순간 CD를 사용하는 데 한계를 느끼게 됩니다. 시간이 흐르고 다른 컴퓨터로 파일을 옮길 때 USB를 보편적으로 사용하게 되었습니다. 하지만 USB 용량도 한계에 다달았고, 점점 사용하는 사람이 줄게 되었습니다. 결국 '어떻게 해야 시간과 장소의 제약 없이 용량이 큰 파일을 보관하고 사용할 수 있을까?'라는 고민을 하게 됩니다.

2006년 AWS가 클라우드 인프라 서비스로 출시하게 되었습니다. 그리고 우리가 고민해왔던 문제를 단번에 해결합니다. 스토리지 및 네트워크 트래픽의 확장성, 필요에 따라 스토리지 및 서버 성능을 늘렸다 줄였다 할 수 있는 유연함 등 다양한 서비스(리소스)를 제공하는 AWS는 수많은 IT 산업에 종사하는 개발자를 놀라게 했습니다.

클라우드cloud는 구름이라는 뜻이며 컴퓨터를 운용하기 위해 필요한 구성 요소(CPU, RAM, 그래픽 카드, 케이블, HDD 등)를 '구름'이라는 한 공간에 모아놓고 일괄적으로 관리합니다. 소프트웨어를 개발할 때 다른 개발자와 협업해야 한다면 물리적으로 같은 공간에서 일을 해야 했던 시절이 있습니다. 하지만 AWS 덕분에 수많은 일을 클라우드 내에서 자동으로 처리할 수 있게 되었습니다.

이 책은 AWS에서 다루고 있는 다양한 리소스를 카테고리(웹 애플리케이션, 스토리지, 데이터베이스, 로깅, 네트워크 등)별로 나눠 필요한 용어를 정리하고, 실제 서비스가 어떻게 사용되는지 실습을 통해 익힐 수 있습니다. 요즘 세상에 클라우드 플랫폼이 없다면 얼마나 불편할지 생각하면서 책을 읽는다면 더 재미있게 한 장씩 넘길 수 있을 것입니다.

끝으로 이 책을 집필하는 데 도움을 주신 모든 분께 진심으로 감사의 뜻을 전합니다. 사랑하고 고맙습니다.

김성민

이 책에 대하여

이 책은 1장에서 클라우드 및 AWS가 무엇인지 이해한 후 2장부터는 실제 자주 사용되고 있는 리소스만 알짜배기로 모아서 이론과 실습을 병행하기 때문에 클라우드의 기본기를 탄탄히 다질 수 있습니다. 또한 입문자의 관점에서 전개되는 쉬운 흐름과 흥미진진한 예시를 곳곳에 배치하는 등 여러분에게 꼭 필요한 내용만을 담고 있습니다.

대상 독자

클라우드(AWS, GCP, Azure 등)에 대한 이해가 전혀 없으나 클라우드가 무엇인지 알고 싶고, 클라우드와 친해지고 싶은 모든 분께 강력히 추천합니다. 어려운 용어는 최대한 배제하고 입문자가 이해하기 쉽도록 다양한 다이어그램과 그림을 사용했습니다.

또한 AWS 자격증 시험을 준비하는 분께도 추천합니다. 책 중간중간 여러분께 작은 팁을 전합니다. 마지막으로 현업에서 클라우드를 사용하며 회사에서 프로모션을 희망하는 분께도 추천합니다. 본 도서를 AWS 클라우드 입문자 교본으로 삼아 나만의 클라우드 스킬을 자랑하며 쇼케이스를 해봅시다.

이 책의 구성

다음과 같이 총 12개 장으로 구성했습니다.

1장_ AWS 개요

AWS는 무엇이며, 어디서, 어떻게 사용되고, 왜 배워야 하는지, AWS만이 가진 장점은 무엇인지에 대한 내용을 담고 있습니다.

2장_ IAM

AWS를 사용하는 데 필요한 사용자/그룹/역할 생성 및 정의에 대해 배웁니다.

3장_ EC2

다양한 EC2 인스턴스의 유형과 생성 방법을 이해하며 원격으로 인스턴스를 생성하고 Nginx 를 사용하여 간단한 웹사이트 생성 방법에 대해 배웁니다.

4장_ RDS

AWS는 MySQL, PostgresDB 등 다양한 데이터베이스 서비스를 제공하는 데 어떻게 데이터 베이스를 사용하고, 운영하는지 중요한 개념(백업, 보안, 스냅샷 등)을 배웁니다.

5장_ S3

S3는 AWS에서 가장 오래된 서비스이며 주로 파일(오브젝트)을 업로드하고 다운로드하는 용 도로 사용됩니다. S3에는 다양한 스토리지 유형이 존재하며 그들의 차이를 이해하고 있어야 비 용, 성능면에서 큰 이득을 볼 수 있습니다. S3를 어떻게 생성하고 사용하는지, 다양한 관리 방 법(예: 암호화)에 대해서 배웁니다.

6장_ CloudWatch

CloudWatch 정의와 로깅 서비스를 사용하는 방법에 대해서 배웁니다. 실시간 시스템 로깅 서비스와 알람 설정 기능을 통해 개발자에게 필요한 정보를 전달하며, 용이한 디버깅을 가능하 게 해줍니다. 또한 다양한 매트리스 제공하여 효율적으로 AWS 리소스를 관리할 수 있습니다.

7장_ Lambda

AWS 내에 존재하는 수많은 이벤트가 발동되면 구현된 Lambda가 실행되어 전처리 역할을 합 니다. 또한 Lambda를 통해 다른 AWS 리소스를 불러올 수도 있습니다. 이 장에서는 Lambda 를 생성하고 어떻게 사용하는지에 대해 배웁니다. Lambda는 추후 배울 서버리스 아키텍처를 디자인하는 데 매우 중요한 역할을 합니다.

8장_ CloudFront

콘텐츠 전송 네트워크에 기반을 두고 있으며 전 세계에 흩어져 있는 유저에게 최상의 서비스를 제공하는 데 필요한 리소스입니다. CloudFront는 이론보다 실습을 통해 배웁니다. 콘텐츠 전송 네트워크를 어떻게 구축해야 하는지, 알아두면 좋은 용어는 무엇인지도 함께 다룹니다. 약간의 네트워크 지식이 있다면 CloudFront를 이해하는 데 큰 도움이 됩니다.

9장_ DynamoDB

AWS에서 제공하는 NoSQL 기반의 데이터베이스이며, NoSQL의 확장성과 유연함을 담고 있어 효용 가치가 큽니다. 4장에서 배운 RDS의 기존 관계형 데이터베이스와 어떤 차이가 있는지 살펴보고, DynamoDB만이 가지고 있는 장점도 배웁니다.

10장_ API Gateway

나만의 API를 만들고, 메서드를 호출하여 API를 테스트하고, AWS에서 제공되는 다양한 리소스와 병합하여 복잡한 파이프라인을 구축합니다. API와 RESTful API의 정의를 이해하고, API Gateway의 작동 방식을 배웁니다.

11장_ CI/CD 파이프라인

소프트웨어와 애플리케이션 배포는 한 번으로 끝나지 않습니다. 지속적인 유지보수와 관리가 필요합니다. 이를 용이하게 해주는 '코드 커밋', '코드 배포', '코드 파이프라인'을 배우면서 전반적인 소프트웨어 개발과 배포 과정을 이해하고, AWS를 통한 CI/CD 파이프라인 구축을 체험합니다. 또한 AWS에서 제공하는 다양한 배포 방법(롤링, 블루/그린)을 배웁니다.

12장_ 마치며

AWS 클라우드 서비스를 잘 이해하기 바라며 여러분의 성공을 응원합니다.

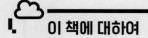

이 책에 대하여

개발 환경과 예제 파일

개발 환경

도서에 포함된 실습 내용은 윈도우나 Mac을 사용하는 모든 분이 사용할 수 있습니다. 운영체제에 따라 다른 진행이 필요할 경우 따로 분리해서 설명을 추가했습니다.

예제 다운로드 및 사용법

실습에 필요한 모든 소스 코드와 파일은 깃허브(https://github.com/kimx3129/Simon_Data-Science/tree/master/AWSLearners)에서 다운로드받을 수 있습니다. 참고로 사용자 크리덴셜(.pem 파일 포함) 파일은 포함되지 않습니다.

목차

목차

목차

목차

1장 AWS 개요

1장에서는 AWS의 간단한 역사 및 사용 사례를 살펴보고 이 책 전반적인 내용을 소개합니다. AWS만이 가진 장점과 배우게 될 리소스에 대해서 알아보겠습니다.

1.1 AWS란?

대략 2~30년 전인 90년대 초중반으로 돌아가봅시다. 하드디스크가 아닌 곳에 파일을 보관하기 위해서 무엇을 사용했을까요? 불과 1MB에 해당하는 (당시에는 꽤 큰 용량이었습니다) 플로피디스크에 파일을 저장했었고, 시간이 흐른 뒤 생겨난 용량이 좀 더 큰 CD$^{compact\ disc}$에 보관하기도 했습니다. 그 이후 용량이 더 커지고 휴대 및 사용이 편리한 USB가 등장했습니다. 이 USB는 혁신적인 아이템이었지요(물론 현재도 종종 사용되고 있습니다).

네트워크는 어떻게 변화했을까요? 90년대에는 전화선에 모뎀을 연결해서 인터넷을 사용했기 때문에 인터넷 사용 중에는 전화를 사용할 수 없었습니다. 속도도 너무 느려서 사진 한 장을 다운하는 데 몇 분씩이나 걸렸죠. 그 당시에는 파일 저장소와 네트워크를 분리해서 컴퓨터를 사용했습니다. 따라서 파일 저장소를 늘린다고해서 네트워크 속도가 빨라지는 것도 아니었고 네트워크 속도가 빨라진다고 해서 저장 공간이 늘어나는 것도 아니었습니다. 그러다 시간이 지나고 이런 패러다임이 한순간 깨져버리게 되는 사건이 발생합니다. 2000년도 중후반에 클라우드 플랫폼$^{cloud\ platform}$이란 것이 탄생하게 된 것입니다.

AWS$^{Amazon\ Web\ Services}$는 아마존^{Amazon}에서 제공하는 클라우드 플랫폼입니다. AWS는 현재 사내에서든, 개인 프로젝트를 런칭할 때든 클라우드 아키텍처를 구현할 때 떼려야 뗄 수 없는 플랫폼입니다. AWS는 클라우드 생태계$^{cloud\ ecosystem}$ 내에서 공존하고 있습니다. 기본적인 클라우드 플랫폼 이해가 없다면 클라우드가 제공하는 수많은 이점을 누릴 수 없습니다(AWS의 장점은 1.3절에서 자세히 다룹니다).

GCP$^{Google\ Cloud\ Platform}$도 있고 Microsoft Azure도 있는데, 왜 하필 AWS를 선택했을까요? AWS는 가장 오래된 역사를 자랑하고 있습니다. 또한, 세계에서 가장 경쟁력 있고 수많은 고객을 보유하고 있습니다. 여기서 AWS의 고객은 급속도로 성장하는 스타트업, 경쟁 사회에서 앞서 나가려는 대기업, 정부기관 등입니다. 사실 AWS는 2021년 2분기 148억 달러에 해당하는 이윤을 창출했고, 아마존 총수익 중 대략 13%의 지분을 차지했습니다.

물론 AWS의 경쟁사 GCP와 Azure 역시 AWS에 맞선 전략을 선보이고 있으나 아직은 부족한 부분이 많습니다. AWS는 현재까지도 스타트업, 중소기업에게 많은 사랑을 받고 있습니다. AWS만의 융통성 있는 컴퓨팅 비용이나 클라우드의 깊은 지식 없이도 누구나 아키텍처를 만들 수 있는 쉬운 가이드를 제공하고 있습니다. 설령 AWS 독점이 저지되더라도 클라우드 플랫폼의 가장 오래된 역사를 가진 AWS를 먼저 배움으로써 클라우드 플랫폼의 큰 틀을 잘 이해할 수 있습니다. 또한 AWS를 배우면 큰 어려움 없이 다른 클라우드 플랫폼도 사용할 수 있습니다. 이 책은 AWS를 배움으로써 클라우드 플랫폼의 나무를 보는 것이 아닌 숲 전체를 보는 훈련을 하는 데 좋은 길잡이가 될 것입니다.

1.2 AWS로 무엇을 할 수 있을까?

이제 AWS로 어떤 일을 할 수 있는지 알아봅시다. 사실 AWS의 용도를 나열해보면 끝이 없습니다. 왜냐하면 AWS에서 매년 새로 생기는 리소스가 기하급수적으로 늘어나고 있을 뿐 아니라 그에 따라 다양한 애플리케이션 및 아키텍처의 구축 활용도도 늘어나기 때문입니다. 따라서 모든 내용을 이 책에서 다룰 순 없지만, 정말 빈번히 사용되고 있는 유스 케이스 몇 가지를 소개하고자 합니다. 이 책을 통해 여러분 스스로가 응용할 수 있는 능력을 갖추게 된다면 더할 나위 없이 좋겠군요.

1.2.1 실시간 데이터 처리

실시간 데이터real-time data란 이미 파이프라인을 거쳐 스토리지에 저장된 것이 아닌 초당, 분당 실시간으로 전송되는 데이터를 뜻합니다. 바깥 날씨에 대한 데이터(온도, 풍향, 풍속 등)를 AWS에서 제공하는 사물인터넷Internet of things (IoT) 리소스로 수집하는 것을 하나의 예로 들 수 있습니다. 이러한 날씨 데이터를 가지고 실시간 대시보드를 구현할 수 있습니다. 또 다른 예로 자동차에 달린 센서를 통해 순간 속도, GPS 데이터(위도, 경도), 주행거리 등 주행 데이터를 클라우드로 보낼 수도 있습니다. 날씨 데이터와 마찬가지로 이러한 주행 데이터를 이용해 실시간 자동차의 위치 추적, 운전자의 주행 정보를 포함하는 대시보드를 구현할 수 있습니다. 이처럼 실시간으로 들어오는 데이터는 매우 방대한 양이 쌓이며, 이렇게 쌓인 데이터를 가공되지 않은 로데이터raw data라고 부릅니다. 로데이터를 전처리pre-processing하기 위해서는 많은 신경을 써야 합니다. AWS IoT를 통해 데이터를 읽은 후 스토리지에 바로 보관할지, 전처리를 거친 후 스토리지에 보관할지, 데이터를 읽는 과정에서 데이터의 모니터링 과정을 포함할지 말지에 대한 의사결정을 해야 합니다. 이러한 작업은 모두 AWS로 구현할 수 있습니다.

1.2.2 배치 데이터 처리

배치 데이터batch data는 초당, 분당으로 처리하는 실시간 데이터와는 달리, 데이터를 뭉텅이로 모아놓은 다음 한 번에 처리합니다. 데이터가 수집되면 '배치'라는 단어 글자 그대로 데이터 하나하나가 아닌 그룹으로 묶어놓고 한 번에 처리됩니다. 예를 들어 영업 부서에서 지난주에 얼마나 많은 상품이 팔렸으며, 언제 특정 물품이 많이 팔렸는지에 대한 정보를 보기 위해 주간 리포트를 작성해야 한다고 가정해봅시다. 7일 동안 쌓인 데이터를 정리하고 필요한 데이터만 가져와서 데이터 분석data analysis을 해야 합니다. 이렇게 쌓인 데이터를 보관할 때는 관계형 데이터베이스relational database나 AWS RDS 사용을 고려할 수 있습니다. 데이터 전처리는 AWS Lambda를 통해 이루어지며, Lambda를 거쳐 가공된 데이터는 또 다른 곳으로 보내지게 됩니다. 서드 파티third party 툴이 사용될 수 있고 AWS에서 제공하는 또 다른 데이터 스토리지로 보관될 수도 있습니다.

실시간 데이터 처리와 배치 데이터 처리를 통해 한 가지 사실을 알 수 있습니다. AWS는 하나의 플랫폼이 아닌 수많은 클라우드 컴퓨팅cloud computing 리소스 및 다양한 서비스를 가지고 있다는 것입니다.

AWS에서 가장 기본적인 틀을 이루는 것은 서버, 스토리지, 데이터베이스, 네트워킹, 이메일 및 모바일 개발, 보안입니다. 그리고 7~80%에 해당하는 파이프라인을 구축하기 위해서 서버와 스토리지가 필수로 사용됩니다. 서버를 통해 데이터가 전송된다는 것과, 스토리지에 데이터를 넣거나 필요할 때 꺼내서 사용하는 것은 클라우드 플랫폼의 가장 기본적인 역할입니다.

1.3 AWS만이 가진 장점

AWS는 매력적인 클라우드 플랫폼입니다. GCP와 Azure보다 훨씬 역사가 깊습니다. 수많은 사용자의 경험을 거쳐 문제점이 해결됐고, 현재도 계속 개선되고 있습니다. 이 책에서 AWS의 장점을 모두 나열하기에는 그 양이 너무 방대하기 때문에 알아두면 좋은 이유 몇 가지만 언급하도록 하겠습니다.

사용자 친화적

AWS의 가장 큰 장점은 사용자 친화적이라는 것입니다. AWS 콘솔을 사용하다 보면 상당히 사용자 친화적이란 것을 느낄 수 있습니다. 개발자가 아닌 클라우드 경험이 없는 사람들도 마우스 클릭 몇 번만으로 간단한 파이프라인을 안전하고 쉽게 구축할 수 있습니다. AWS 사용자는 특별한 제약 없이 언제 어디서나 쉽게 파이프라인을 수정할 수 있습니다. 추가로 AWS와 관련된 문서 및 정보는 인터넷에 넘쳐나고, 심지어 다양한 온라인 강의도 제공되고 있어 쉽게 접근할 수 있습니다. GCP나 Azure와 달리 수많은 회사에서 AWS를 첫 클라우드 플랫폼으로 채택하여 사용하는 데는 '사용자 친화적'이라는 것을 가장 큰 이유로 꼽고 있습니다.

유연성과 편의성

많은 사람은 유연성과 편의성으로 AWS를 선호합니다. AWS는 원하는 운영체제, 프로그래밍 언어, 웹 애플리케이션 등 파이프라인 구축 시 필요한 요소를 각자의 입맛대로 골라서 사용할 수 있어 유연합니다. 다시 말해 AWS는 사용자의 편의를 매우 잘 이해하고 있습니다. EC2와 같은 서비스를 예로 들면, 인스턴스를 새로 만들 때 우리가 원하는 운영체제(윈도우, 우분투 등), 애플리케이션(Nginx, web server 등), 그밖에 다양한 옵션을 선택할 수 있습니다. 새로운 인스턴스를 만드는 것뿐만 아니라 필요에 따라서 새로운 플랫폼 혹은 시스템으로 마이그레이션^{migration}해야 하는 상황에 직면할 수도 있습니다. 기존 플랫폼을 A라 하고 마이그레이션을 할 새로운 플랫폼을 B라고 정의한다면, AWS는 A와 B를 동시에 작업할 수 있게 합니다. 이러한 편의성과 개발 유연성 덕분에 많은 IT 부서에서 AWS를 애용하고 있습니다.

뛰어난 보안

클라우드 플랫폼을 사용할 때 보안을 무시한다는 것은 결코 상상할 수 없는 일입니다. 2021년을 기준으로 하루 평균 250만 TB의 막대한 양의 데이터가 생성되고 있습니다. 외부에 노출되어도 상관없는 데이터가 있지만 그렇지 않은 데이터도 있습니다. 예를 들어 국가 기밀 데이터, 사내 데이터는 외부에 새어 나가서는 안 됩니다. 이럴 때 보안을 각별히 신경 써야겠죠.

이러한 면에서 AWS의 보안은 매우 뛰어납니다. 앞서 언급했듯 데이터를 기반으로 운영되는 회사라면, 보안은 클라우드 플랫폼 운영 시 가장 높은 우선순위일 것입니다. AWS는 외부의 해킹 공격과 데이터 프라이버시를 지키기 위해 겹겹이 쌓여있는 네트워크 보안층security layer이 데이터를 감시하고 있으며, AWS 보안팀이 철두철미하게 관리하고 있습니다. 따라서 AWS를 사용하는 유저는 보안을 크게 걱정할 필요 없이 비즈니스 플랜을 세우거나 다른 개발에 집중할 수 있습니다. 어떻게 보면 이런 부분 역시 AWS의 편의성이라고 할 수 있습니다.

훌륭한 가성비

AWS의 도움 없이 직접 서버를 구축하고, (데이터를 저장하기 위해 필요한) 데이터베이스를 생성한다고 가정해봅시다. 아마도 직접 구매해야 할 물건도 많고, 서버와 데이터베이스를 만들기 위해 많은 시간도 필요할 겁니다. 이러한 작업은 결코 경제적이지 않습니다. AWS를 사용하면 어떤 점에서 돈과 시간을 절약할 수 있을까요? 첫 번째로 사용하는 서비스에만 돈을 지불하면 됩니다. AWS는 사용한 만큼만 돈을 내는 페이고pay-as-you-go (PAYGO) 결제 서비스를 제공하고 있습니다. 예를 들면 매달 전기료를 내는 것과 동일하다고 생각하면 됩니다. 아무리 집에 여러 가전제품을 들여놔도 사용하지 않는다면 전기료에 포함되지 않겠죠? 오직 내가 쓴 가전제품과 전력 소모에 대해서만 전기료를 내는 것입니다.

이 책에서 AWS 리소스가 가지고 있는 가성비에 대해 상세히 다루겠지만, 이곳에서 짧게 설명하면 다음과 같습니다. EC2에는 다양한 결제 서비스가 존재합니다. 온디멘드on-demand, 스팟 인스턴스spot Instance와 같이 다양한 정책이 있으며 상황에 따라 원하는 방법으로 인스턴스를 운영하여 막대한 비용을 절약할 수 있습니다. 또한 언제든지 리소스를 생성할 수 있으며 종료시킬 수도 있습니다. 이는 클라우드 플랫폼을 사용하는 데 없어서는 안 되는 기능입니다.

확장성

AWS는 확장성이 뛰어납니다. 어떤 측면에서 확장성이 뛰어날까요? AWS에는 오토스케일링 auto scaling이라 불리는 서비스가 있습니다. 우리가 데이터 프로세싱을 위해 EC2 인스턴스를 생성했다고 가정해봅시다. 갑자기 인스턴스에 과부하가 걸려 처리할 수 있는 능력 밖의 수많은 데이터가 밀려오면 무슨 일이 일어날까요? AWS 오토스케일링 덕분에 인스턴스는 자동으로 가상머신 virtual machine (VM)을 추가하여 기능을 업그레이드해주며 인스턴스가 셧다운되는 문제를 방지합니다. 반대로 인스턴스 능력보다 데이터가 터무니없이 적게 들어오면 인스턴스 기능이 다운그레이드됩니다.

AWS는 새로운 인스턴스를 생성하는 것이 매우 용이하며 서버의 구축도 쉽습니다. 새로운 서버를 구축해야 하는 상황이 생기면 빠르고 쉽게 만들 수 있습니다. 정리하면 AWS는 자동으로 특정 리소스의 몸집을 늘리고 줄이는 데 탁월한 능력이 있으며 이는 비용적인 측면에서도 큰 이점입니다.

1.4 이 책에서 다룰 AWS 리소스 종류

AWS가 무엇이며 어떠한 장점이 있는지 모두 언급하기는 불가능합니다. 따라서 AWS에서 제공하는 다양한 리소스를 하나씩 접하면서 특징을 이해하고, AWS를 우리의 것으로 만들어야 합니다. 리소스마다 가지고 있는 장점이 모두 달라서 이것을 공부하는 것이야말로 진정으로 AWS를 배운다고 할 수 있습니다. 이 책은 AWS를 사용하기 위해 필수적으로 알고 있어야 하는 것과 실제로 가장 많이 사용되고 있는 리소스만 추려 설명합니다. 이 내용은 여러분의 클라우드 플랫폼 개발에 큰 도움이 될 겁니다. 앞으로 만나게 될 리소스를 기쁜 마음으로 살펴볼까요?

- IAM
- EC2
- RDS
- S3
- CloudWatch
- Lambda

- CloudFront
- DynamoDB
- API Gateway
- CI/CD Pipeline(CodeCommit, CodeDeploy, CodePipeline)

리소스를 배운다고 해서 바로 사용할 수 없습니다. 리소스를 사용하기에 앞서 AWS 계정을 만들어야 합니다. 유저 아이디로 AWS에 로그인한 후 비로소 서비스를 사용할 수 있게 됩니다. 지금부터 계정을 어떻게 만들어야 하는지 살펴보겠습니다.

1.5 AWS 계정 만들기

현재 AWS 유저 아이디가 없다고 가정해봅시다. 앞으로 만들게 될 유저는 루트 유저root user입니다(어드민 유저admin user라고도 불림). 루트 유저는 AWS 안에서 모든 것을 할 수 있는 권한을 가지고 있습니다. 우선 AWS 메인 웹사이트(aws.amazon.com)로 접속하면 다음과 같은 화면을 볼 수 있습니다(그림 1−1).[1]

그림 1-1 AWS 메인 화면

---

[1] 만약 언어가 영어로 나온다면 홈페이지 하단에 언어 변경 기능이 있습니다. 이 책은 한국어로 진행하기 때문에 한국어로 언어를 변경하고 실습하길 권장합니다.

우측 상단에 [콘솔에 로그인] 버튼을 클릭하면 [그림 1-2]와 같은 화면이 보입니다(유저가 존재하지 않고 로그인이 되어 있지 않았다고 가정합니다).

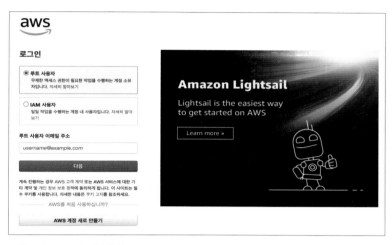

그림 1-2 AWS 로그인 화면

로그인을 할 때 두 가지 옵션이 있습니다. 루트 사용자로 로그인할지, IAM 사용자로 로그인할지 선택할 수 있습니다. IAM 사용자는 지금 당장 사용할 수 없는 기능입니다. 이는 새로 AWS 계정을 만들 시 루트 사용자가 생성되기 때문입니다. 우선 하단 [AWS 계정 새로 만들기] 버튼을 누릅니다.

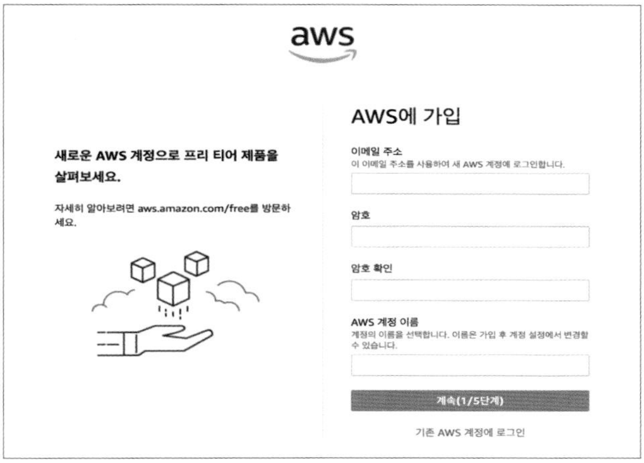

그림 1-3 AWS 계정 새로 만들기 화면

[그림 1-3]은 AWS 가입 시 필요한 첫 번째 과정입니다. AWS에 가입하기 위해 필요한 기본적인 정보들(유저 아이디, 비밀번호 등)을 입력해야 합니다. 회원가입 과정을 무사히 마치면 AWS 메인 콘솔로 돌아온 다음 로그인해주세요.

축하합니다! 여기까지 잘 따라왔다면 여러분은 성공적으로 루트 사용자로 AWS 계정을 생성했고 이제 AWS 세계에 입문할 수 있게 되었습니다.

2장 IAM

1장에서 AWS가 무엇이며, 왜 AWS를 배워야 하는지 알아보았고, AWS 계정을 만들었습니다. 이제 만들어진 계정으로 AWS 리소스를 사용할 수 있습니다. 이번 장에서는 리소스를 사용하기 앞서 사용자 생성 및 정책 생성과 권한에 대해서 알아보겠습니다.

2.1 IAM이란?

먼저 IAM^{Identity and Access Management}에 대해 알아봅시다. IAM은 누가, 어떤 리소스나 서비스를 사용할 수 있는지 접근 레벨이나 권한^{permission} 관리 기능을 제공합니다. 대부분의 AWS 리소스는 지역^{region}에 따라 제공되는 서비스와 기능이 다르지만, IAM은 유니버설^{universal}합니다. 따라서 IAM 사용 시 따로 지역을 설정해줄 필요가 없습니다. IAM에서 일어나는 모든 것은 전 지역에 적용되기 때문입니다.

1장에서 만든 계정은 '루트 유저'로 모든 리소스를 제약 없이 사용할 수 있을 뿐 아니라 새로운 유저도 만들 수 있습니다. 새롭게 만들어진 유저의 권한을 직접 조작할 수도 있습니다. 만약 유저 X를 생성했다고 가정합시다. IAM은 유저 X에 대한 액세스 키^{access key}와 비밀 키^{secret key}를 부여합니다(그림 2-1). 두 가지 키를 가지고 유저 X는 AWS 내의 다양한 서비스를 사용할 수 있습니다. AWS 메인 페이지에서 로그인할 때 제공하는 유저 아이디 및 비밀번호와는 다른 개념입니다. 액세스 키와 비밀 키는 사람이 이해할 수 없는 긴 문자열로 이루어져 있고, API 혹은 콘솔에서 이 키를 가지고 AWS 리소스를 사용합니다.

그림 2-1 액세스 키와 비밀 키

IAM은 세밀한 접근 권한 관리를 가능하게 합니다. 데이터베이스를 생각해봅시다. 테이블을 생성하고 데이터를 삽입하거나 읽어올 수 있고, 수정하고, 삭제하는 등 다양한 액션을 취할 수도 있습니다. 앞서 언급한 유저 X에게 모든 권한을 부여할 수 있고, 데이터만 읽을 수 있는 읽기 전용view only 권한도 부여할 수도 있습니다. IAM은 리소스에 대한 권한만 관리하는 것이 아니라 리소스 안에서 이루어지는 다양한 행동에 대한 세밀한 접근 권한 관리도 할 수 있습니다.

루트 유저, 혹은 루트 유저가 만들어낸 유저는 AWS에 접속할 때 아이디와 비밀번호를 입력하면 로그인할 수 있습니다. 아마존에서는 **다요소 인증**multi-factor authentication(MFA)을 활성화시킬 것을 적극 권장하고 있습니다. MFA는 사용자의 다른 계정(Facebook, Google 등)을 통한 2차 인증을 거치는 추가적인 과정입니다(그림 2-2).

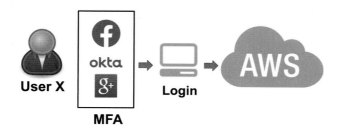

그림 2-2 MFA 작동 원리

2.1.1 IAM으로 무엇을 할 수 있을까?

IAM으로 무엇을 할 수 있는지 알아봅시다. 먼저 IAM을 통해 얻고자 하는 게 무엇인지 알아야 합니다. IAM의 목적은 특정 리소스에만 접근할 수 있고, 특정 데이터만 불러오고 수정할 수 있는 제약을 둠으로써 **최소 권한 정책**least privilege policy을 적용하는 것입니다. 최소 권한 정책을 상세히 알아봅시다.

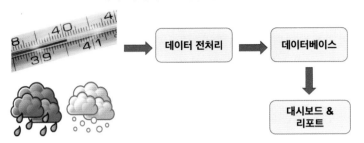

A회사 데이터 흐름 및 파이프라인 구조

그림 2-3 A 회사 데이터 흐름 경로 및 파이프라인 구조

A라는 회사가 있다고 가정합시다. A 회사는 날씨와 관련된 데이터(온도, 강우량, 습도 등)를 실시간으로 불러와 다양한 데이터 분석을 진행하며, 분석한 데이터의 인사이트를 외부에 알리는 회사입니다(그림 2-3). 외부에서 데이터를 전달받고 회사 내에서 데이터를 전처리하는 파이프라인을 구축하는 데이터 엔지니어팀, 전처리가 완료된 데이터를 데이터베이스에 보관하는 파이프라인을 구축하는 소프트웨어 엔지니어팀, 데이터를 근거로 대시보드를 만들고 관리하며 리포트를 생성하는 데이터 분석팀, 전반적인 회사 AWS 클라우드를 관리하는 SRE와 DevOps 팀 이렇게 나뉘어 있다고 가정해봅시다. 각 팀은 자기만의 고유한 업무가 존재하며 업무를 처리하기 위해 접근해야 하는 소스^{input}와 파이프라인을 거쳐 최종적으로 생산되는 결과물^{output}이 모두 다릅니다. 데이터 엔지니어팀과 소프트웨어 엔지니어팀이 필요로 하는 AWS 리소스는 서로 다르며 이에 따른 접근 권한도 다릅니다. 데이터 엔지니어팀은 외부에서 날씨 데이터를 가져온 후 데이터 전처리를 구현할 수 있는 리소스에 대한 권한만 가지고 있어도 업무에 지장이 없습니다. 마찬가지로 소프트웨어 엔지니어팀은 데이터를 보관하는 데이터베이스를 생성하고 관리하는 권한만 가지고 있어도 업무에 지장이 없습니다. 이렇게 각 팀마다 필요로 하는 AWS 리소스는 천차만별이고 이에 따라 요구되는 권한도 다릅니다. 여기서 '최소 권한 정책'이라는 용어가 쓰입니다(그림 2-4).

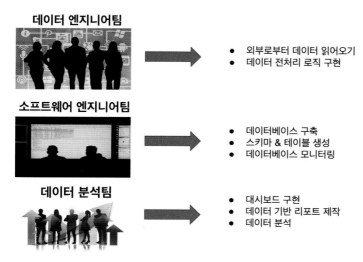

그림 2-4 A 회사 팀들의 업무 분업화 → 최소 권한 정책

모든 팀에게 루트 유저 역할을 부여한다면 어떤 일이 일어날까요? 모두가 신이 된다면, 누구나 데이터 전처리 로직을 짤 수 있고 데이터베이스를 생성할 수 있고 대시보드를 만들 수 있다면 회사에서는 어떤 일이 생길까요? 사람은 누구나 실수를 합니다. 회사에서 일할 때에도 예외는 없습니다. 만약 비전문가가 엉뚱한 것을 잘못 건드려서 프로덕션에 차질이 생긴다면 회사 내에서 생기는 비용을 어떻게 감당할 수 있을까요? 이렇듯 최소 권한 정책은 팀에서 그들의 업무를 진행하는 데 최소한의 역할만 제공하고 (필요한 AWS 리소스에 대한 권한만 부여) 그 이외에 대한 접근은 일제 차단시켜버립니다. 이는 보안적인 측면에서도 대단히 중요한 개념입니다.

2.1.2 IAM에서 생성하고 관리하는 것

IAM은 접근 권한 설정뿐 아니라 다양한 것을 만들고 관리할 수 있습니다. 유저, 그룹, 역할, 정책 총 네 가지로 나뉘며 각각에 대한 특징에 대해서 살펴봅시다(그림 2-5).

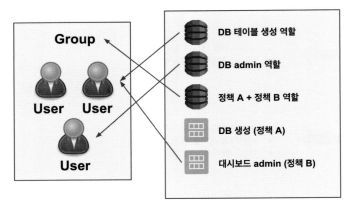

그림 2-5 IAM에서 생성할 수 있는 유저, 그룹, 역할, 정책

- **유저(User)** : 액세스 키와 비밀 키를 가지고 AWS 리소스를 사용하는 객체입니다.
- **그룹(Group)** : 하나 혹은 여러 유저를 담고 있습니다. 접근 권한을 설정할 때 유저 개개인이 아닌 그룹에 적용시킬 수 있습니다. 그러면 그룹 안에 속해있는 모든 유저가 영향을 받습니다. 일반적으로 유저보다는 그룹에 특정 권한을 제공합니다. 앞서 살펴본 회사 A를 생각해보면 데이터 엔지니어팀을 그룹 1에, 소프트웨어 엔지니어팀을 그룹 2에 배치하여 접근 권한을 커스터마이징할 수 있습니다.
- **역할(Role)** : 역할은 하나 혹은 다수의 정책을 포함할 수 있습니다. 대부분의 역할은 AWS에서 디폴트로 제공하지만, 다양한 정책을 합쳐서 새로운 역할을 만들어 유저 및 그룹에 적용시킬 수도 있습니다.
- **정책(Policy)** : 정책을 만들어서 최소 권한 정책을 펼칠 수 있습니다. 정책 A는 데이터베이스 읽기 전용, 정책 B는 대시보드 생성 후 모든 작업을 진행할 수 있는 어드민^{admin} 모드, 정책 C는 루트 유저 권한으로 설정할 수 있습니다. 이렇게 다양한 정책을 만들어 유저 및 그룹에 적용시킬 수 있습니다.

2.1.3 IAM 정책 시뮬레이터

개발 환경은 크게 스테이징^{staging}과 프로덕션^{production}으로 나뉩니다. 스테이징은 개발자가 끊임없이 개발하고 테스트하고 검증 과정을 거치는 플레이그라운드^{playground}이며, 모두의 동의하에 스테이징에서 프로덕션으로 프로모션^{promotion}합니다. 프로덕션은 실제로 고객에게 보여지는 제품이나 프로그램입니다. 따라서 스테이징 환경에서 개발자는 100% 신뢰를 얻기 위해 많은 시간을 쏟으며 품질 테스트를 합니다.

IAM도 마찬가지입니다. 루트 유저가 다른 유저에게 역할 및 정책을 적용시킬 수 있지만 실제로 잘 작동할지는 확실하지 않습니다. 역할 및 정책을 유저에게 적용하기 전 IAM 정책 시뮬레이터를 돌려봄으로써 IAM 정책이 특정 유저에게 잘 작동되는지 확인할 수 있습니다. 다음 예시를 살펴봅시다. 회사 A 데이터 분석팀이 날씨 데이터 분석을 마쳤고, 분석에 대한 심사를 위해 심사 위원을 고용했다고 합시다. 심사 위원에게 데이터를 읽을 수 있는 읽기 전용 정책만 보내도 심사에는 지장이 없습니다. 하지만 실수로 다른 정책을 부여했고 심사 위원은 데이터를 읽어오는 데 계속 실패한다고 불평을 합니다(그림 2-6). IAM 정책 시뮬레이터를 돌려본 결과 데이터를 읽는 정책이 심사 위원에게 없다는 사실을 발견하게 됩니다. IAM 정책 시뮬레이터를 미리 돌려봤다면 이러한 문제는 피할 수 있었겠죠? 올바른 정책을 적용시킨 후 심사 위원 입장에서 테스트하여 원하는 역할이 잘 설정되었는지 미리 확인해볼 수 있습니다. 미리 확인이 되면 심사 위원은 문제없이 본인의 업무에만 충실할 수 있습니다.

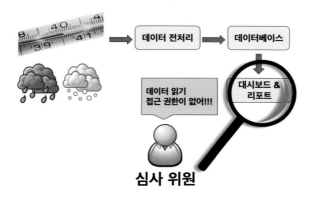

그림 2-6 잘못된 정책 지정으로 심사 위원 데이터 접근 불가능

2.2 IAM 실습

지금까지 배운 IAM에 대한 내용으로 직접 실습해봅시다. AWS 메인 화면(https://aws.amazon.com)에 접속하고 서비스 찾기에서 'IAM'을 입력합니다(그림 2-7).

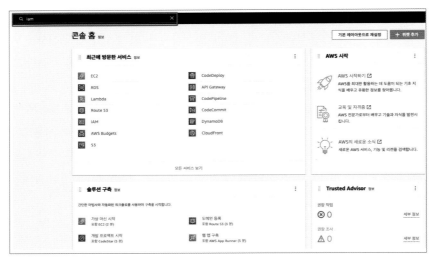

그림 2-7 AWS 메인 화면에서 IAM 리소스를 찾는 화면

IAM 창 왼쪽에서 IAM에서 다룰 수 있는 사용자, 그룹, 역할, 정책에 대한 메뉴를 확인할 수 있습니다. 루트 유저 권한으로 새로운 유저를 만들어봅시다. 왼쪽 메뉴에서 [사용자]를 클릭합니다(그림 2-8).

그림 2-8 IAM 대시보드에서 사용자를 클릭하는 화면

2.2.1 유저 만들기

메뉴에서 [사용자]를 누르면 루트 유저를 포함해 지금까지 만든 모든 유저 리스트를 볼 수 있습니다(필자는 my_encrypter, my_key_manager 두 유저를 만들었고 KMS_GROUP이라는 그룹 안에 있습니다). [사용자 추가] 버튼을 클릭해 새로운 사용자를 만듭니다(그림 2-9).

그림 2-9 사용자를 추가하는 화면

이제 사용자 추가 정보를 제공하기 위해 사용자 이름을 입력합니다. 여기서 '사용자 이름'은 유저의 고유 아이디가 됩니다. AWS 액세스 유형은 크게 '프로그래밍 방식 액세스', 'AWS Management Console 액세스' 둘로 나뉩니다. 둘의 차이는 다음과 같습니다.

- **프로그래밍 방식 액세스**: 액세스 키와 비밀 키가 제공되며, API를 통해 다양한 AWS 리소스의 사용이 가능합니다.
- **AWS Management Console 액세스**: 콘솔에서 비밀번호를 통해 AWS 메인 화면에 로그인할 수 있습니다.

경우에 따라서 둘 다 선택할 수 있고, 하나만 선택할 수도 있습니다. 다음과 같이 설정해주고 다음으로 넘어갑니다(그림 2-10).

- **사용자 이름:** aws_learner
- **AWS 액세스 유형 선택:** 프로그래밍 방식 액세스 선택

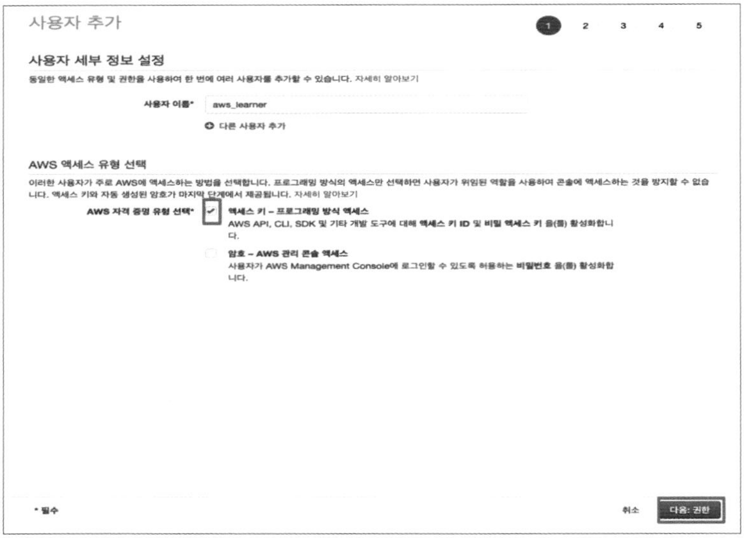

그림 2-10 사용자 이름 및 액세스 유형

사용자 추가에 대한 설정이 나옵니다. 이미 존재하는 그룹에 유저를 넣을 수도 있고 새로운 그룹을 생성할 수도 있습니다. 또한 이미 존재하는 유저가 가지고 있는 역할을 가져와서 사용할 수도 있습니다. 현재 단순히 유저를 만들 것이기 때문에 모두 건너뛰고 [다음: 태그]을 누릅니다(그림 2-11).

그림 2-11 어떤 그룹에 사용자를 추가할지, 기존에 존재하는 권한을 부여할지 선택하는 화면

태그에 대한 항목이 나오나 현재는 중요하지 않기 때문에 [다음]을 눌러 건너뜁니다(그림 2-12).

그림 2-12 사용자 태그 추가 화면

유저를 만들기 전 검토하는 화면입니다. 이때 사용자에게는 권한이 없다는 경고 메시지가 확인되지만 지금은 무시해도 됩니다. [사용자 만들기] 버튼을 눌러 사용자를 만듭니다(그림 2-13).

그림 2-13 사용자 생성 전 상세 정보 검토하는 화면

성공적으로 유저를 만들었다면 '사용자 추가'에서 성공 메시지를 볼 수 있습니다(그림 2-14). 또한 사용자 아이디와 함께 액세스 키와 비밀 키를 확인할 수 있습니다. 여기서 비밀 키(비밀 액세스 키)에 주의해주세요. 현재는 표시/숨기기 버튼을 눌러 키를 확인할 수 있지만, 이 화면 을 닫으면 콘솔에서 다시 확인할 수 없습니다. 따라서 반드시 따로 보관하고 유출되지 않도록 조심해야 합니다. 모든 것이 만족스럽다면 [닫기] 버튼을 누릅니다.

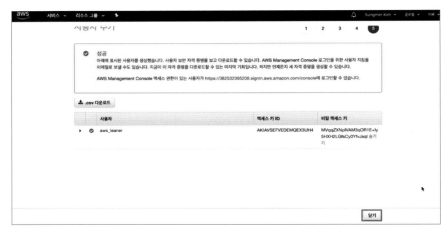

그림 2-14 사용자 액세스 키와 비밀 키에 대한 정보

유저가 잘 생성되었는지 확인해볼까요? 화면에 aws_learner라는 사용자가 성공적으로 만들 어졌습니다(그림 2-15). 만들어진 직후이기 때문에 마지막 활동이 '없음'이며 MFA 역시 디폴 트 값인 '활성화되지 않음' 상태입니다.

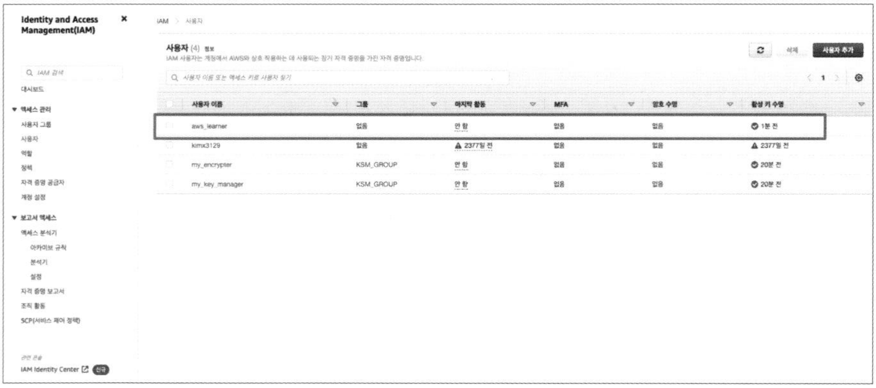

그림 2-15 생성된 사용자 확인하는 화면

2.2.2 그룹 생성과 유저 관리

이제 여러 유저를 함께 관리하는 그룹을 만들어봅시다. IAM 메인 콘솔 왼쪽 메뉴에서 [사용자 그룹]을 클릭합니다(그림 2-16).

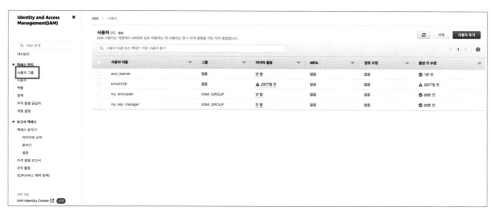

그림 2-16 IAM 콘솔에서 사용자 그룹 만들기

이곳에서 루트 유저 계정에 들어있는 모든 그룹을 볼 수 있습니다(필자는 이전에 KMS_ GROUP이라는 그룹을 만들었습니다). 또한 각각의 그룹에 몇 명의 유저가 있는지, 그룹이 언 제 생성되었는지에 대한 정보를 확인할 수 있습니다. 직접 새로운 그룹을 만들기 위해 [그룹 생 성] 버튼을 클릭합시다(그림 2-17).

그림 2-17 사용자 그룹 생성하는 화면

가장 먼저 사용자 그룹 이름을 정의해야 합니다. 사용자 그룹 이름을 다음과 같이 만듭니다(그림 2-18).

- **그룹 이름**: aws_learner_group

그다음 그룹에 추가할 사용자를 선택하는 옵션이 나옵니다. 앞서 만든 aws_learner 사용자를 추가하겠습니다.

그림 2-18 사용자 그룹 지정 및 사용자를 그룹에 추가하는 화면

aws_learner_group에 정책을 추가할 수 있습니다. aws_learner_group에 속한 모든 유저는 추가하는 정책에 영향을 받습니다. 이를 염두에 두고 신중하게 올바른 정책을 선택합니다. 지금은 아무 정책을 추가하지 않을 것이므로 바로 그룹 생성을 하겠습니다. [그룹 생성] 버튼을 누릅니다(그림 2-19).

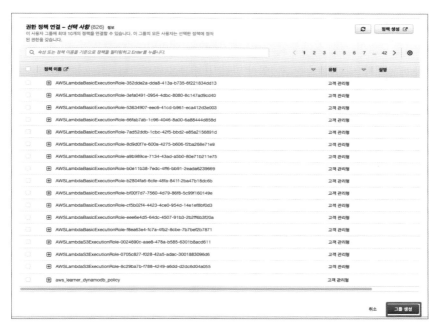

그림 2-19 사용자 그룹에 정책 연결하는 화면

aws_learner_group을 성공적으로 생성했습니다(그림 2-20). aws_learner 사용자도 추가했기 때문에 사용자는 1명으로 나옵니다.

그림 2-20 생성된 사용자 그룹 및 추가된 사용자 확인하는 화면

2.2.3 역할 및 정책 생성

역할은 사용자에게 다양한 정책을 제공할 수 있는 기능을 부여합니다. 역할을 한 번 만들어보 겠습니다. 왼쪽 메뉴에서 [역할]을 누른 후 [역할 만들기] 버튼을 클릭합니다(그림 2-21).

그림 2-21 새로운 역할 만드는 화면

신뢰할 수 있는 엔터티를 선택하면 다양한 사용 사례 옵션이 추가됩니다(그림 2-22). 일반적 으로 많이 사용하는 유형은 AWS 서비스입니다. AWS 서비스는 AWS에서 제공하는 리소스에 대한 다양한 액세스 컨트롤을 담당합니다. 그밖에 외부 AWS 유저를 관리하는 AWS 계정, 다 양한 플랫폼(Facebook, Google 등)의 인증 과정을 거쳐 오는 유저를 관리하는 웹 자격 증 명 옵션이 있습니다. [AWS 서비스]를 선택합니다. 그 후 '다른 AWS 서비스의 사용 사례'에서 [DynamoDB]를 선택합니다. DynamoDB는 AWS에서 제공하는 NoSQL 데이터베이스입 니다. DynamoDB를 선택하면 세 가지 옵션이 나옵니다. 'DynamoDB – Global Tables'를 체크한 후 [다음] 버튼을 클릭합니다(그림 2-22).

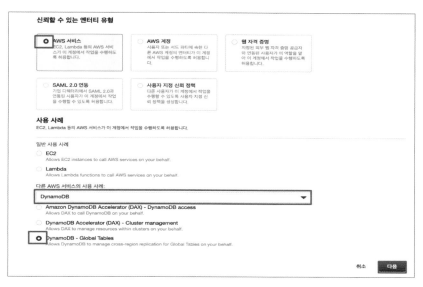

그림 2-22 사용자에게 AWS DynamoDB 역할을 추가하는 화면

이제 역할에서 권한을 추가할 수 있습니다. 정책을 선택할 수 있고, 현재 'DynamoDB ReplicationRolePolicy'가 디폴트로 선택되어 있습니다. 정책 이름 좌측 [+] 버튼(현재는 눌러서 [−] 상태)을 클릭하면 JSON 형태로 정책을 확인할 수 있습니다(그림 2−23). 키값 `Action`에 주목하세요. DynamoDB 데이터베이스를 사용할 때 필요한 `GetItem`(데이터 읽어 오기), `PutItem`(데이터 삽입하기) 등 수많은 행동이 포함되어 있습니다. 이제 정책을 역할에 추가할 준비가 되었습니다. 'DynamoDBReplicationRolePolicy'의 형태를 살펴본 후 [다음] 버튼을 클릭합니다.

그림 2-23 현재 정의된 정책이 나열된 화면

역할을 만들기 전 마지막 검토를 합니다(그림 2-24). 역할 세부 정보를 보면 역할 이름과 설명에 대해 알려줍니다. 설명은 선택사항이며 추후 많은 역할을 만들었을 때 각각의 역할이 무엇인지 명시하면 역할을 찾는 데 도움이 됩니다.

'1단계: 신뢰할 수 있는 엔터티 선택'이 JSON 포맷으로 나옵니다. 건드릴 필요는 없습니다. 눈여겨보아야 할 부분은 `Action` 내부의 `sts:AssumeRole`입니다. `sts:AssumeRole`은 일시적 권한을 부여한다는 뜻이며, `Service`에 `dynamodb.amazonaws.com`가 있기 때문에 '이 역할을 통해 DynamoDB에 일시적인 권한을 부여하겠다'는 의미입니다.

'2단계: 권한 추가'는 확인 후 특별한 수정 없이 넘깁니다. 이제 [역할 생성] 버튼을 눌러 역할을 만들어줍니다.

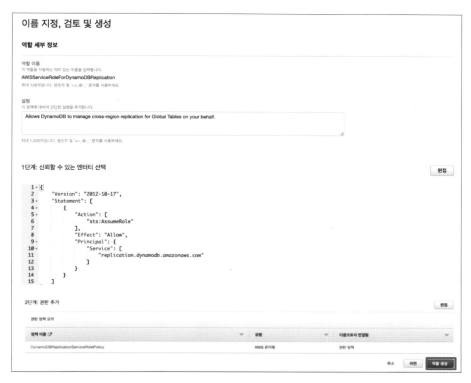

그림 2-24 역할 생성 전 최종 검토

역할이 잘 생성되었는지 확인해봅시다(그림 2-25). 역할 찾기에서 'AWSServiceRoleForD' 까지 입력하면 앞서 만든 역할이 자동으로 나옵니다. [그림 2-25]처럼 역할이 잘 만들어졌는 지 확인합니다.

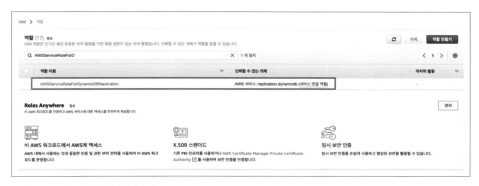

그림 2-25 만들어진 역할 확인하기

이제 정책을 만들어봅시다. 왼쪽 메뉴에서 [정책]을 누르면 우리가 만든 정책을 포함해 AWS에서 직접 제공하는 수많은 정책을 볼 수 있습니다(그림 2-26). 새로운 정책을 만들기 위해 [정책 생성] 버튼을 누릅니다.

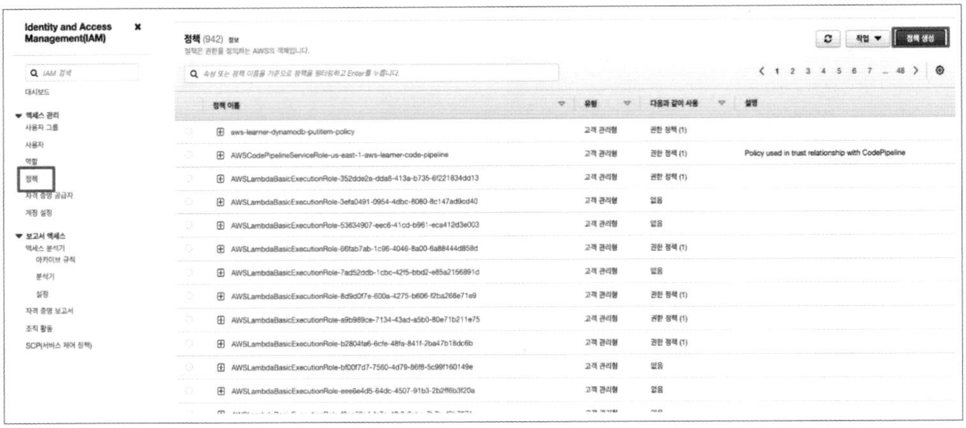

그림 2-26 새로운 정책 생성하기

정책 생성에는 두 가지 방법이 존재합니다(그림 2-27).

첫 번째로 **시각적 편집기**입니다. 원하는 리소스를 직접 선택하고, 리소스 안에서 실행할 수 있는 다양한 행동에 대한 권한을 부여합니다. 예를 들면 DynamoDB의 테이블 생성, 테이블 읽어오기 등 다양한 행동이 있습니다. 정책 A는 테이블 읽어오기 기능만 있을 수 있고, 정책 B는 모든 행동을 가능케 해주는 어드민admin 기능을 부여할 수 있습니다. 사용자에게 원하는 정책을 알맞게 넣어주면 됩니다.

두 번째로 **JSON**입니다. 앞서 살펴봤듯이 JSON 형태의 정책 문서를 직접 생성해서 추가할 수도 있습니다. 이곳에서는 시각적 편집기를 사용해서 정책을 만듭니다.

'시각적 편집기' 탭 아래 [서비스 선택]을 클릭합니다.

그림 2-27 시각적 편집기를 사용하여 정책 생성하기

AWS 리소스는 'DynamoDB'를 선택합니다(그림 2-28).

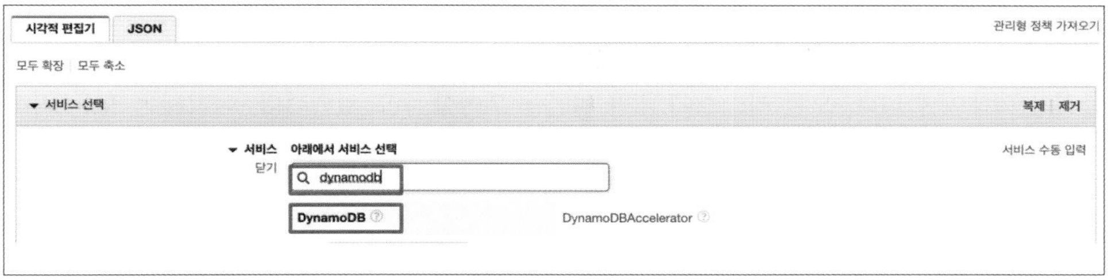

그림 2-28 DynamoDB 정책 찾기

DynamoDB에서 액세스 레벨을 지정해야 합니다. 크게 목록, 읽기, 태그 지정, 쓰기 네 가지로 나뉘며 이 선택지는 위에서 어떤 AWS 리소스를 선택했는지에 따라 다릅니다. DynamoDB 테이블 읽기와 쓰기가 가능한 정책을 만들어보겠습니다. '액세스 레벨'에서 '읽기'와 '쓰기'를 체크합니다(그림 2-29). '리소스' 부분에 노란색 글씨로 일종의 경고 메시지를 확인할 수 있습니다. 이는 다음 단계인 리소스에서 해결할 수 있습니다. 참고로 읽기와 쓰기 옆 화살표 버튼을 누르면 세부적인 내용을 확인할 수 있습니다. 이를 통해 액세스 레벨을 상세히 관리할 수 있습니다.

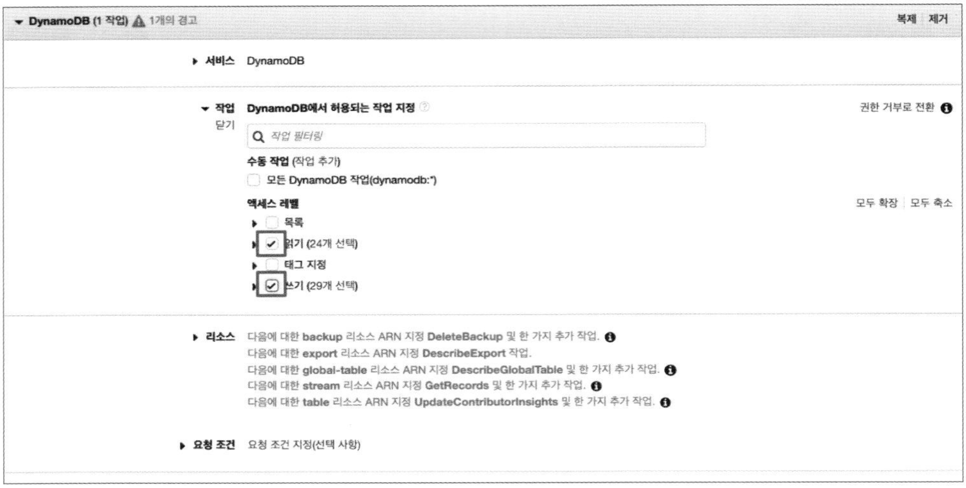

그림 2-29 DynamoDB 액세스 레벨 선택하는 화면

[리소스]를 클릭합니다(그림 2-30). 리소스는 AWS 서비스 내에서 제공하는 다양한 기능입니다. DynamoDB 테이블 'backup' 기능 권한을 부여할지, 'global-table' 생성 권한을 부여할지 선택해야 합니다. 모든 리소스에 대한 권한을 부여할 수도 있습니다. 여기서는 '모든 리소스'를 선택합니다.

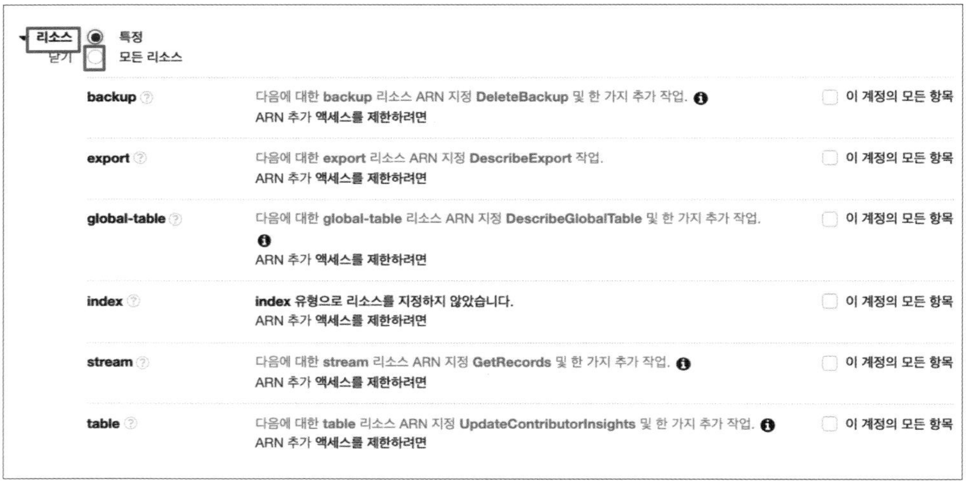

그림 2-30 모든 리소스에 대한 권한 부여

물론 '모든 리소스'를 선택하는 것은 실제 프로덕션에서 바람직한 방법이 아닙니다. 다음에서 언급하듯 최소 권한 정책을 실행하기 위해선 특정 계정에는 특정 리소스에 대한 권한만 부여해야 합니다(그림 2-31). 모범 사례는 특정 계정의 특정 리소스에 대해서만 권한을 정의하는 것입니다. 또는 조건 키를 사용하여 최소 권한을 부여할 수도 있습니다.

지금은 정책을 만드는 연습 중이니 다음 경고 메시지는 무시합니다. 모든 것이 만족스럽다면 [다음: 태그] 버튼을 누릅니다.

그림 2-31 모든 리소스에 대한 권한 부여 시 확인할 수 있는 경고 창

태그는 선택사항입니다(그림 2-32). 지금은 건너뜁니다. [다음: 검토] 버튼을 눌러 만들어질 정책을 한 번 더 살펴봅시다.

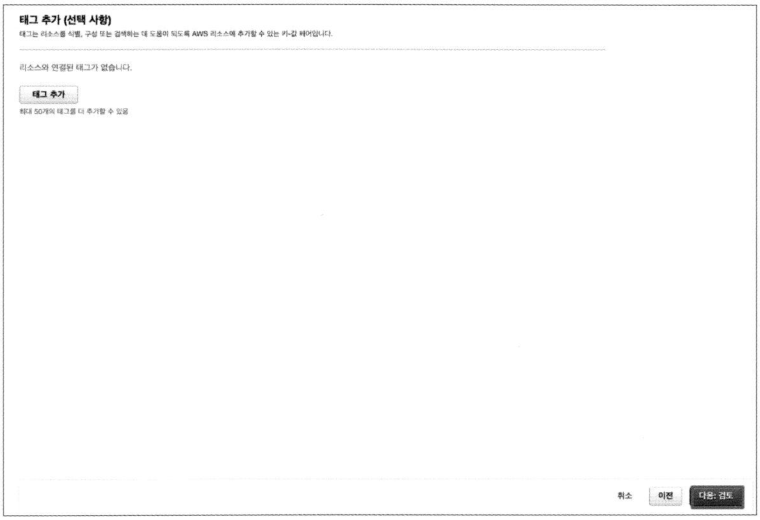

그림 2-32 정책 생성 시 태그 추가 여부 묻는 화면

첫 번째로 정책 이름을 넣어줍니다. 정책 이름은 다음과 같이 입력합니다(그림 2-33). 정책 이름은 기존에 존재하지 않는 이름이어야 합니다.

- **정책 이름**: aws_learner_dynamodb_rw_policy

요약 탭을 살펴보면 서비스는 'DynamoDB', 액세스 레벨은 '읽기, 쓰기'로 잘 설정되었습니다. 모든 것이 만족스럽다면 [정책 생성] 버튼을 누릅니다.

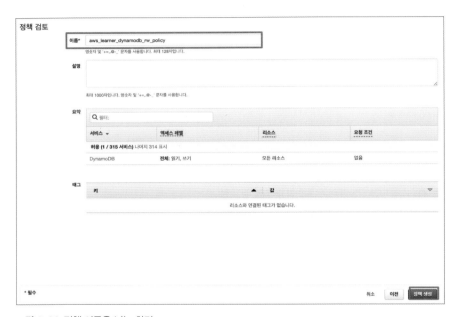

그림 2-33 정책 이름을 넣는 화면

상단에 'The policy aws_learner_dynamodb_rw_policy has been created.' 메시지가 확인된다면 정책을 성공적으로 만든 것입니다(그림 2-34). 잘 생성됐는지 확인해봅시다. 검색 창에 앞서 만든 정책 이름을 검색한 후 정책을 클릭합니다.

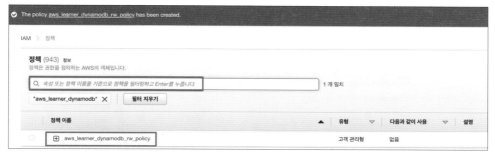

그림 2-34 정책이 잘 만들어졌는지 확인하는 화면

정책에 대한 요약 창을 확인할 수 있습니다(그림 2-35). 권한 탭 아래 [{ }JSON]을 클릭하면 키값 Action 안에 정책에 포함되어 있는 다양한 권한에 대해 한눈에 확인할 수 있습니다. 앞서 만든 정책 이외에 AWS에서 제공하는 정책 몇 가지를 클릭한 후 [{ }JSON]을 눌러 다양한 정책 문서를 확인해보길 바랍니다. Action 안에 어떤 권한이 있는지 직접 확인해보세요.

그림 2-35 생성된 정책에 대한 상세 정보

2.2.4 정책 시뮬레이터

앞서 만든 정책이 유저에게 잘 적용될지 100% 확신할 수 없습니다. 잘못된 정책을 적용시켜 유저가 예상치 못한 상황에 직면할 수도 있습니다. 이런 상황을 대비하기 위해서는 정책 시뮬레이터를 돌려 특정 유저에게 특정 정책을 부여할 때 실제로 정책이 잘 실행되는지 확인할 수

있습니다. 좌측 메뉴에서 [대시보드]를 누른 후 우측 하단에 [정책 시뮬레이터]를 클릭합니다
(그림 2-36).

그림 2-36 IAM 대시보드에서 정책 시뮬레이터 선택하기

새로운 탭에서 정책 시뮬레이터가 열리며 좌측 상단에 'Users, Groups, and Roles'에서 지금
까지 만든 것을 확인할 수 있습니다(그림 2-37). 직접 드롭다운 버튼을 눌러 하나하나 확인해
보세요. 앞서 만든 유저 [aws_learner]를 클릭합니다.

그림 2-37 정책 시뮬레이터에서 aws_learner 유저 찾기

현재는 아무 정책이 적용되어 있지 않습니다. 현재 aws_learner 사용자는 아무런 권한이 없기 때문에 아무것도 할 수 없습니다(그림 2-38). 이제 앞서 만든 정책을 aws_learner에 적용하고 시뮬레이션을 돌려봅시다. Policy Simulator의 [Select service]에서 DynamoDB를 찾아줍니다. 그 후 [Select actions]를 누르면 DynamoDB에서 취할 수 있는 행동이 나옵니다. 이렇게 하나하나 돌려볼 수도 있지만, 여기서는 한 번에 모두 테스트하기 위해 [Select All]을 클릭합니다. 이제 시뮬레이션을 돌릴 준비를 마쳤습니다. [Run Simulation] 버튼을 클릭합니다.

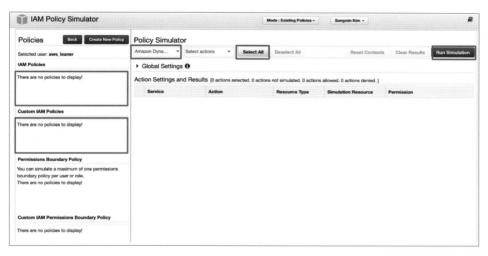

그림 2-38 정책 시뮬레이터 주요 기능 메인 화면

안타깝게도 모두 'denied'라고 확인됩니다(그림 2-39). 현재 aws_learner는 아무 정책 및 역할을 가지고 있지 않기 때문입니다.

그림 2-39 생성된 유저에게 아무런 권한이 없음을 보여주는 화면

aws_learner에게 앞서 만든 'aws_learner_dynamodb_rw_policy' 정책을 제공합니다. 정책 시뮬레이터 탭을 닫은 후 다시 IAM 메인 화면으로 돌아와 [사용자]를 클릭한 후 'aws_learner'를 선택합니다(그림 2-40).

그림 2-40 사용자 대시보드에서 생성한 사용자 들어가기

[권한 추가] 버튼을 클릭합니다(그림 2-41).

그림 2-41 권한을 추가하는 화면

세 가지 권한 부여 방법이 있습니다. 앞서 만든 정책을 사용자에게 연결하기 위해 [기존 정책 직접 연결]을 클릭합니다(그림 2-42). 그다음 'dynamodb_rw'를 검색하면 만든 정책을 확인할 수 있습니다. 체크박스를 클릭하고 [다음: 검토] 버튼을 누릅니다.

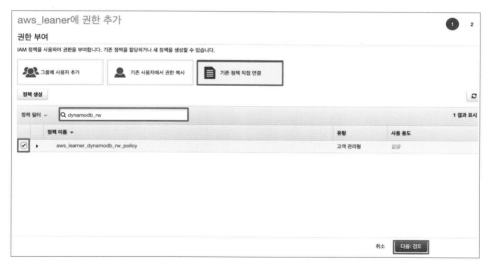

그림 2-42 기존 정책 직접 연결로 사용자에 권한 추가

[그림 2-43]처럼 좌측 상단에 'aws_learner에 권한 추가'라는 메시지가 보입니다. 그리고 이 유저에게 부여할 정책 이름도(aws_learner_dynamodb_rw_policy) 확인할 수 있습니다.

모든 것이 만족스럽다면 [권한 추가] 버튼을 누릅니다.

그림 2-43 정책 연결 전 검토 화면

aws_learner 유저에 정책이 잘 추가됐다면 [그림 2-44]과 같은 화면을 확인할 수 있습니다. 사용자 탭에서 [aws_learner]를 클릭하면 'Permissions policies'에 '1 정책이 적용됨'이라는 메시지와 함께 아래 'aws_learner_dynamodb_rw_policy'가 잘 연결되어 있음을 확인할 수 있습니다.

그림 2-44 정책이 잘 적용됐음을 보여주는 화면

이제 정책 시뮬레이터를 다시 테스트해봅시다. IAM 대시보드에서 정책 시뮬레이터를 다시 실행합니다. [그림 2-37]처럼 Users에서 [aws_learner]를 선택하면 다음과 같이 한 개의 정책이 잘 들어있는 것을 볼 수 있습니다(그림 2-45). 이처럼 유저에게 적용된 정책 개수는 하나 혹은 여러 개가 될 수 있고, 특정 정책을 끄고 켜면서 어떤 AWS 리소스에 대한 접근 권한이 생기는지 정책 시뮬레이터를 통해 알 수 있습니다.

그림 2-45 유저에 어떤 정책이 포함되어 있는지 정책 시뮬레이터를 통해 확인하는 화면

앞서 정책 시뮬레이터에서 돌렸던 내용을 기억하나요? DynamoDB 서비스를 선택하고 [Select All]을 누른 후 [Run Simulation] 버튼을 눌러 다시 한번 시뮬레이터를 돌려봅시다. 다음과 같은 결과를 볼 수 있습니다(그림 2-46).

이전과는 다른 결과가 나타납니다. 일부 기능은 허용되고 일부 기능은 거절되어 있습니다. aws_learner 사용자는 테이블에 있는 데이터를 읽고 쓰는 기능을 실행할 수 있으나, Global Tables 리스트를 가져오는 기능은 금지되어 있습니다.

	Service	Action	Resource Type	Simulation Resource	Permission
▸	Amazon DynamoDB	DescribeTableReplicaAutoSc...	table	*	allowed 1 matching statements.
▸	Amazon DynamoDB	DescribeTimeToLive	table	*	allowed 1 matching statements.
▸	Amazon DynamoDB	DisableKinesisStreamingDes...	table	*	allowed 1 matching statements.
▸	Amazon DynamoDB	EnableKinesisStreamingDesti...	table	*	allowed 1 matching statements.
▸	Amazon DynamoDB	ExportTableToPointInTime	table	*	allowed 1 matching statements.
▸	Amazon DynamoDB	GetItem	table	*	allowed 1 matching statements.
▸	Amazon DynamoDB	GetRecords	stream	*	allowed 1 matching statements.
▸	Amazon DynamoDB	GetShardIterator	stream	*	allowed 1 matching statements.
▸	Amazon DynamoDB	ListBackups	not required	*	denied Implicitly denied (no matching...
▸	Amazon DynamoDB	ListContributorInsights	not required	*	denied Implicitly denied (no matching...
▸	Amazon DynamoDB	ListExports	not required	*	denied Implicitly denied (no matching...
▸	Amazon DynamoDB	ListGlobalTables	not required	*	denied Implicitly denied (no matching...
▸	Amazon DynamoDB	ListStreams	not required	*	allowed 1 matching statements.

그림 2-46 정책 추가 후 사용자에게 권한이 생겼음을 알려주는 화면

이렇게 정책 시뮬레이터를 돌려 어떤 유저, 그룹이 어떤 권한을 가지고 있고, 허용되거나 거절되는 기능은 무엇인지 한눈에 확인할 수 있습니다.

3장 EC2

2장에서는 클라우드를 다루는 데 기본이 되는 사용자, 그룹, 역할, 정책에 대해서 살펴봤고 직접 만들어봤습니다. 이 책에서는 IAM이 자주 등장합니다. 만약 기억이 잘 나지 않는다면 2장을 다시 살펴보길 추천합니다. 3장에서는 AWS에서 역사가 오래된 EC2 리소스에 대해서 알아보도록 하겠습니다.

3.1 EC2란?

EC2$^{\text{Elastic Compute Cloud}}$는 AWS에서 자주 사용되는 서비스이며 클라우드 공간에 크기가 유연하게 변경되는 가상 서버 기능을 제공합니다. EC2는 인스턴스라고도 불리우며 클라우드 공간에 가상 서버$^{\text{virtual server}}$를 만들어 AWS에서 제공하는 다양한 애플리케이션을 돌릴 수 있습니다. 이렇게 EC2는 강력한 장점을 가지고 있습니다. 다음의 예시를 살펴봅시다. 만약 프로젝트 A에서 사용될 용량을 미리 알고 그에 따라 디스크 크기를 할당한다면 문제가 없습니다. 하지만 이런 일이 가능할까요(그림 3-1)? 산술적으로 가늠하기 어려운 크기의 데이터가 생성되고, 필요한 데이터를 얼마나 많이 가져와야 하는지 미리 아는 것은 사실상 불가능합니다.

그림 3-1 프로젝트에서 할당될 용량을 미리 예측하는 것은 불가능하다.

사용량이 많으면 디스크 크기를 늘리고, 사용량이 적을 때 디스크 크기를 줄일 수 있다면 얼마나 좋을까요? 2장에서 언급했던 회사 A를 다시 떠올려봅시다. 엔지니어팀이 디폴트로 설정한 디스크 용량은 500GB입니다. 하지만 주말에 갑자기 서버 과부하로 인해 예상치 못한 네트워크 트래픽이 발생하여 외부에서 들어오는 데이터가 500GB를 초과한다면, EC2 인스턴스는 크기를 잠시 동안 늘려줄 수 있습니다. 반대로 회사 내부에서 예상치 못한 상황으로 데이터의 크기가 급격히 감소한다면 디폴트로 설정한 500GB 용량을 일시적으로 줄일 수 있습니다. EC2는 이런 문제를 해결합니다. 네트워크 트래픽 상황에 맞게 자동으로 몸통을 부풀렸다 줄였다 유연하게 대처합니다(그림 3-2).

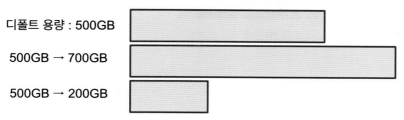

그림 3-2 사용량에 따라 크기를 유연하게 대처하는 EC2

EC2는 가상 서버이기 때문에 디스크 용량뿐 아니라 CPU, 메모리 및 네트워크 등 다양한 설정이 있습니다. 우리가 사용하는 컴퓨터나 랩톱과 마찬가지로 여러 가지 설정을 상황에 맞게 설정해줘야 합니다. 이는 추후에 다루도록 하겠습니다.

인스턴스는 한 번 만들고 나면 계속 실행됩니다. 하지만 상황에 따라 인스턴스를 일시적으로 중단시킬 수 있고 영구적으로 없앨 수도 있습니다. 여기서 '비용'이라는 중요한 개념이 등장합니다(그림 3-3). AWS 리소스는 어떻게 설정해주는지에 따라 그리고 얼마나, 어떻게 사용하느냐에 따라 비용 부담은 천차만별입니다. 대부분 초기 개발 단계에는 **프리 티어**free-tier 옵션을 많이 사용합니다. 프리 티어란 공짜로 리소스를 사용하는 대신 최저 사양 환경에서 개발을 진행하는 것입니다. AWS 리소스마다 비용을 청구하는 방법은 다릅니다. EC2는 인스턴스가 실행되고 있을 때만 돈을 지불합니다. 그런데 돈을 지불하는 방법에도 여러 가지가 존재합니다. 온디맨드on-demand, 리저브드reserved, 스팟spot 세 가지로 나뉩니다.

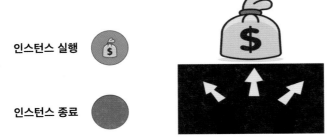

그림 3-3 인스턴스의 사용에 따라 청구되는 비용은 천차만별

인스턴스 실행

인스턴스 종료

3.2 EC2 사용 시 지불하는 다양한 방법

이번 절에서는 EC2 인스턴스를 사용할 때 지불하는 세 가지 방법(온디맨드, 리저브드, 스팟)에 대해서 알아보겠습니다.

3.2.1 온디맨드

온디맨드$^{on-demand}$ 지불 방식은 시간당 정해진 금액을 지불하면서 사용합니다(참고로 제일 짧은 시간은 60초입니다). 짧은 시간 동안 인스턴스를 임대하면서 사용하는 방식입니다. 주로 소프트웨어 검증 및 테스트 단계에서 많이 사용됩니다. EC2 인스턴스 내에서 개발 중인 웹 애플리케이션 및 다양한 서버 프로그램을 짧고 불규칙한 주기 내에서 테스트가 이루어질 때 사용하면 좋습니다. 온디맨드 지불 방식을 사용하면 비용을 미리 책정할 필요가 없습니다. 실제 테스트를 하고 끝내는 시간이 얼마나 걸릴지는 아무도 모르기 때문입니다. 온디맨드 지불 방식은 유연성^{flexibility}이 있어 이러한 불확실한 상황에 사용하기 좋습니다. 추가로 온디맨드는 시간당 얼마를 지불해야 하는지 알고 있기 때문에 선불 개념이 존재하지 않습니다.

개발자가 소프트웨어를 테스트하고 검증하는 데 '시작과 끝'은 두 가지 종류로 나눌 수 있습니다. 첫 번째는 개발의 시작과 끝을 알고 있는 경우와 두 번째는 개발의 시작은 알고 있으나 개발의 끝을 미리 알 수 없는 경우입니다(그림 3-4). 이렇게 상황에 따라서 어떤 지불 방식을 선택해야 할지 알고 있어야 합니다. 온디맨드 지불 방식은 개발 기간이 비교적 짧으며, 개발이 끝나는 시간을 미리 알 수 없을 때 유용합니다. 특별한 할인가를 적용받는 것도 아닐뿐더러 사용하는 만큼 돈을 지불하기 때문에 대부분 개발 초기 단계에서(EC2 인스턴스에서 애플리케이션을 처음 테스트할 때) 사용하는 것이 가장 이상적입니다.

그림 3-4 개발의 시작 시간은 알지만 끝을 알 수 있는 경우는 얼마나 많을까?

3.2.2 리저브드

온디맨드 지불 방식과는 달리 리저브드^{reserved}는 저렴한 비용으로 인스턴스를 사용할 수 있게 합니다. EC2 인스턴스를 1~3년 정도 싸게 임대해서 사용할 수 있게 해주는 지불 방식입니다. 단어 그대로 해석해보면 인스턴스를 사용하되 내가 찜해놓은 인스턴스를 무조건 사용할 수 있는 권리를 가질 수 있다는 것입니다. 비행기 좌석을 예를 들면 '지정석'이 되겠습니다(그림 3-5). 지정석은 내가 무조건 찜해놓은 자리이며 다른 사람이 사용할 수 없습니다. 지정석임에도 불구하고 가격까지 저렴하다면 일석이조가 아닐까요? 온디맨드와 달리 리저브드 지불 방식은 개발 시작과 끝을 미리 알고 있을 때 유용합니다. 그리고 선불^{upfront}로 비용을 부담하여 추가적으로 지정된 컴퓨팅 시스템^{computing system}을 사용할 수 있습니다. 그러므로 개발 중에 요구 조건이 자주 변경되지 않고 개발 시간을 잘 알고 있다면 리저브드 지불 방식 사용을 권장합니다.

이런 리저브드의 단점은 온디맨드와 달리 인스턴스의 크기를 늘리거나 줄일 수 없습니다. 인스턴스를 처음 생성할 때 지정했던 크기 및 설정을 그대로 가지고 사용해야 합니다. 이러한 불편함에도 불구하고 리저브드 지불 방식은 비용 측면에서 큰 장점을 가지고 있기 때문에 많은 사람이 선호합니다.

그림 3-5 나만의 지정석이 생기면서 비용까지 저렴한 리저브드 지불 방식

3.2.3 스팟

스팟^{spot}은 앞서 살펴본 온디맨드, 리저브드와 달리 인스턴스 가격을 입찰하여 구매할 수 있는 독특한 개념입니다. 리저브드보다 훨씬 할인율이 높으며 돈을 거의 들이지 않고 인스턴스를 구축할 수 있습니다. 그러나 이런 스팟 지불 방식에도 단점은 있습니다. EC2 인스턴스는 AWS 클라우드 시장 경제를 따르기 때문에 인스턴스 사용 비용에 변덕이 생길 수 있습니다. 우리가 입찰가에 내놓은 금액과 맞아떨어진다면 인스턴스가 실행되고, 그렇지 않다면 인스턴스가 꺼지게 됩니다. 그러므로 스팟 지불 방식은 인스턴스의 시작과 끝이 그다지 중요하지 않다고 판단되는 곳에서 매우 유용하게 사용할 수 있습니다. 이해를 돕기 위해 다음의 경우를 생각해봅시다(그림 3-6).

> 인스턴스를 사용하기 위해서 내놓은 최소 금액은 5달러(초록색 점선)이고 최대 금액은 10달러(빨간색 점선)이다. 인스턴스 비용이 5달러에 도달했을 때 인스턴스를 사용할 수 있게 되었다. 하지만 시간이 지나면서 인스턴스 비용은 계속 변한다. 비용이 올라 10달러를 초과하면 인스턴스는 자동으로 종료된다.

[그림 3-6]을 보면 인스턴스 비용(파란색 선)이 계속 오르고 있다가 사용자가 내세운 최소 금액에 도달하게 된다면 인스턴스를 사용할 수 있게 됩니다. 그러나 사용자가 제안한 최대 금액보다 인스턴스가 비싸지면 인스턴스를 더는 사용할 수 없게 됩니다. 초록색 네모 안이 인스턴스를 사용할 수 있는 구간입니다. 이처럼 스팟 지불 방식은 개발 시작과 끝에 전혀 구애받지 않고 예측하기 매우 어려운 곳에서 굉장히 저렴한 비용으로 인스턴스를 사용할 수 있는 좋은 옵션입니다. 인스턴스가 언제 켜지고 꺼질지 미리 알 수 없기 때문입니다.

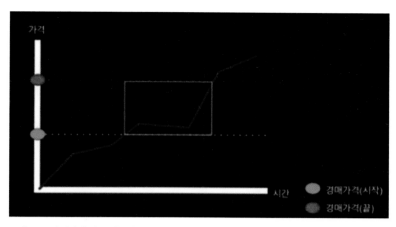

그림 3-6 경매가에 따른 인스턴스의 가용성

3.3 EBS

컴퓨터를 사용할 때 반드시 필요한 하드디스크처럼 EC2 인스턴스를 사용할 때도 스토리지가 반드시 요구됩니다. 이번 절에서는 EC2의 스토리지 EBS에 대해서 알아보겠습니다.

3.3.1 EC2의 중추적인 스토리지 역할, EBS란?

EBS$^{Elastic Block Store}$는 파일 및 오브젝트를 보관할 수 있는 스토리지 볼륨을 만들어줍니다. 이 스토리지는 EC2 인스턴스에 부착되어 사용됩니다. 마치 우리가 처음 컴퓨터를 구입하면 그 안에 CPU, RAM, 하드디스크가 함께 부착되어 있는 것을 생각해보면 쉽게 이해할 수 있습니다(그림 3-7). EBS가 없다면 EC2 인스턴스는 아무것도 할 수 없습니다. 컴퓨터도 마찬가지입니다. 하드디스크에 운영체제 및 부팅 시 필요한 파일을 가지고 있어야 하는데 이런 하드디스크가 없다면 총알이 없는 총과 다를 바가 없습니다.

컴퓨터에 다양한 부품을 부착할 수 있듯 EC2 인스턴스에도 EBS를 부착할 수 있다!

그림 3-7 EC2 인스턴스에 컴퓨터 부품처럼 부착할 수 있는 EBS

EC2 인스턴스에 부착된 EBS 디스크 볼륨에 파일 시스템이 생성됩니다. 이를 통해 인스턴스에 접근할 수 있을 뿐 아니라 로컬 디스크에 파일을 옮기는 작업도 가능하게 됩니다. 중요한 사실 은 EC2 인스턴스가 종료되어도 EBS 안에 들어있는 데이터는 여전히 존재합니다. 인스턴스를 다시 켰을 경우에도 똑같은 데이터를 사용할 수 있습니다. 마지막으로 EBS는 가용 영역을 설 정해줘야 합니다. AWS를 사용할 때 리전^{region}으로 리소스가 분리되어 있습니다. 그 리전 안에 서 가용 영역으로 범위를 또 나누게 됩니다. 특히 EC2 인스턴스같이 서버 혹은 네트워크를 다 룰 때 가용 영역이라는 개념이 종종 등장합니다. 그러므로 EC2를 더 깊게 다루기에 앞서 가용 영역을 이해해야 합니다.

3.3.2 가용 영역

하나의 리전 안에는 여러 개의 가용 영역^{availability zone}(AZ)이 존재할 수 있습니다. 우리가 사용 하고 있는 지역을 서울(ap-northeast-2)이라고 가정했을 때 그 안을 리전 A, 리전 B로 세 분화할 수 있습니다. 가용 영역은 메인 서버에서 만들어지는 일종의 복사본이라고 이해하면 됩 니다. 각각의 복사본은 그들만의 네트워크 설정, 컴퓨팅 파워가 존재합니다. 그렇다면 왜 존을 따로 나눠서 사용해야 할까요? 결론을 말하면, 가용 영역을 사용하는 가장 중요한 이유는 바로 재해 복구^{disaster recovery} 때문입니다. 한쪽 서버가 셧다운되거나 문제가 생기더라도 백업본으로 서버가 운영되는 것을 가능하게 합니다. 예를 들어 두 개의 리전이 있고 각각의 리전에는 세 개 의 가용 영역이 있습니다(그림 3-8). 하나의 가용 영역에 문제가 생기더라도 나머지 가용 영역으로부터 백업을 받아 인스턴스가 돌아가는 데 지장이 없게 해주는 것입니다. 이처럼 AWS 리소스 중 가용 영역을 설정해야 할 때가 있습니다. 이 도서의 내용 중 필요한 부분에서 다시 언급하도록 하겠습니다.

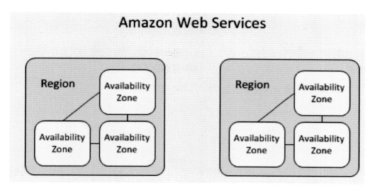

그림 3-8 여러 개의 가용 영역이 하나의 리전 안에 있음

3.3.3 EBS 타입

EBS 볼륨 타입은 SSD와 HDD 두 가지로 나뉩니다. 각각의 볼륨 타입은 다른 퍼포먼스 성능 그리고 그에 따른 비용이 다르게 책정됩니다. 따라서 원하는 시나리오에 맞게 EBS 볼륨 타입을 설정해주는 것이 중요합니다.

SSD

SSD$^{\text{solid state driver}}$는 빈번한 읽기/쓰기, 입출력의 비중이 매우 클 때 사용되면 좋은 EBS 볼륨 타입입니다. SSD는 General Purpose SSD와 Provisioned IOPS[1] SSD 두 가지로 나뉩니다.

1. **General Purpose SSD(gp2)**: 최대 10K IOPS 지원하며 1GB당 3IOPS의 속도가 나옴. 뛰어난 성능과 저렴한 비용 덕분에 보편적으로 널리 사용되는 타입
2. **Provisioned IOPS SSD(io1)**: 극도의 I/O 처리를 요구하는 환경에서 사용됨. 10K 이상의 IOPS를 지원함. gp2에 비해 훨씬 뛰어난 성능을 자랑하지만 비싼 비용 때문에 웬만해선 잘 사용되지 않음

----

1 아이옵스(IOPS)는 Input/Output operations Per Second 의 약자로 EBS의 성능을 측정하는 단위로 사용됩니다.

이 둘의 차이점을 표로 요약해보면 다음과 같습니다.

	General Purpose SSD	Provisioned IOPS SSD
볼륨 타입	gp2	io1
볼륨 크기	1 GiB^2~16TiB^3	4GiB~16TiB
최대 IOPS	16000	64000
장점	상대적으로 저렴한 비용으로 다소 뛰어난 성능을 보여줌	인스턴스에 여러 개의 EBS 부착할 수 있으며 최고의 성능 자랑
단점	인스턴스에 여러 개의 EBS를 부착할 수 없음	가격이 비쌈

Magnetic / HDD

SSD는 IOPS가 주된 관심사였다면 HDD는 처리량throughput을 따져야 합니다. 따라서 방대한 스트리밍streaming 워크로드를 신경 써야 한다면 HDD는 탁월한 선택입니다.

1. **Throughput Optimized HDD(st1)**: 빅데이터 데이터 웨어하우스data warehouse, 로그 프로세싱처럼 실시간으로 대용량의 데이터를 처리할 때 주로 사용됨. 부트 볼륨Boot Volume으로 사용할 수 없는 것이 치명적인 단점

2. **CDD HDD(sc1)**: 파일 서버File Server처럼 Input/Output이 매우 드문 경우 사용됨. st1과 마찬가지로 부트 볼륨으로 사용할 수 없으나 가격이 매우 저렴한 것이 장점

3. **Magnetic(Standard)**: 디스크 용량(1GB)당 가장 싼 비용으로 사용할 수 있음. st1, sc1과는 달리 HDD군에서 부트 볼륨으로 사용할 수 있음. 앞서 언급했듯이 가격이 싸기 때문에 비용을 따져야 할 때 고려되는 옵션

앞서 살펴본 HDD 타입을 표로 요약하면 다음과 같습니다.

	Throughput Optimized HDD	CDD HDD	Magnetic
볼륨 타입	st1	sc1	Standard
볼륨 크기	125GiB~16TiB	125GiB~16TiB	1GiB~1TiB
최대 IOPS	500	250	40~200
최대 처리량	500MiB/s	250MiB/s	40-90MiB/s

---

2 GiB: 1GiB(Gibibyte) = 1.07GB
3 TiB: 1TiB(Tebibyte) = 1.1TB

장점	실시간 스트리밍 데이터, 데이터 웨어하우스처럼 큰 용량의 데이터 처리 가능	매우 저렴한 비용으로 EBS 볼륨 사용 가능	CDD보다 저렴한 비용으로 사용할 수 있으며 부트 볼륨으로 사용 가능
단점	부트 볼륨 사용 불가	부트 볼륨 사용 불가	상대적으로 느린 처리량과 작은 디스크 볼륨 크기

3.4 ELB

서버를 다루다보면 네트워크 트래픽이 한쪽으로 심하게 몰려 서버 다운이나 예상치 못한 문제가 발생합니다. EC2는 ELB를 사용하여 서버 트래픽을 원활하게 해줍니다. 이번 절에서는 ELB에 대해 알아보겠습니다.

3.4.1 서버의 과부하를 책임지는 ELB

미국에서 가장 큰 이벤트인 블랙 프라이데이를 한 번 상상해봅시다. 많은 사람은 파격적인 할인 가격에 자신이 원하는 물품을 사기 위해 매장 앞에 줄을 서서 기다리고 있거나 집에서 온라인으로 물건을 구매합니다. 평상시보다 훨씬 많은 사람이 웹사이트에 몰려들기 때문에 그만큼 서버도 쉽게 과부하가 걸릴 수 있습니다. 초당 처리할 수 있는 양이 100개인데 블랙 프라이데이 때 웹사이트 A에서는 초당 600개의 데이터가 들어온다고 합시다. 100개를 우선 처리하면 나머지 500개는 대기 중에 있고, 매초 시간이 흐를수록 대기실에서 기다리고 있는 데이터의 양은 어마어마하게 늘 것입니다. 이렇듯 들어오는 양에 비해 나가는 양이 급격히 감소되는 상황을 병목 현상bottleneck effect이라고 부릅니다. [그림 3-9]처럼 데이터는 밀물처럼 밀려오지만 처리되는 양에는 한계가 있습니다. 다시 말해 서버에서 받아들일 수 있는 최대 용량은 제한적인데 대기실에 데이터가 계속 쌓인다면 서버에도 장애가 발생하게 됩니다. 결국 서버 다운 현상까지 이르게 될 수 있는 것입니다. 이런 상황을 방지하기 위해서 등장한 개념이 바로 ELB입니다.

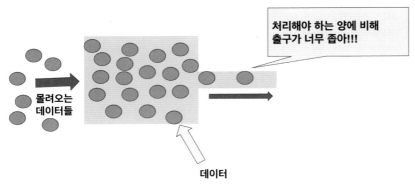

그림 3-9 서버의 능력에 비해 너무 많은 데이터가 들어온다면 어떻게 해야 할까?

ELB$^{\text{Elastic Load Balancer}}$는 무언가를 균형 있게 잡아준다는 의미입니다. ELB는 서버의 흐름을 어느 한쪽으로 치우치지 않고 인스턴스에 공평하게 배분하도록 합니다. 결국 앞서 언급한 병목 현상을 방지하게 합니다. 이는 서버의 원활한 작동 및 빠른 속도를 유지할 수 있게 해주는 원동력이 됩니다.

EC2 인스턴스를 논할 때 인스턴스의 건강 상태(안정적인 상태)를 따져야 하는데, 건강하지 않은 인스턴스는 병목 현상이 종종 일어나 서버 과부하로 문제가 발생합니다. 이러한 인스턴스는 갑작스러운 셧다운이나 타임아웃$^{\text{time-out}}$ 에러가 생길 수 있습니다. 이는 서버를 운영하는 엔지니어도, 프로그램을 사용하는 사람들에게도 문제를 안겨주게 됩니다. ELB는 건강하지 않은 인스턴스를 건강하게 치료해주는 의사 역할이라고 생각하면 됩니다(그림 3-10).

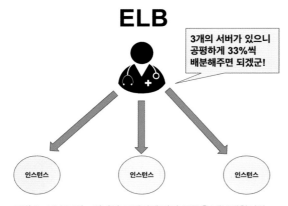

그림 3-10 ELB는 서버의 트래픽에 따라 흐름을 재분배합니다.

3.4.2 다양한 ELB 타입

단순히 네트워크의 흐름을 균형 있게 잡아주는 ELB에는 무려 세 가지 유형이 존재합니다. 어떤 상황에서 어떤 ELB 타입을 사용해야 하는지 이해하는 것은 실제 애플리케이션 구현뿐 아니라 **AWS 자격증 시험**을 준비하는 분도 꼭 숙지해야 하는 내용입니다.

애플리케이션 로드 밸런서

애플리케이션 로드 밸런서^{Application Load Balancer}(ALB)는 네트워크 일곱 번째 OSI 레이어에서 작동됩니다. 네트워크에는 총 일곱 개의 레이어가 존재하고, 각각의 레이어가 서로 소통하며 네트워크 흐름이 형성됩니다(그림 3-11). 일곱 번째 레이어는 유저와 가장 가까이 위치한 '애플리케이션 레이어'이며, 이 레이어에 ALB가 존재합니다. 이는 HTTP, HTTPS와 같은 네트워크 트래픽을 제어할 때 적합한 밸런서가 됩니다. ALB가 네트워크 요청을 받게 되면 EC2 인스턴스에 지정된 역할에 근거하여 데이터의 흐름을 관리하는 것입니다.

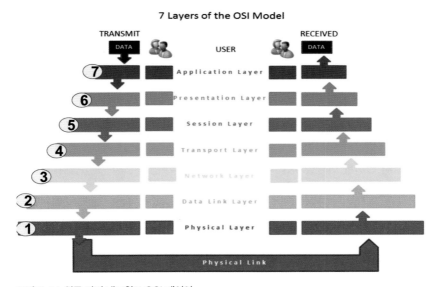

그림 3-11 일곱 가지 네트워크 OSI 레이어

ALB에는 중요한 기능이 있습니다. ALB의 고급 설정을 통해 원하는 서버로 직접 라우팅할 수 있습니다. ALB는 인스턴스에 서버 흐름을 디폴트로 배분하는 대신 개발자가 직접 개입하여 서버 흐름을 설정할 수 있도록 하는 라우팅 커스터마이징 기능을 제공합니다.

네트워크 로드 밸런서

OSI 일곱 번째 레이어에서 작동했던 ALB와는 달리 네트워크 로드 밸런서[Network Load Balancer](NLB)는 'Transport Layer'인 네 번째 레이어에서 작동합니다(그림 3-11). 참고로 Transport Layer는 TCP/IP 모델을 포함하고 있으며 상당히 안정적으로 호스트에 메시지를 전달하는 기능을 수행합니다. TCP 트래픽을 관리하기 때문에 초당 수백만 개 혹은 그 이상의 요청이 들어올 수 있으며, NLB는 극도의 퍼포먼스를 자랑하여 미세한 지연으로 엄청난 요청들을 처리할 때 유용하게 사용됩니다. 주로 개발 환경이 아닌 프로덕션 환경에서 방대한 데이터를 처리할 때 빛을 발휘할 수 있는 밸런서입니다.

클래식 로드 밸런서

클래식 로드 밸런서[Classic Load Balancer](CLB)는 앞서 언급한 두 ELB(ALB, NLB)보다 성능이 뒤처지고, 거의 사용되지 않는 레거시[legacy]입니다. 하지만 CLB가 가지고 있는 기능은 매우 흥미롭기 때문에 간단히 짚고 넘어가도록 하겠습니다. 레거시임에도 다른 ELB보다 시험[4]에 가장 자주 등장하므로 꼭 이해하기를 바랍니다.

ALB에서 제공하는 레이어 7의 HTTP/HTTPS 라우팅 기능, NLB에서 제공하는 TCP 트래픽 요청 라우팅 기능은 모두 CLB로 처리가 가능합니다(그림 3-12). CLB는 AWS에 2009년도에 처음 등장했으며 그 역사가 매우 깊습니다. ALB와 NLB보다 훨씬 이전에 선보였던 ELB 타입입니다. 하지만 CLB는 치명적인 단점이 있습니다. 요청과 네트워크의 연결에 근거하여 서버 트래픽을 제어할 수 있으나 네트워크 호스트가 누구인지 알 수 없습니다. 믿어도 되는 호스트인지 아닌지, 따라서 안전한 연결을 해도 되는지 아닌지에 대한 판단을 할 수 없습니다. 하지만, ALB와 NLB에는 문제가 없으니 걱정하지 않아도 됩니다.

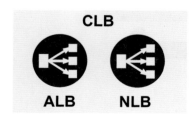

그림 3-12 ALB와 NLB를 모두 품은 CLB

---

4 AWS에는 Developer Associate, Solution Architect, DevOps Engineer 등 시험이 있습니다.

3.4.3 ELB에서 흔히 일어날 수 있는 에러

ELB를 사용할 때 EC2 인스턴스를 사용하다 보면 종종 예상치 못한 문제에 직면하게 됩니다. ELB를 사용할 때 발생하는 가장 대표적인 에러는 애플리케이션이나 서버에서 특정 시간 내에 응답을 받지 못할 경우 생기는 **Load Balancer Error: 504 ERROR**입니다(그림 3-13). 이 에러가 그 유명한 'Gateway Time Out'입니다. ELB를 사용해서 네트워크의 흐름을 원활하게 함에도 불구하고 왜 타임아웃 에러가 발생할까요?

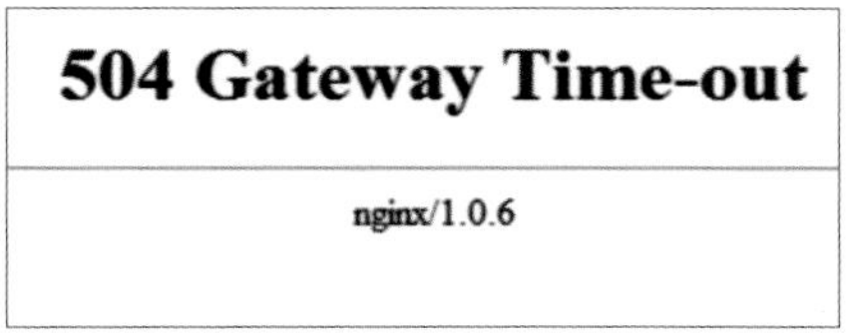

504 Gateway Time-out

nginx/1.0.6

그림 3-13 ELB 사용 시 흔히 발생하는 504 Gateway Time-out 에러

다행히도 이 문제는 서버 레이어, 데이터베이스 레이어에서 발생하기 때문에 상대적으로 쉽게 해결할 수 있습니다. 달리 말해 깊은 지식 없이 몇 가지 간단한 방법으로 해결이 가능합니다. 로드 밸런서에는 최대 접속 시간 제한^{idle time-out}이라는 설정이 있습니다. 디폴트는 60초로 지정되어 있으며 로드 밸런서가 60초 동안 아무런 데이터도 전달받지 못할 경우 연결을 자동으로 종료하고 타임아웃 에러를 생성합니다. 현재 돌아가는 애플리케이션의 규모가 크다면 최대 접속 시간 제한을 한 번 변경해보세요. 로드 밸런서가 기다려줄 수 있는 시간을 조금이라도 늘리는 것입니다. 그렇지 않다면 직접 애플리케이션을 수정해서 서버로 전송되는 데이터의 양을 조절하거나 서버에서의 응답 시간을 최적화시켜야 합니다.

3.4.4 X-Forwarded-For 헤더

AWS 자격증 시험을 준비한다면 꼭 숙지해야 하는 내용입니다. X-Forwarded-For 헤더가 무엇이며, 왜 사용되는지에 대해 이해하면 충분합니다. 이 헤더는 HTTP/HTTPS 요청을 로드 밸런서에서 받을 때 '출처'에 대한 정보를 담고 있습니다. [그림 3-14]처럼 로드 밸런서 public IP address가 152.12.3.225라고 가정해봅니다. 이는 중간 DNS 요청에 의하여 로드 밸런서에 보내지며 앞서 전달받은 퍼블릭 IP 주소를 10.0.0.23 private IP address로 인식합니다. private IP address에 대한 정보를 최종적으로 EC2 인스턴스에 보내지게 됩니다. 안타깝게도 EC2 인스턴스는 private IP address밖에 이해할 수 없습니다. 그리고 private IP address에는 출처에 대한 정보가 들어있지 않습니다. 그러므로 이를 알기 위해 X-Forwarded-For 헤더를 통해서 기존 public IP address를 찾을 수 있습니다. 다시 말해 152.12.3.225는 10.0.0.23의 헤더 정보를 가지고 알아낼 수 있습니다.

그림 3-14 X-Forwarded-For 헤더의 사용 용도

3.5 EC2 실습

이번 절에서는 직접 인스턴스를 만들고 인스턴스에 접속하여 간단한 웹 페이지를 호스팅하는 실습을 해보겠습니다.

3.5.1 EC2 인스턴스 생성

EC2 인스턴스를 함께 만들어보고 사용해보는 실습을 해봅시다. EC2 인스턴스는 2장에서 배운 IAM과는 달리 지역을 설정해줘야 합니다. 글로벌이 아닌 지역에 국한될 수 있기 때문입니다. 만약 Seoul 지역에서 인스턴스 A를 생성했다면 인스턴스 A는 다른 지역에서 사용할 수 없습니다. Seoul 지역에서 실습을 진행할 것이므로 다음 그림을 참고하고 지역이 Seoul로 잘 설정되어 있는지 꼭 확인해주세요(그림 3-15).[5]

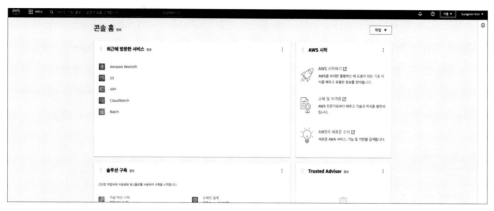

그림 3-15 리전을 확인하는 그림

지역 설정을 마치고 콘솔에서 EC2를 검색해서 접속하면 다음과 같은 화면을 볼 수 있습니다 (그림 3-16). 현재 실행 중인 인스턴스는 하나도 없습니다. 아직 인스턴스를 생성하지 않았기 때문입니다. 새로운 인스턴스 생성을 위해 좌측 하단에 [인스턴스 시작] 버튼을 누릅니다.

그림 3-16 실행 중인 인스턴스가 없음을 확인한 다음 인스턴스 생성하는 화면

----

5 Seoul 지역으로 선택하는 이유는 네트워크 지연이 지리적 이점으로 현저히 줄어듭니다. 뿐만 아니라 지역에 따라 제공하는 서비스 차이가 있고, Seoul은 대부분 모든 서비스를 제공하고 있습니다.

인스턴스 생성 시 가장 먼저 인스턴스의 고유 이름을 부여해야 합니다(그림 3-17). 고유 이름을 'aws_learner_instance'로 정의하겠습니다. 다음으로 애플리케이션 및 이미지(AMI)를 선택해야 합니다. AMI는 쉽게 말해서 인스턴스를 생성할 때 돌아가는 운영체제입니다. 우리가 사용하고 있는 컴퓨터에도 윈도우, Mac과 같은 운영체제가 내재되어 있듯 AMI도 마찬가지입니다. 여기서는 '**Amazon Linux 2 AMI (HVM) - Kernel 5.10 SSD Volume Type**'을 사용합니다. 우측을 보면 '**프리 티어 사용 가능**'이라고 확인할 수 있습니다. 말 그대로 특정 용량까지 무료로 사용할 수 있습니다. 대부분 무언가를 테스트할 때 종종 사용합니다(성능이 좋지 않기 때문에 프로덕션에서는 잘 사용되지 않습니다). 아키텍처는 64비트(x86)을 선택합니다.

그림 3-17 인스턴스 이름 정의 및 AMI를 선택하는 화면

이번에는 인스턴스 유형을 선택해야 합니다(그림 3-18). 유형별로 인스턴스가 제공하는 능력치가 달라지며 더 좋은 인스턴스를 사용할수록 지불해야 하는 비용 또한 올라갑니다. 고맙게도 디폴트로 '프리 티어'가 선택되어 있습니다. 유형은 't2.micro'이고 가상 CPU 개수는 한 개로 설정되어 있습니다. 인스턴스 스토리지는 EBS 전용으로 되어 있으며 앞서 배운 EBS 스토리지 중 하나를 선택해야 합니다. t2.micro 유형은 프리 티어이기 때문에 성능이 그리 좋지는 않습니다. 하지만 실습을 진행하는 데는 무리가 없습니다.

다음으로 키 페어를 생성해야 합니다. 이 키 페어를 가지고 EC2 인스턴스에 접속할 수 있습니다. 한 번 다운로드한 후에는 두 번 다시 다운로드할 수 없기 때문에 반드시 안전한 곳에 보관해두는 것을 권장합니다. 기존에 이미 키 페어를 생성했다면 드롭다운 메뉴에서 존재하는 키 페어를 사용할 수 있습니다. 지금 실습에서는 키 페어를 생성해본 적이 없다고 가정하겠습니다. [새 키 페어 생성]을 선택합니다.

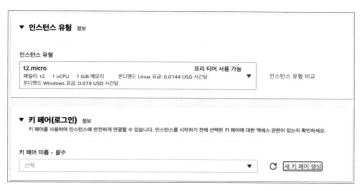

그림 3-18 인스턴스 유형 선택 및 키 페어 생성 화면

키 페어 생성 화면을 확인해봅시다(그림 3-19). 키 페어 이름은 'awslearner_keypair'로 정의합니다. 키 페어 유형은 'RSA'를 선택하고, Mac 유저라면 파일명을 pem으로 선택합니다. 윈도우 환경이라면 'Putty'라는 프로그램을 통해 인스턴스에 접속해야 하므로 ppk 파일을 다운받아야 합니다. 이는 3.5.4절 윈도우 편에서 자세히 다루니 참고하세요.

[키 페어 생성] 버튼을 눌러 키 페어를 다운로드합니다. 한 번 다운로드한 후에는 두 번 다시 다운로드할 수 없기 때문에 반드시 안전한 곳에 보관해두는 것을 권장합니다.

그림 3-19 키 페어 생성 화면

다음으로 네트워크를 설정해야 합니다(그림 3-20). 생성할 인스턴스가 어떤 트래픽을 받고, 안 받을지 관리할 수 있습니다. EC2는 디폴트 값으로 VPC를 제공하며, VPC는 가상의 클라우드 공간을 의미합니다. 하나의 VPC 안에서 인스턴스는 공유되는 컴퓨팅 파워를 사용합니다. '서브넷' 역시 디폴트 값을 사용합니다. '퍼블릭 IP 자동 할당'은 활성화되어 있으며, 이를 통해 인스턴스의 퍼블릭 아이피 주소를 획득하게 됩니다. 추가로 '방화벽'을 생성해야 합니다. 이전에 보안 그룹을 생성하지 않았기 때문에 새롭게 보안 그룹을 만듭니다. 보안 그룹을 통해 외부인이 웹 페이지에 접속할 수 있으니 네트워크 설정을 변경해야 합니다. 우측 상단에 있는 [편집] 버튼을 누릅니다.

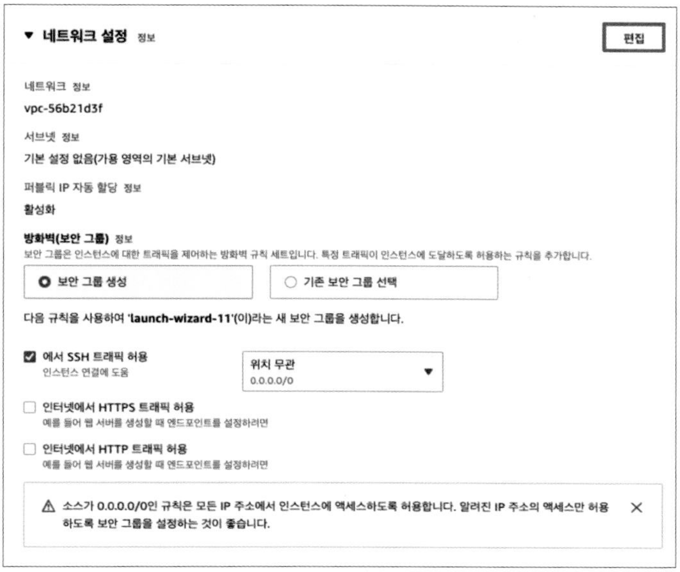

그림 3-20 인스턴스 네트워크 설정 화면

네트워크 설정 편집창을 확인해봅시다(그림 3-21). 우리가 만들 인스턴스로 웹 서버를 만들 예정이니, 전 세계 사람이 웹사이트에 접속하기 위해서는 포트 80을 열어줘야 합니다. '포트 80'은 HTTP 프로토콜에서 인터넷 응답을 위해 범용적으로 사용되는 번호입니다. 디폴트로 설정되어 있는 값을 살펴봅시다. 'SSH 유형'은 TCP 프로토콜을 사용해 포트 22를 열어준다는 뜻입니다. '소스 유형'의 '위치 무관'은 어디서든 접근을 가능하게 해주는 기능으로 프로덕션에서는 절대 권장하지 않습니다. 보안 측면에서 매우 취약하기 때문입니다. '0.0.0.0/0'은 모든 IPv4 주소로 이 세상 어디서든 연결을 가능하게 해줍니다. 지금은 간단한 웹사이트를 테스트할 것이니 지금 이대로 진행해도 문제없습니다.

앞서 언급했던 것처럼 포트 80을 여는 규칙을 하나 추가합시다.

그림 3-21 네트워크 설정 편집 화면

[보안 그룹 규칙 추가] 버튼을 누르면 '보안 그룹 규칙 2'를 확인할 수 있으며 유형을 'HTTP'
로 바꿉니다. 그렇게 하면 자동으로 포트 범위가 80으로 할당됩니다(그림 3-22). 마찬가지로
HTTP 소스를 '위치 무관'으로 바꿉니다. 이렇게 네트워크 설정은 끝이 납니다.

그림 3-22 보안 그룹 규칙 추가 화면

마지막으로 스토리지를 설정해봅시다(그림 3-23). 디폴트 볼륨 유형은 루트이며 '8GIB gp2(SSD)'로 선택되어 있습니다. 새 볼륨을 추가하여 다른 스토리지를 사용할 수도 있습니다. 하지만 우리는 하나의 스토리지만 사용할 것이므로 이대로 두겠습니다. 하단 [고급 세부 정보]를 누르면 '구매 옵션'을 확인할 수 있습니다. 구매 옵션에서 스팟 인스턴스 요청을 확인할 수 있습니다. 입찰을 통한 인스턴스 생성을 의미하지만 여기서 사용하지는 않습니다. 이제 [인스턴스 시작] 버튼을 눌러 인스턴스를 생성합니다.

그림 3-23 인스턴스 스토리지 설정 화면

시작된 인스턴스를 확인할 수 있습니다(그림 3-24). 지금까지 열심히 셋업한 인스턴스입니다. 인스턴스가 만들어지려면 몇 분 기다려야 합니다. VPC 설정, 스토리지 부착, 보안 설정 등 다양한 작업이 진행되어야 하니 잠시만 기다려주세요. 완료가 됐다면, 인스턴스 아이디를 클릭합니다.

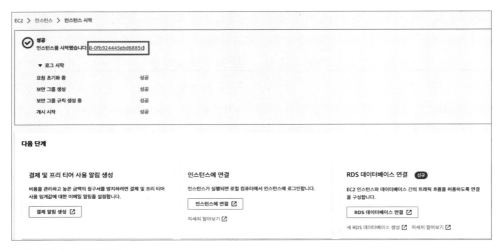

그림 3-24 시작된 인스턴스 확인 화면

인스턴스 상태가 다음 그림과 같이 '실행 중'으로 바뀌었다면 인스턴스가 성공적으로 만들어졌고, 현재 잘 돌아가고 있다는 뜻입니다(그림 3-25). 축하합니다! 이제 비로소 인스턴스에 접속할 수 있고 사용할 수 있게 되었습니다.

그림 3-25 인스턴스가 실행 중임을 확인하는 화면

3.5.2 EC2 인스턴스 접속(Mac)

인스턴스가 정상적으로 돌아가고 있기 때문이 인스턴스에 접근할 수 있게 되었습니다. 여기서부터는 여러분의 운영체제가 윈도우인지, Mac인지에 따라 인스턴스에 접속하는 방법이 달라집니다. 지금은 Mac을 사용한다는 전제하에 진행할 것입니다. 만약 윈도우 유저라면 3.5.4절로 건너뛴 다음 다시 돌아와 86페이지 루트 유저 전환 sudo su 명령어부터 진행하세요.

EC2 인스턴스 메인 대시보드에서 현재 돌아가고 있는 인스턴스를 선택한 다음 [연결] 버튼을 누릅니다(그림 3-26).

그림 3-26 실행 중인 인스턴스에 연결하는 화면

총 네 가지의 방법으로 인스턴스에 연결하는 방법을 소개하고 있습니다(그림 3-27). SSH를 사용하여 앞서 생성한 키 페어를 가지고 인스턴스에 접속할 것이기 때문에 'SSH 클라이언트 탭'을 누릅니다. [그림 3-27]에 적힌 연결 방법을 함께 따라 해봅시다.

EC2 > 인스턴스 > i-0fb924445ebd6885c > 인스턴스에 연결

인스턴스에 연결 정보
다음 옵션 중 하나를 사용하여 인스턴스 i-0fb924445ebd6885c (awsl_learner_instance)에 연결

| EC2 인스턴스 연결 | Session Manager | SSH 클라이언트 | EC2 직렬 콘솔 |

인스턴스 ID
☐ i-0fb924445ebd6885c (awsl_learner_instance)

1. SSH 클라이언트를 엽니다.
2. 프라이빗 키 파일을 찾습니다. 이 인스턴스를 시작하는 데 사용되는 키는 learner_kp.pem입니다.
3. 필요한 경우 이 명령을 실행하여 키를 공개적으로 볼 수 없도록 합니다.
   ☐ chmod 400 learner_kp.pem
4. 퍼블릭 DNS을(를) 사용하여 인스턴스에 연결:
   ☐ ec2-43-201-98-32.ap-northeast-2.compute.amazonaws.com

예:
☐ ssh -i "learner_kp.pem" ec2-user@ec2-43-201-98-32.ap-northeast-2.compute.amazonaws.com

ⓘ **참고:** 대부분의 경우 추정된 사용자 이름은 정확합니다. 하지만 AMI 사용 지침을 읽고 AMI 소유자가 기본 AMI 사용자 이름을 변경했는지 확인하십시오.

그림 3-27 인스턴스에 연결하는 방법 소개하는 화면

Mac 유저는 터미널을 열고 앞서 다운받은 키 페어가 존재하는 폴더로 위치를 변경시켜줍니다. 현재 디렉터리에 키 페어가 들어있는지 확인하기 위해서 다음 명령어를 돌려봅시다. 이때 'aws_learner.pem' 파일이 들어있어야 합니다.

```
$ ls -ltra
```

aws_learner.pem 파일에 대한 권한 설정을 변경하기 위해 다음 명령어를 실행합니다.

```
$ chmod 400 aws_learner.pem
```

이제 인스턴스에 연결해봅시다. 참고로 @ 뒤는 퍼블릭 IPv4 DNS 주소를 의미합니다.

```
$ ssh -i "aws_learner.pem" ec2-user@ec2-43-201-98-32.ap-northeast-2.compute.
amazonaws.com
```

맨 처음 인스턴스에 접속하게 된다면 다음과 같이 물어봅니다. SSH는 알 수 없는 호스트 키에 대해 불평하지만, 'yes'로 답합니다. 추후에 똑같은 인스턴스에 접속할 시에는 더 이상 오류가 발생하지 않습니다. 성공적으로 인스턴스에 연결되었다면 IP 주소가 적혀있는 배시^{bash} 프롬프트가 뜹니다.

```
(base) tmps-nb-2561:Downloads sungmin.kim$ ssh -i "aws_learner.pem" ec2-user@
ec2-43-201-98-32.ap-northeast-2.compute.amazonaws.com
The authenticity of host 'ec2-43-201-98-32.ap-northeast-2.compute.amazonaws.com
(43-201-98-32)' can't be established.
ECDSA key fingerprint is SHA256:J08Sxtyz+bIe9ZWanFPBqJk5EzUnulPggYy36O/EXQs.
Are you sure you want to continue connecting (yes/no/[fingerprint])?  yes
Warning: Permanently added 'ec2-43-201-98-32.ap-northeast-2.compute.amazonaws.
com,43.201.98.32 (ECDSA) to the list of known hosts.
Connection closed by 43-201-98-32 port 22
(base) tmps-nb-2561:Downloads sungmin.kim$ ssh -i "aws_learner.pem" ec2-user@
ec2-43-201-98-32.ap-northeast-2.compute.amazonaws.com

      __|  __|_  )
      _|  (     /   Amazon Linux 2 AMI
      ___|\___|___|

https://aws.amazon.com/amazon-linux-2/
[ec2-user@ip-172-31-21-186 ~]$
```

루트 유저로 전환하기 위해서 다음 명령어를 실행합니다.

```
$ sudo su
```

이번에는 운영체제를 업데이트하고 필요한 모든 패키지를 설치합니다. 만약 모두 최신 버전이라면 아무것도 설치되지 않습니다.

```
$ yum update -y
```

그다음 아파치^{Apache} HTTP 서버를 설치합니다. 아파치 HTTP 서버란 오픈소스 웹 서버 소프트웨어입니다.

```
$ yum install httpd -y
```

아파치 서버가 성공적으로 설치되었다면 이제 아파치를 실행합니다.

```
$ service httpd start
```

다음과 같이 아파치가 돌아가고 있음을 알려주는 메시지가 확인됩니다.

```
[root@ip-172-31-21-186 ec2-user]# service httpd start
Redirecting to /bin/systemctl start httpd.service
```

마지막으로 아파치 설정을 한 가지 변경해야 합니다. 만약 인스턴스를 재부팅한다면 아파치 서버도 종료됩니다. 따라서 인스턴스 재부팅 시 아파치 서버를 자동으로 실행하기를 원한다면 다음 명령어를 실행해주면 됩니다.

```
$ chkconfig httpd on
```

다음과 같은 유사한 메시지가 확인되면 명령어가 잘 실행됐다는 뜻입니다.

```
[root@ip-172-31-21-186 ec2-user]# chkconfig httpd on
Note: Forwarding request to 'systemctl enable httpd.service'.
Created symlink from /etc/systemd/system/multi-user.target.wants/httpd.service
to /usr/lib/systemd/system/httpd.service.
```

3.5.3 EC2 인스턴스 내 웹 페이지 생성

아파치 서버 및 인스턴스 설정은 모두 마쳤습니다. 이제 간단한 웹 페이지를 하나 만들어봅시다. 다음 디렉터리로 위치를 변경합니다.

```
$ cd /var/www/html/
$ ls
```

안에는 어떤 파일도 들어있지 않습니다. 여기서 웹 서버에서 확인할 html 파일을 하나 만듭니다. 파일명은 반드시 'index.html'이어야 합니다. vi를 이용해 간편한 콘솔 텍스트 에디터를 열어줍니다.

```
$ vi index.html
```

텍스트 에디터가 열렸다면 다음 html 코드를 넣어줍니다. vi에서 코드를 삽입하기 위해 'i'를 누릅니다.

```
<html>
<body>
<h1>Hello AWS Learners :) </h1>
</body>
</html>
```

코드를 입력했다면 다음 순서대로 저장하고 종료합니다.

1. Esc
2. :
3. x

이제 다시 EC2 인스턴스 대시보드로 돌아옵니다(그림 3-28). 인스턴스 세부 정보에서 퍼블릭 IPv4 주소를 찾았다면 복사한 다음 새 웹 브라우저를 열어서 실행합니다. [그림 3-28]을 보면 43.201.98.32가 우리의 IP 주소입니다.

그림 3-28 인스턴스 대시보드에서 퍼블릭 IP 주소 확인하는 화면

앞서 만든 html 파일이 웹 페이지처럼 보이면 성공입니다(그림 3-29). EC2 인스턴스를 만들고 사용하는 방법까지 모두 성공적으로 마쳤습니다.

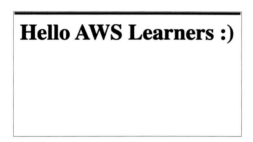

그림 3-29 인스턴스에서 호스트하는 웹 페이지 연결 화면

3.5.4 EC2 인스턴스 접속(윈도우)

윈도우에서 인스턴스에 접속하는 방법은 Mac과는 조금 다릅니다. 우선 PuTTY라는 프로그램을 설치해야 합니다. PuTTY란 오픈소스 소프트웨어로 SSH를 사용하여 접근할 수 있는 모든 웹 서버에 원격으로 접속할 수 있는 기능을 제공하는 프로그램입니다. 구글에서 PuTTY를 치고 맨 첫 번째 결과를 찾습니다(그림 3-30).

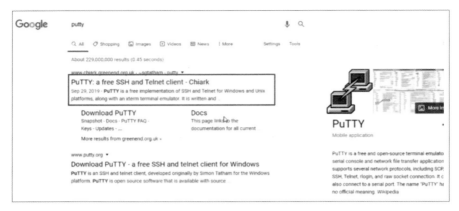

그림 3-30 PuTTY 검색 화면

PuTTY 공식 홈페이지에 들어오면 다음과 같은 화면을 볼 수 있습니다(그림 3-31). 가장 위에 다운로드받을 수 있는 링크가 있습니다. 링크를 눌러 설치 파일을 다운받고 컴퓨터에 설치합니다.

그림 3-31 PuTTY 다운로드 화면

설치 파일은 'Package Files'와 'Alternative Binary Files' 두 개로 나뉩니다(그림 3-32). 두 개의 차이점은 다음과 같습니다.

- **Package Files**: PuTTY를 돌리기 위해 필요한 모든 내용물을 설치
- **Alternative Binary Files**: 선택적으로 필요한 파일만 골라서 설치

모든 것을 설치할 필요는 없습니다. 목적(EC2 인스턴스에 접속)에 필요한 것만 설치해도 충분합니다. 따라서 Alternative Binary Files에서 다음 두 개 파일만 다운로드합니다.

- **putty.exe**: SSH를 사용하여 원격 접속
- **puttygen.exe**: 인스턴스 생성 시 다운로드받았던 pem 파일을 ppk 파일로 변환시킴. Putty는 인스턴스 접속 시 ppk 파일만 인식할 수 있기 때문에 다음과 같은 파일 변환 작업이 필수

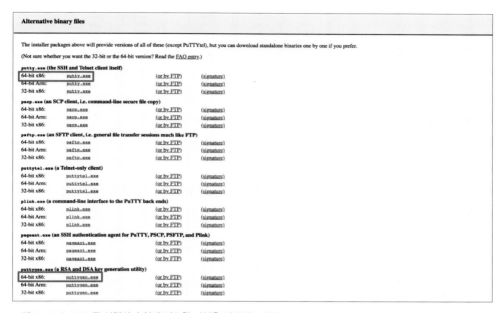

그림 3-32 PuTTY를 실행하기 위해 필요한 파일을 선택하는 화면

다운로드를 마쳤다면 **puttygen.exe**를 실행합니다(그림 3-33). 그리고 인스턴스 생성 시 다운로드받았던 pem 파일을 [Load] 버튼을 눌러 열어줍니다(만약 pem 파일이 보이지 않는다면 파일 확장자를 'All Files'로 바꿔줍니다).

그림 3-33 PuTTYgen 실행 화면

PuTTYgen에서 **pem** 파일을 성공적으로 인식했다면 다음과 같은 메시지가 뜹니다(그림 3-34). [OK] 버튼을 누릅니다.

그림 3-34 pem 파일을 업로드하면 뜨는 메시지

그다음 'Key passphrase'를 작성할 수 있습니다(그림 3-35). 이는 선택사항이지만, 설정해 주면 보안을 더 강화할 수 있습니다. 넣고 싶은 단어, 암호를 넣습니다. 그리고 [Save Private

Key] 버튼을 눌러 불러온 pem 파일을 ppk 파일로 저장합니다. 파일명은 임의로 넣습니다.

그림 3-35 Key passphrase를 묻는 화면

이로서 Puttygen에서 해야 할 일은 모두 끝났습니다. 이제 PuTTYgen을 닫고 `putty.exe`를 실행시켜 PuTTY를 열어줍니다. PuTTY 실행 화면은 다음과 같습니다(그림 3-36).

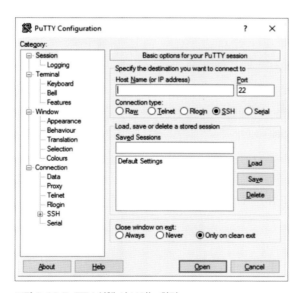

그림 3-36 PuTTY 실행 시 보이는 화면

가장 먼저 해야 할 일은 'Host Name'을 넣는 것입니다. 이곳에 EC2 인스턴스 대시보드에서 퍼블릭 IPv4 주소를 붙여 넣으면 됩니다. 그리고 IP 주소 앞에 ec2-user@를 넣어줍니다. 예를 들어 IPv4 주소가 211.12.9.34이면 'Host Name'은 다음과 같이 넣어주면 됩니다.

```
ec2-user@211.12.9.34
```

다음으로 좌측 Category 메뉴에서 Connection 안의 SSH를 [+] 기호를 눌러 펼쳐줍니다. 그 후 [Auth]를 클릭하면 다음 창을 볼 수 있습니다(그림 3-37). 앞서 우리가 만든 ppk 파일을 [Browse] 버튼을 눌러 열어줍니다. 이제 필요한 모든 작업은 마쳤습니다. [Open] 버튼을 클릭하여 SSH 연결을 시도해봅시다.

그림 3-37 ppk 파일을 불러온 다음 인스턴스에 연결하는 화면

다음과 같은 경고 창이 하나 뜹니다(그림 3-38). 호스트에 대한 정보가 없다고 알려주며 이는 최초로 연결을 시도할 때 뜨는 창이므로 가볍게 [Yes] 버튼을 눌러 다음으로 진행합니다.

그림 3-38 인스턴스 최초 연결 시 뜨는 경고 창

터미널 탭이 하나 생성되며 'Passphrase'를 입력할 수 있습니다. [그림 3-35]에서 입력했던 'Passphrase'를 입력합시다. 비로소 윈도우에서 성공적으로 EC2 인스턴스에 접속했습니다 (그림 3-39).

그림 3-39 인스턴스 접속 후 뜨는 화면

4장 RDS

데이터를 외부에서 수집하면 어딘가에 보관해야 합니다. RDS는 데이터를 정형화하고 보관하는 관계형 데이터베이스입니다. 이번 장에서는 RDS가 무엇인지 알아보고, 데이터베이스에 문제가 생기면 어떻게 복구해야 하는지, RDS 인스턴스를 생성하고 연결하는 방법은 무엇인지 실습해보겠습니다.

4.1 RDS란?

RDS$^{\text{Relational Database Service}}$는 관계형 데이터베이스 서비스입니다. 그렇다면 데이터베이스는 무엇을 의미할까요? 요즘 같은 정보화 사회에서는 수많은 데이터가 끊임없이 생성됩니다. 매일같이 새롭게 업로드되는 유튜브 영상, 실시간으로 올라오는 트위터 게시물 등 쏟아지는 데이터는 일일이 셀 수도 없습니다. 그리고 이런 정보는 데이터화되어 어딘가에 실시간으로 저장되거나 사용됩니다. 여기서 '**저장**'이라는 단어에 주목해주세요.

데이터베이스는 크게 '관계형 데이터베이스(RDBS)', 'NoSQL' 두 가지로 나눌 수 있습니다. 이번 장에서 살펴볼 RDS는 관계형 데이터베이스 서비스입니다. RDS를 깊게 다루기에 앞서 '관계형 데이터베이스'가 무엇인지 먼저 살펴보겠습니다. 이 내용은 여러분이 데이터베이스를 따로 공부할 때에도 큰 도움이 됩니다.

4.1.1 관계형 데이터베이스

관계형 데이터베이스$^{\text{relational database}}$는 행^{row}과 열^{column}로 이루어져 있는 2차원 공간입니다. 그 공간에서 데이터를 넣고, 꺼내고, 지우고, 업데이트하는 등 수많은 일처리를 합니다. 예를 들어 회사 A 인사과(HR) 데이터베이스를 살펴봅시다(그림 4-1).

이름	지역	입사 날짜	퇴사 날짜
Simon Kim	Chicago	10/5/2021	
John Park	San Diego	04/06/2018	12/26/2021
Grace Lee	Chicago	11/25/2021	

그림 4-1 회사 A 인사과 데이터베이스

[그림 4-1]에는 총 세 명의 직원 데이터가 들어있으며 각각의 열에는 이름, 지역(근무지), 입사 날짜, 퇴사 날짜에 대한 정보가 들어있습니다. 익숙한 엑셀 시트로 생각해보면 어떨까요? 행에는 데이터, 정보가 들어가고 열에는 특징이 서로 다른 값이 들어갑니다. 이처럼 [그림 4-1]의 데이터베이스에서 'Chicago'에서 근무하는 직원은 누구인지(Simon, Grace - 2명), 지금까지 퇴사한 직원은 몇 명인지(John-1명), 2021년에 입사한 직원은 누구인지(Simon, Grace-2명) 등 다양한 정보를 수집할 수 있습니다.

데이터베이스를 공부하면 반드시 알고 있어야 하는 용어가 몇 가지 있습니다. 간단히 요약해보면 다음과 같습니다. [그림 4-1]을 함께 참고해주세요.

- **데이터베이스(Database)**: 하나, 혹은 여러 개의 테이블을 생성하고 관리하는 공간
- **테이블(Table)**: Row, Column으로 이루어진 공간. 데이터가 저장되는 곳. [그림 4-1]을 'Employee 정보 테이블'이라 할 수 있음
- **데이터(Row)**: 하나의 데이터(예: [Simon Kim, Chicago, 10/5/2021, null])
- **필드(Column)**: 특정한 값을 담고 있음. 하나의 필드는 하나의 데이터에만 존재(예: 이름, 지역, 입사 날짜, 퇴사 날짜)

AWS RDS에서 제공하는 대표적인 데이터베이스는 다음과 같습니다.

- **Microsoft SQL Server**
- **Oracle**
- **MySQL**
- **PostgreSQL**
- **Amazon Aurora**
- **MariaDB**

주목해야 하는 데이터베이스는 'Amazon Aurora'입니다. Amazon Aurora는 서버리스^{serverless} 및 머신러닝 애플리케이션 구축을 위해 요구되는 고성능 관계형 데이터베이스입니다. 그리고 AWS에서 직접 만들고 운영합니다. 집필 중인 2022년에도 Amazon Aurora는 유일하게 프리 티어^{free-tier}를 제공하지 않습니다. 아직은 공짜로 이 데이터베이스를 사용할 수 없습니다. 하지만 Amazon Aurora는 다른 가용 영역에 복제본을 활성화시켜 데이터의 접근성을 높이는 뛰어난 '가용성'과 AWS에서 제공하는 키 관리 서비스로부터 생성되는 키를 통해 데이터를 보호하여 '안정성'을 보장하고 있습니다.

4.1.2 데이터 웨어하우스

데이터 웨어하우스^{data warehouse}는 데이터를 관리하는 시스템 유형이며, 주로 BI^{business intelligence} 관련 업무뿐 아니라 데이터 분석 작업을 지원합니다. 여기서 웨어하우스^{warehouse}는 단어 그대로 '데이터를 보관하고 사용하는 저장 창고'라 이해해도 괜찮습니다. [그림 4-2]를 보면 테이블마다 서로 관계가 연결되어 있습니다. 이처럼 데이터베이스는 테이블마다 관계를 형성하고, 관계 속에서 인사이트를 끌어내는 데 중추적인 역할을 합니다. 주로 데이터베이스에 저장된 방대한 데이터를 쿼리한 후 보고서를 작성하거나 원하는 정보를 찾습니다.

그림 4-2 데이터베이스는 수많은 테이블 속에서 저마다 관계를 형성하고 있음

'데이터베이스'와 '데이터 웨어하우스'는 다릅니다. **데이터베이스**는 데이터를 담고 있는 테이블을 물리적으로 보관하고 있는 장소라면, **데이터 웨어하우스**는 하나 혹은 여러 개의 소스로부터 데이터를 수집하고, 보관하며, 궁극적으로 규모가 큰 데이터를 불러오는 시스템입니다. 여기서 '소스'란 다른 데이터베이스를 의미할 수도 있고, 다른 클라우드 플랫폼일 수도 있습니다.

데이터를 테이블에 보관할 때 테이블 크기, 테이블 존재 이유, 테이블 사용 목적에 따라 데이터베이스를 관리하고 사용하는 방법에는 차이가 있습니다. 특히 데이터를 아무 때나 읽어도 괜찮은지, 아니면 실시간으로 데이터를 읽어야 하는지에 따라 적용되는 시스템이 다릅니다. 다음 절에서 다룰 OLTP와 OLAP가 바로 그 예입니다.

4.1.3 OLTP vs OLAP

OLTP^{online transaction processing}는 데이터가 데이터베이스에 삽입되자마자 바로 쿼리하여 사용될 때, 작은 규모의 데이터를 불러올 때 사용되는 시스템입니다. 실시간으로 끊임없이 밀려오는 데이터를 데이터베이스에 보관하고 즉시 꺼내서 프로세싱할 때 꼭 필요합니다. 예를 들어 하나의 테이블에서 서브셋^{subset} 데이터를 가져올 때 해당됩니다. [그림 4-1]에서 'Simon Kim'에 대한 데이터만 가져오고 싶을 때 OLTP가 사용됩니다. 다른 예로 온라인 쇼핑 시스템을 생각해봅시다. 실시간으로 같은 물품을 여러 명이 구매하면 트랜잭션 데이터가 생성됩니다. 이처럼 동시에 대량의 데이터가 만들어지고 필요에 따라 데이터를 꺼내야 하는 일이 생길 때 OLTP가 사용됩니다.

OLAP^{online analytical processing}는 BI 애플리케이션에서 종종 찾아볼 수 있습니다. OLAP는 다차원적 데이터 분석을 할 때 유용합니다. 큰 데이터를 한 번에 불러올 때 사용되고, 실시간이 아닌 이미 데이터베이스에 쌓인 히스토리컬 데이터를 불러올 때 사용됩니다. 'Analytical' 단어 그대로 이미 가지고 있는 데이터에 근거하여 분석하고 리포트를 만들거나 데이터에서 가치를 찾아냅니다. [그림 4-3]를 보면 국가별, 시간별, 상품별로 다양한 측면에서 데이터를 분석할 수 있습니다. 시간별로 생산된 물품을 볼 수도 있고, 나라별로 어떤 물품이 많이 팔렸는지 등 다차원적 분석을 할 수 있습니다. 다른 예로 [그림 4-1]의 'Simon Kim'처럼 특정 직원에 대한 데이터가 아닌 사내 모든 직원의 데이터를 살펴볼 때, 회사 창립 이래 특정 부서에서 지금까지 벌어들인 총수입을 확인할 때, 몸집이 큰 데이터를 꺼내올 때 OLAP는 빛을 발휘합니다. 참고로 OLAP에서는 트랜잭션 프로세싱이 사용되지 않습니다.

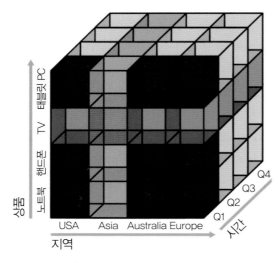

그림 4-3 다차원적 데이터 분석을 가능하게 해주는 OLAP

4.2 데이터베이스 백업으로 만약의 사태 대비하기

코딩을 하다가 갑자기 컴퓨터가 셧다운되서 재부팅하거나, 네트워크가 갑자기 끊겨서 지금까지 다운로드를 받고 있는 콘텐츠를 다시 새로 받아야 하는 경우가 종종 있습니다. 이러한 비상 사태를 대비하기 위해서 '백업'을 합니다. 데이터베이스도 마찬가지입니다. 실수로 데이터를 지우거나 테이블을 없애거나, 불필요한 데이터를 삽입했을 때 이를 수동으로 해결하거나 백업으로 간편하게 복구할 수 있습니다. RDS에는 두 가지 백업 기능이 있습니다. 애플리케이션이나 유스 케이스에 따라 어떤 백업 기능을 선택해야 할지 결정해야 합니다.

4.2.1 자동 백업

RDS에서 데이터베이스를 만들 때 디폴트로 활성화되는 자동 백업^automated backup (AB)은 1~35일의 보유 기간^retention period[1] 내에 특정 시간으로 데이터베이스 상태를 복원할 수 있습니다. 디폴트 값은 7일에서 최대 35일까지 설정할 수 있습니다. 복원 기능을 가능하게 하기 위해서 AB

---

[1] 보유 기간은 PIT(point in time)라고도 불립니다.

는 스냅샷과 트랜잭션 로그transaction log를 생성합니다. [그림 4-4]을 보면 현재 시간은 2022년 4월 10일이라고 합니다. 만약 복구 희망 날짜가 2022년 3월 1일이라면 그에 해당하는 스냅샷과 트랜잭션 로그를 참조합니다.

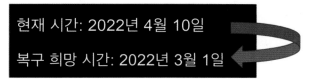

그림 4-4 현재 시간에서 복구 희망 시간에 해당하는 스냅샷을 참조하여 데이터베이스를 복원

AB는 백업 정보를 S3 버킷에 저장합니다(S3는 AWS 오브젝트 스토리지로 5장에서 자세히 다룹니다). 간단히 언급하자면 S3는 무한정 공짜로 데이터를 보관할 수 없습니다. RDS 인스턴스 크기에 따라 공짜로 사용할 수 있는 S3 공간이 책정됩니다. 만약 RDS의 크기가 10GB라면 S3 버킷은 최대 10GB까지 무료로 사용할 수 있습니다.

AB는 크게 두 가지 단점이 있습니다. 첫째로 S3 버킷에 백업 정보를 업로드하는 동안에는 입출력 지연I/O suspension이 생깁니다. 체감상 크게 느껴지지 않지만 데이터베이스 사용 시 약간의 지연이 있습니다. AB 작업이 끝나면 입출력 지연도 자연스럽게 사라집니다. 두 번째로 원본 RDS 인스턴스를 삭제하면 백업 정보는 모두 사라집니다. 따라서 조심해서 사용해야 합니다.

4.2.2 데이터베이스 스냅샷

스냅샷이란 다양한 분야에서 쓰이는 단어입니다. 보통 여행을 다니면서 좋은 추억을 간직하고 싶을 때 사진을 찍습니다. 이렇게 스냅샷은 순간의 장면을 찍는다고 표현할 수 있습니다(그림 4-5). **데이터베이스 스냅샷**database snapshot이란 데이터베이스 인스턴스를 통째로 복사한다고 이해하면 됩니다. 인스턴스에는 스토리지 볼륨 정보, 파일의 크기, 스냅샷이 만들어진 시간 등 수많은 정보를 담고 있습니다. 2022년 1월 22일에 RDS 인스턴스 A를 생성했고 3월 1일에 스냅샷이 찍혔다고 가정해봅시다. A의 인스턴스가 3월 1일에 어땠는지 알고 싶다면, 그리고 그때로 되돌리고 싶다면 생성된 스냅샷을 참고하면 됩니다.

그림 4-5 순간 기억을 간직하기 위해 스냅샷을 찍는다.

스냅샷은 앞서 살펴본 AB와는 달리 개발자가 수동으로 실행시켜야 합니다. 다시 말해 스냅샷은 RDS 인스턴스 생성 시 바로 만들어지지 않습니다. 스냅샷은 아주 큰 장점이 있는데 원본 RDS 인스턴스를 삭제해도 스냅샷은 여전히 존재합니다. 따라서 스냅샷을 통해 기존 인스턴스를 살릴 수 있습니다.

4.2.3 데이터베이스 백업 원리

지금까지 데이터베이스 백업은 무엇이며, 왜 해야 하는지를 살펴봤습니다. 이제 데이터베이스 백업 원리를 이해하기 위해 알고 있어야 하는 가장 중요한 내용 중 한 가지를 간단히 설명하겠습니다.

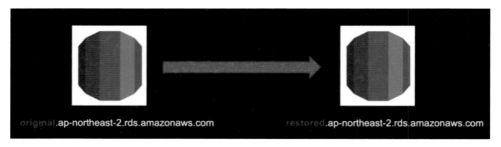

그림 4-6 데이터베이스 백업 원리

원본 인스턴스에서 백업을 생성할 경우 새로운 인스턴스가 생성됩니다. 왜 '새로운 인스턴스'라고 불릴까요? 원본과 백업 인스턴스 이름이 다를 뿐 아니라 엔드포인트도 다르기 때문입니다.

[그림 4-6]를 보면 원본은 'original'이 앞에 붙는 반면 백업 인스턴스는 'restored'가 붙습니다. 이 둘은 전혀 다른 객체라고 할 수 있습니다.

4.3 다중 가용 영역과 읽기 전용

이번 절에서 배울 다중 가용 영역과 읽기 전용은 RDS에만 국한되는 내용이 아닙니다. RDS를 이해하는 데 매우 중요한 개념이며, 다른 데이터베이스 서비스(DynamoDB, Redshift 등)를 사용하더라도 적용되는 개념이기 때문에 알고 있으면 많은 도움이 됩니다.

4.3.1 다중 가용 영역

RDS에서 제공하는 다중 가용 영역multi availability zone과 읽기 전용 기능은 앞서 살펴본 백업과 비슷하게 보이나 실제 작동 원리는 다릅니다. 우선 다중 영역에 대해서 알아보겠습니다.

다중 가용 영역은 단어 그대로 가용 영역이 여러 개 있다는 뜻입니다(가용 영역에 대한 정의는 3.3절을 참고하길 바랍니다). 다양한 데이터베이스에서 어떤 이벤트(예: 쓰기)가 일어날 때 원래 데이터베이스 인스턴스에 업데이트하는 동시에 존재하는 가용 영역에 복제본이 만들어집니다. 가용 영역에 복제본 생성이 실패할 경우 RDS는 이를 자동으로 감지하며 다른 안정적인 가용 영역을 찾아 복제본을 다시 생성합니다. [그림 4-7]은 세 개의 EC2 인스턴스가 하나의 RDS 인스턴스에 쓰기 기능을 수행한다고 가정합니다. RDS 인스턴스의 Amazon 리소스 이름(ARN)을 'ap-northeast-2A'라고 칭합니다. 그러면 'ap-northeast-2B'라는 복제본이 생성됩니다. 만약 'ap-northeast-2A' 인스턴스에 문제가 생기면 'ap-northeast-2B'로 롤백roll-back합니다.

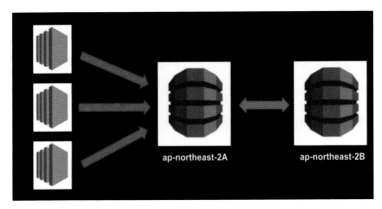

그림 4-7 다중 가용 영역은 이벤트 발생 시 <u>스스로</u> 복제본을 생성한다.

다중 가용 영역에 생성된 복제본을 사용하면 다음과 같은 장점이 있습니다. 현재 작동 중인 RDS 인스턴스에 문제가 생기면 AWS에서 이를 '재해'라고 간주하고 자동으로 감지하며, 다른 복제본이 사용됩니다(그림 4-7). 이러한 기능을 **재해 복구**^{disaster recovery}라고 합니다. 마치 자연 재해가 일어날 시 구조대원이 출동하여 사태를 수습하는 장면을 상상할 수 있습니다.

그림 4-8 AWS는 <u>스스로</u> 다양한 재해를 발견하고 대응한다.

4.3.2 읽기 전용

읽기 전용 복사본^{read replica}은 데이터를 읽기 위한 데이터베이스 복제본입니다. 따라서 읽기 기능 이외의 작업은 수행할 수 없습니다. 이를 단점으로 생각할 수 있지만 상황에 따라 큰 장점이 되기도 합니다. 읽기 전용이 가능한 인스턴스는 수많은 데이터를 빠르게 읽어야 하는 작업을 진행할 때 그 기능이 극대화됩니다. 따라서 스케일링^{scaling}이 주목적이라면 읽기 전용은 필수로 고려해야 합니다. 예를 들면 어떤 사고가 발생하여 많은 사람이 기사를 읽는다고 해봅시다. 기사 내용 데이터는 모두 RDS 인스턴스에 있습니다. 인스턴스는 한계에 다달아 서버 과부하 현상이 발생할 수 있습니다. 하지만 읽기 전용으로 생성된 복제본을 사용하면 이를 해결할 수 있습니다. 읽기 전용에 가장 최적화된 기능이기 때문입니다.

읽기 전용으로 만들 수 있는 복제본의 개수는 최대 다섯 개입니다. 실제 프로덕션에서 다섯 개까지 쓰이는 경우는 매우 드물지만 개발자의 유연성을 고려해 AWS에서 이와 같이 설정했습니다. 그리고 읽기 전용 복제본으로 자기 자신의 복제본을 생성할 수 있습니다. 그러나 원본 인스턴스에서 복제본을 생성할 때와는 달리 약간의 지연이 발생할 수 있습니다. 눈에 띄는 지연은 아니므로 크게 신경 쓸 부분은 아닙니다.

읽기 전용 작동 원리를 그림으로 알아보겠습니다. [그림 4-9]는 [그림 4-7]처럼 여러 개의 EC2 인스턴스가 RDS 인스턴스 하나를 가리키지 않고, 읽기 전용에 의해 생성된 복제본으로 1:1 매핑하는 것을 볼 수 있습니다. 이렇게 RDS 인스턴스의 워크로드를 현저히 낮출 수 있습니다. [그림 4-9]에서 보라색 화살표로 연결된 인스턴스는 읽기 전용 복제본에서 생성된 복제본입니다. 이 복제본은 같은 가용 영역에서 만들 수 있고, 다른 가용 영역에서 만들 수도 있습니다. 이렇게 다중 가용 영역과 읽기 전용의 장점을 한 번에 활용할 수 있습니다.

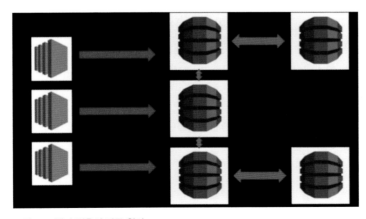

그림 4-9 읽기 전용의 작동 원리

4.4 캐시로 성능 향상(엘라스틱캐시)

엘라스틱캐시^{ElastiCache}는 AWS 리소스이며 RDS에서 직접 운영되는 기능은 아니나 RDS 성능 개선을 위해 알아두면 매우 유용합니다. 엘라스틱캐시는 단어 그대로 '캐시'입니다(그림 4-10). 컴퓨터를 사용하다 보면 하드디스크로부터 데이터를 불러올 때도 있지만 메모리 혹은 캐시로부터 데이터를 불러오기도 합니다. 캐시로 불러온다면 어떤 장점이 있을까요?

그림 4-10 캐시로 데이터를 빠르게 불러올 수 있다.

캐시로 데이터를 불러올 때 속도는 대단히 빠릅니다. 소량의 데이터를 다룰 때는 속도의 차이를 잘 느낄 수 없지만, 빅데이터를 다룰 때 그 빛을 발휘합니다. 엘라스틱캐시는 클라우드 내에서 인메모리$^{in-memory}$를 만듭니다. SNS, 트위터 등과 같이 동시에 수많은 읽기 요청이 생성되면 RDS 인스턴스에 접근해서 천천히 데이터를 읽어오는 대신 캐시에 저장된 데이터를 불러옵니다. 기대 효과는 이루 말할 수 없습니다. 이러한 방식으로 애플리케이션 지연 시간을 비약적으로 낮춥니다.

캐시에는 두 가지 종류가 존재합니다. '맴캐시드'와 '레디스'이며 둘의 차이점을 잘 알고 언제, 어떻게 사용해야 하는지 이해하는 것은 중요합니다.

4.4.1 맴캐시드

맴캐시드^{memcached}는 공짜로 사용할 수 있는 오픈소스이며 분산 메모리 캐싱 시스템으로 잘 알려져 있습니다. '오브젝트 캐시'라고도 불리는 맴캐시드는 메모리 사용량에 있어 문자열 자료형을 처리할 때 주로 사용됩니다. 즉 텍스트 기반 데이터를 다룰 때 사용하면 좋은 캐싱 기법입니다. 맴캐시드의 가장 큰 장점은 (3장 EC2 오토스케일링처럼) 캐시의 몸집이 커졌다 작아졌다 하는 것입니다. 평소보다 데이터 처리량이 늘어나서 성능 개선이 필요하면 맴캐시드는 캐시의 크기를 늘립니다. 반대로 비수기가 되면 캐시의 크기는 작아집니다. 이처럼 맴캐시드는 데이터 처리 사용량에 따라 캐시 크기가 변합니다. 맴캐시드는 주로 문자열 자료형을 처리할 때 사용되니 단순한 캐싱 모델이 필요할 때 사용하는 것을 추천합니다. 캐시 크기를 마음대로 스케일링하기 원한다면 맴캐시드는 좋은 옵션입니다.

4.4.2 레디스

레디스^{redis}는 더욱 복잡한 데이터 타입(리스트, 해시 테이블 등)을 메모리에 저장할 수 있습니다. 자료 구조형 중에서도 리스트와 해시 테이블은 데이터를 정렬하는 데 매우 뛰어납니다(즉 수많은 데이터 정렬에 필요한 비용과 시간이 적게 듭니다). 온라인 애플리케이션 중 정렬을 무조건 해야 하거나 실시간으로 업데이트되는 '리더보드 데이터'를 사용할 때 레디스는 대단히 좋은 선택입니다. 또한 레디스는 다양한 애플리케이션(데이터베이스, Amazon SNS 메시징 시스템 등)에 사용됩니다. 레디스는 다중 가용 영역 기능을 포함하고 있습니다(4.3.1절 참고, 다중 가용 영역은 재해 복구가 주된 목적입니다).

AWS 자격증 시험을 준비하는 분이시라면 주목해주세요. 다중 가용 영역을 고려해야 한다면 어떤 캐싱 기법을 사용해야 하는지 선택할 수 있습니다. 물론 '레디스'를 선택해야 합니다.

4.5 RDS 실습

RDS 인스턴스 생성 시 꼭 알아야 하는 환경설정 방법을 배운 후 직접 인스턴스를 만들어보고 부트스트랩^{Bootstrap} 스크립트[2]를 사용하여 필요한 요소를 설치합니다. AWS 메인 화면에서 RDS를 검색합니다(그림 4-11). 지역은 '서울'로 되어 있는지 꼭 확인합니다.[3]

---

2 부트스트랩 스크립트는 프로그램 및 소프트웨어 설치, 환경설정 등 인스턴스를 생성하면서 동시에 실행할 명령어를 모아둔 스크립트입니다.
3 도서 내에서 지역을 '서울'로 진행했기 때문에 '서울'로 실습해야 도서와 동일하게 진행할 수 있습니다.

그림 4-11 AWS 메인 화면에서 RDS 찾는 화면

4.5.1 RDS 인스턴스 생성

[그림 4-12]는 RDS 메인 화면입니다. 새로운 RDS 데이터베이스를 생성하기 위해 [데이터베이스 생성] 버튼을 누릅니다.

그림 4-12 RDS 메인 화면에서 데이터베이스 생성하는 화면

데이터베이스를 생성하기 위해 필요한 환경설정을 요구하는 화면이 나옵니다(그림 4-13). 데이터베이스 생성 방식 선택은 '표준 생성'과 '손쉬운 생성' 두 가지로 나뉩니다. [손쉬운 생성]을

선택하면 이미 AWS에서 디폴트로 설정해놓은 값으로 편리하게 데이터베이스를 생성할 수 있습니다. 여기서는 다양한 옵션으로 데이터베이스를 커스터마이징하기 위해 [표준 생성]을 선택하겠습니다.

그림 4-13 데이터베이스 생성 화면 – 1

첫 번째로 엔진 유형을 골라야 합니다. 디폴트로 'Amazon Aurora'가 선택되어 있습니다. AWS에서는 Amazon Aurora, MySQL, MariaDB, PostgreSQL, Oracle, Microsoft SQL Server처럼 다양한 데이터베이스 엔진을 선택할 수 있으며 여러분의 애플리케이션에 적합한 데이터베이스를 고르면 됩니다. 이번 실습에서는 가벼운 애플리케이션에서 많이 쓰이고 환경 설정 과정이 다른 데이터베이스에 비해 간단한 MySQL을 사용합니다. 엔진 유형을 [MySQL]로 선택합니다.

엔진 유형을 바꿀 때마다 아래 에디션 설정이 바뀝니다. MySQL의 경우 선택의 여지없이 [MySQL Community] 하나만 나옵니다. 그리고 아래에서 데이터베이스 버전을 선택해야 합니다. 집필하는 시점에서는 [MySQL 8.0.28]의 최신 버전이 선택되어 있습니다. 버전은 크게 중요한 옵션은 아니니 디폴트로 두면 됩니다.

데이터베이스 환경설정은 계속 이어집니다(그림 4-14). 스크롤을 아래로 내리면 템플릿에 대해 선택해야 합니다. '프로덕션', '개발/테스트', '프리 티어' 세 가지 옵션이 있습니다. 이 중 [프리 티어]를 선택합니다. '프리 티어'는 1년 동안 제한된 인스턴스 용량과 한정된 데이터베이스 스냅샷 크기 내에서 공짜로 사용이 가능하지만, 1년이 지나도 인스턴스가 계속 돌아가거나 프리 티어 사용량 초과 시 비용을 부담할 수 있다는 점을 주의해야 합니다. Amazon Aurora 데이터베이스는 프리 티어 기능을 제공하지 않는다고 했는데(4.1절 참조), 사실인지 확인해보기 위해 엔진 유형을 [Amazon Aurora]로 바꿔봅시다. [Amazon Aurora]로 바꾸면 템플릿에서 '프리 티어' 기능은 사라집니다. RDS 인스턴스의 가용성 및 내구성에 대한 옵션은 현재 프리 티어 옵션을 선택했기 때문에 변경 권한이 없습니다.

그림 4-14 데이터베이스 생성 화면 – 2

다음으로 설정 항목이 나옵니다(그림 4-15). 첫 번째로 묻는 'DB 인스턴스 식별자'는 RDS 인스턴스 고유 이름입니다. 다음과 같이 인스턴스 이름을 정의합니다.

- **RDS 인스턴스 이름**: awslearner

다음 '마스터 사용자 이름'과 '마스터 암호'는 데이터베이스 접속 시 요구되는 아이디와 비밀번호에 해당됩니다. 실제 프로덕션에서 여러분이 원하는 아이디와 비밀번호를 설정해야 합니다. 이번 실습에서는 마스터 이름과 암호 모두 'awslearner'로 통일하겠습니다. 참고로 [암호 자동 생성] 버튼을 클릭하여 암호를 생성할 수도 있습니다.

그다음 인스턴스 구성을 설정해야 합니다. 디폴트로 [버스터블 클래스 – 'db.t3.micro']가 선택되어 있으며 실습에서는 디폴트 옵션을 사용합니다. 앞서 프리 티어를 선택했기 때문에 제일 저렴하고 용량이 작은 클래스를 사용합니다. 여기서 '버스터블 클래스'란 상황에 따라 CPU를 버스트burst[4]시킬 수 있다는 뜻입니다. EC2 인스턴스에서는 고정된 CPU 리소스를 사용하는 데 비해 RDS 인스턴스는 CPU 사용량에 따라 CPU 성능을 올립니다. 버스터블 인스턴스를 사용하면 많은 워크로드 처리 시 컴퓨팅 비용을 절감할 수 있습니다.

그림 4-15 데이터베이스 생성 화면 – 3

다음으로 스토리지 옵션입니다(그림 4-16). 첫 번째로 '스토리지 유형'을 묻습니다. 디폴트로 지정된 [범용 SSD(gp2)]를 사용합니다. 상황에 따라 [프로비저닝 IOPS]를 사용할 수도 있지만 이번 실습에서는 네트워크 트래픽이 혼잡한 서버를 구축하지 않기 때문에 필요하지 않습니다. '할당된 스토리지'는 최솟값인 [20GiB] 디폴트 옵션을 사용합니다. 다음 '스토리지 자동 조

---

4 버스트(burst)란 기존의 디폴트 CPU 성능을 급격히 향상시킨다는 의미입니다.

정'에 대한 내용을 살펴봅시다. [스토리지 자동 조정 활성화]가 체크되어 있으면 오토스케일링 기능을 사용하겠다는 뜻입니다. 이는 스토리지 용량을 동적으로 사용량에 따라 늘렸다 줄였다 유연하게 대처한다는 뜻입니다.

그림 4-16 데이터베이스 생성 화면 – 4

다음 연결 항목을 살펴봅시다(그림 4-17). EC2 인스턴스를 생성해서 연결할지 여부를 선택해야 합니다. RDS 인스턴스 생성 후 따로 EC2 인스턴스를 만들 것이기 때문에 지금은 [EC2 컴퓨팅 리소스에 연결 안 함]을 선택합니다. 새로운 VPC를 따로 생성해도 되지만 AWS에서 제공하는 디폴트 VPC를 사용해도 됩니다. 여기서는 디폴트를 사용하겠습니다. 'DB 서브넷 그룹'은 디폴트로 이미 선택되어 있는 값을 사용합니다. 다음 '퍼블릭 액세스' 항목은 외부에서 RDS 인스턴스 접근 허용 가능 여부를 확인하는 것입니다. 보안상 외부로 노출되면 안 되기 때문에 [아니오]로 선택합니다. 다음 기본 VPC 보안 그룹을 하나 만듭니다. 보안 그룹 이름은 다음과 같이 정의합니다.

- **VPC 보안 그룹 이름**: awslearner-rds-sg

가용 영역은 설정하지 않습니다. 마지막으로 '추가 구성' 드롭다운 버튼을 눌러 MySQL 디폴트 포트가 '3306'으로 되어 있는지 확인합니다.

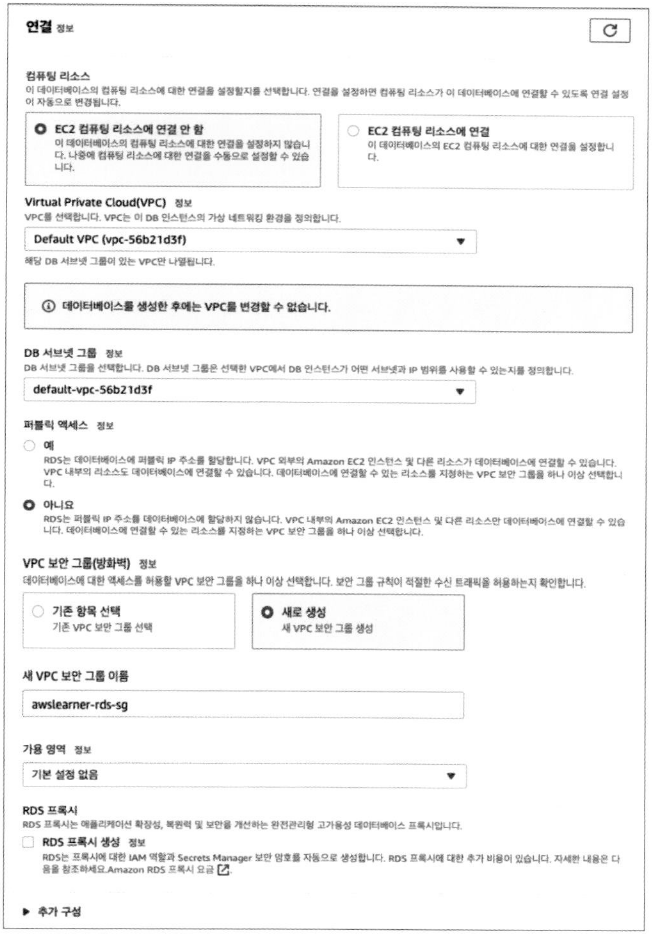

연결 정보

컴퓨팅 리소스
이 데이터베이스의 컴퓨팅 리소스에 대한 연결을 설정할지를 선택합니다. 연결을 설정하면 컴퓨팅 리소스가 이 데이터베이스에 연결할 수 있도록 연결 설정이 자동으로 변경됩니다.

- ● **EC2 컴퓨팅 리소스에 연결 안 함**
  이 데이터베이스의 컴퓨팅 리소스에 대한 연결을 설정하지 않습니다. 나중에 컴퓨팅 리소스에 대한 연결을 수동으로 설정할 수 있습니다.
- ○ **EC2 컴퓨팅 리소스에 연결**
  이 데이터베이스의 EC2 컴퓨팅 리소스에 대한 연결을 설정합니다.

Virtual Private Cloud(VPC) 정보
VPC를 선택합니다. VPC는 이 DB 인스턴스의 가상 네트워킹 환경을 정의합니다.

| Default VPC (vpc-56b21d3f) ▼ |
해당 DB 서브넷 그룹이 있는 VPC만 나열됩니다.

ⓘ 데이터베이스를 생성한 후에는 VPC를 변경할 수 없습니다.

DB 서브넷 그룹 정보
DB 서브넷 그룹을 선택합니다. DB 서브넷 그룹은 선택한 VPC에서 DB 인스턴스가 어떤 서브넷과 IP 범위를 사용할 수 있는지를 정의합니다.

| default-vpc-56b21d3f ▼ |

퍼블릭 액세스 정보
- ○ **예**
  RDS는 데이터베이스에 퍼블릭 IP 주소를 할당합니다. VPC 외부의 Amazon EC2 인스턴스 및 다른 리소스가 데이터베이스에 연결할 수 있습니다. VPC 내부의 리소스도 데이터베이스에 연결할 수 있습니다. 데이터베이스에 연결할 수 있는 리소스를 지정하는 VPC 보안 그룹을 하나 이상 선택합니다.
- ● **아니요**
  RDS는 퍼블릭 IP 주소를 데이터베이스에 할당하지 않습니다. VPC 내부의 Amazon EC2 인스턴스 및 다른 리소스만 데이터베이스에 연결할 수 있습니다. 데이터베이스에 연결할 수 있는 리소스를 지정하는 VPC 보안 그룹을 하나 이상 선택합니다.

VPC 보안 그룹(방화벽) 정보
데이터베이스에 대한 액세스를 허용할 VPC 보안 그룹을 하나 이상 선택합니다. 보안 그룹 규칙이 적절한 수신 트래픽을 허용하는지 확인합니다.

- ○ **기존 항목 선택**
  기존 VPC 보안 그룹 선택
- ● **새로 생성**
  새 VPC 보안 그룹 생성

새 VPC 보안 그룹 이름

| awslearner-rds-sg |

가용 영역 정보

| 기본 설정 없음 ▼ |

RDS 프록시
RDS 프록시는 애플리케이션 확장성, 복원력 및 보안을 개선하는 완전관리형 고가용성 데이터베이스 프록시입니다.

☐ **RDS 프록시 생성** 정보
RDS는 데이터베이스에 대한 IAM 역할과 Secrets Manager 보안 암호를 자동으로 생성합니다. RDS 프록시에 대한 추가 비용이 있습니다. 자세한 내용은 다음을 참조하세요.Amazon RDS 프록시 요금 ↗.

▶ 추가 구성

그림 4-17 데이터베이스 생성 화면 - 5

'데이터베이스 인증'은 [그림 4-15]에서 마스터 암호를 생성했기 때문에 [암호 인증]을 선택해서 데이터베이스 접근 시 암호를 사용할 것입니다(그림 4-18). '모니터링'은 데이터베이스 사용 시 발생하는 다양한 이벤트를 로그로 정리하는 기능입니다. 이는 추후 발생하는 문제점을 디버깅하는 용도로 사용될 수 있지만, 지금은 사용하지 않습니다. '추가 구성' 드롭다운 버튼을 클릭하면 많은 설정 항목을 확인할 수 있습니다. 여기서 신경 써야 하는 부분은 '초기 데이터베이스 이름'입니다. 앞서 설정한 RDS 인스턴스 이름 'awslearner'와 똑같이 정의합니다. 나머지는 모두 디폴트로 둡니다.

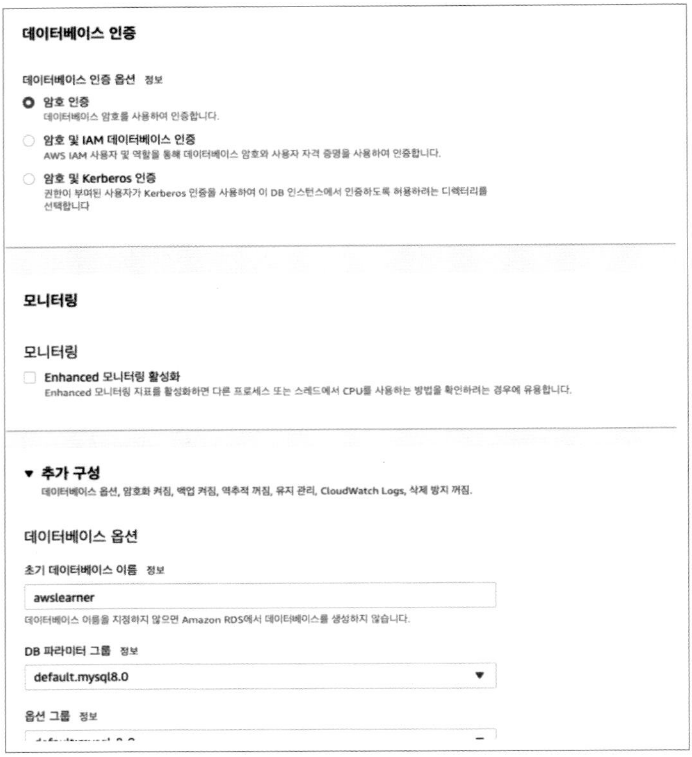

그림 4-18 데이터베이스 생성 화면 - 6

'월별 추정 요금'에 주목해주세요(그림 4-19). 'Amazon RDS 프리 티어는 12개월 동안 사용할 수 있습니다'라고 되어 있는데 이는 [그림 4-14]에서 프리 티어에 대한 내용을 설명할 때 언급했던 내용과 같습니다. 드디어 RDS 인스턴스를 생성하는 데 필요한 모든 환경설정을 마쳤습니다. 이제 [데이터베이스 생성] 버튼을 눌러 인스턴스를 만듭니다.

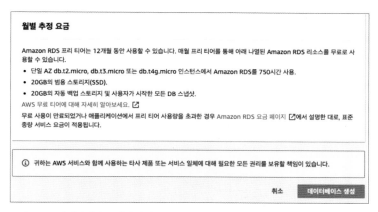

그림 4-19 데이터베이스 생성 화면 – 7

DB 식별자에 'awslearner'가 적힌 인스턴스가 현재 '생성 중'이라고 표시됩니다(그림 4-20). 잠시 기다리면 '생성 중'이 '사용 가능'으로 바뀝니다. 이제 DB 식별자 [awslearner]를 클릭하여 데이터베이스 대시보드를 확인합니다.

그림 4-20 데이터베이스 인스턴스가 생성되는 화면

[그림 4-21]은 DB 식별자 및 인스턴스의 정보를 한눈에 확인할 수 있는 대시보드입니다. 한 가지 주목해야 하는 부분은 '연결 & 보안' 항목에서 EC2 인스턴스와는 달리 RDS 인스턴스 엔드포인트는 IP 주소가 아닌 DNS 주소입니다. 이를 이용하여 데이터베이스를 식별할 수 있으며 접속할 때도 사용됩니다.

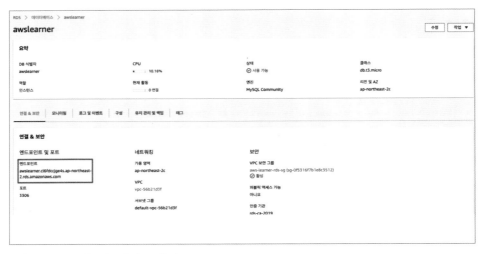

그림 4-21 RDS 인스턴스 대시보드 화면

4.5.2 EC2 인스턴스 생성

이제 EC2 인스턴스를 생성하여 웹 페이지 호스트를 설정할 차례입니다. 이미 3장에서 다뤄봤으니 필요한 부분만 짧게 확인하고 넘어가겠습니다. 우선 EC2를 찾아서 들어갑니다.

AMI는 이미 디폴트로 지정되어 있는 'Amazon Linux 2 AMI (HVM), SSD Volume Type'을 사용합니다. 인스턴스 유형 선택은 프리 티어를 사용할 수 있는 't2.micro'를 사용합니다. 이번 실습에서는 새로운 키 페어를 생성해야 하기 때문에 [새 키 페어 생성] 버튼을 눌러 새로운 파일을 다운로드합니다. 키 페어 이름은 여러분이 임의로 정의합니다. 대신 인스턴스 연결 시 키 페어 이름 및 파일 위치 정보를 반드시 기억해야 합니다.

다음으로 네트워크 설정(그림 4-22)에서 [기존 보안 그룹 선택]을 클릭하여 지난 시간 생성한 보안 그룹을 찾아 선택합니다. 그 후 [보안 그룹 규칙 비교]를 누르면 현재 적용 중인 인바운드 규칙 정보를 확인할 수 있습니다. [그림 4-23]처럼 HTTP, ssh 각각 두 개씩 총 네 개의 규칙이 들어있는지 확인합니다([그림 4-23]처럼 규칙이 들어있지 않다면 [그림 3-22]를 참조해주세요).

그림 4-22 EC2 인스턴스 네트워크 설정 화면

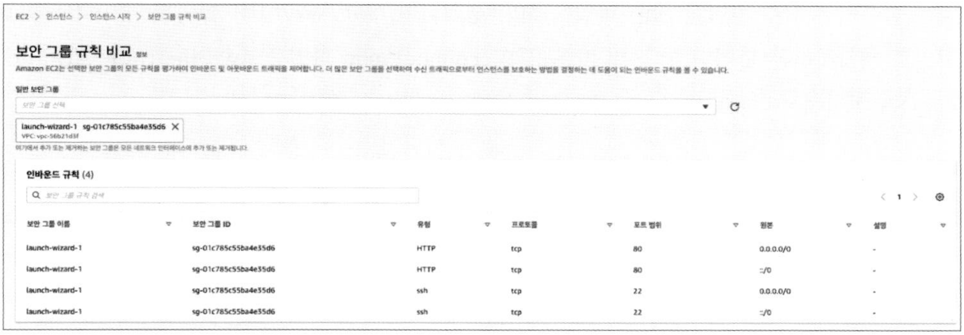

그림 4-23 보안 그룹 인바운드 규칙 확인 화면

스토리지 구성 모두 디폴트 옵션을 사용합니다. 마지막으로 '고급 세부 정보' 드롭다운 메뉴를 클릭하면 인스턴스 생성 시 필요한 고급 환경설정을 변경할 수 있습니다. 맨 아래 '사용자 데이터' 텍스트 박스가 뜹니다. 여기에 부트스트랩 스크립트를 넣어줘야 합니다. 부트스트랩 스크립트는 인스턴스 생성 시 함께 구동해야 하는 코드를 정의하는 곳입니다. 주로 라이브러리나 패키지 설치 및 소프트웨어를 업데이트하기 위해 필요한 코드가 부트스트랩 스크립트[5]에 정의

---

5 부트스트랩 스크립트는 필자 깃허브 저장소에서 찾으실 수 있습니다.

됩니다. 부트스트랩 스크립트는 다음과 같습니다.

```
#! bin/bash
yum install httpd php php-mysql -y
yum update -y
chkconfig httpd on
service httpd start
echo "<?php phpinfo();?>" > /var/www/html/index.php
cd /var/www/html
wget https://aws-learner-storage.s3.ap-northeast-2.amazonaws.com/connect.php
```

#! bin/bash 는 셔뱅^{shebang}으로 불리며 배시 스크립트에 필수로 들어가야 합니다.

yum install httpd php php-mysql -y는 httpd, php, php-mysql을 한 번에 설치하며, -y는 모든 질문에 'yes'로 답하겠다는 뜻입니다. chkconfig httpd on은 강제로 인스턴스 운영체제를 업데이트하고, chkconfig httpd on은 아파치 서버를 유지합니다. 인스턴스가 재부팅되어도 아파치 서버는 여전히 돌아갑니다. 다음 service httpd start 명령어로 서버를 돌립니다. 다음 줄에서는 아주 간단한 php 파일을 하나 생성하여 /var/www/html 폴더 안에 index.php 파일로 저장하라는 뜻이며 이 폴더로 옮긴 후, connect.php 파일을 'aws-learner-storage' 라는 S3 버킷에서 다운로드받으면서 부트스트랩 스크립트는 완료됩니다.

이제 connect.php 파일은 어떻게 생겼는지 알아보겠습니다.

```php
<?php
$username = "awslearner";
$password = "awslearner";
$hostname = "yourhostnameaddress";
$dbname = "awslearner";

//connection to the database
$dbhandle = mysql_connect($hostname, $username, $password) or die("MySQL에 연결
할 수 없습니다");
echo "MySQL 접속 성공! username - $username, password - $password, host -
$hostname<br>";
$selected = mysql_select_db("$dbname",$dbhandle) or die("MySQL DB 연결 실패...
- 다시 시도해보세요!");
?>
```

첫 네 줄에서는 파라미터에 대한 정의를 내립니다(hostname은 현재 yourhostnameaddress 로 되어 있으며 이는 실제 RDS 호스트 이름으로 바꿔줘야 합니다). 그리고 주어진 파라미터 를 가지고 데이터베이스에 접속을 시도합니다. 접속이 잘 이뤄졌다면 'MySQL **접속 성공**'이라 는 메시지를 볼 수 있으며, 그렇지 않다면 'MySQL **DB 연결 실패**'라는 에러 메시지를 띄우는 간 단한 php 스크립트입니다.

그림 4-24 부트스트랩 스크립트 입력 화면

앞서 진행한 부트스트랩 스크립트를 [그림 4-24]처럼 '사용자 데이터' 텍스트 박스에 넣어줍니 다. 이제 모든 환경설정 세팅이 끝났으며 [인스턴스 시작] 버튼을 눌러 인스턴스를 생성합니다. 인스턴스가 만들어지는 데 몇 분 걸리기 때문에 여유를 가지며 기다립니다.

그림 4-25 인스턴스 요약 화면

인스턴스가 다 만들어지고, 방금 생성한 인스턴스 아이디를 클릭하면 [그림 4-25]처럼 인스턴스 요약 창이 뜹니다. 우측 '퍼블릭 DNS IPv4 주소'를 복사한 다음 새 탭을 열고 실행합니다. [그림 4-26]처럼 'Test Page'가 확인된다면 아파치 서버가 잘 돌아간다는 뜻이며 이는 인스턴스 생성 시 부트스트랩 스크립트가 잘 돌아갔다는 뜻이기도 합니다.

그림 4-26 테스트 페이지 화면

4.5.3 엔드포인트를 사용한 RDS 접속

이제 EC2 인스턴스에 접속해봅시다. Mac & 리눅스 사용자는 새로운 터미널을 실행하면 되고 윈도우 사용자는 PuTTY 프로그램을 사용합니다(사용 방법은 3.5절 참고). EC2 인스턴스 대시보드에서 연결하고 싶은 인스턴스를 클릭한 다음 [연결] 버튼을 눌러 'SSH 클라이언트' 탭의 '퍼블릭 DNS'를 복사하고 터미널에서 실행합니다. 만약 똑같은 키 페어를 가지고 인스턴스에 접속한 적이 있다면 바로 인스턴스에 접속됩니다(인스턴스 연결 방법은 3.5절 참고).

루트 유저로 전환하기 위해서 다음 명령어를 실행합니다.

```
$ sudo su
```

디렉터리로 위치를 변경한 후 폴더를 살펴봅시다.

```
$ cd /var/www/html/
$ ls
connect.php   index.php
```

앞서 살펴본 connect.php와 index.php 두 개의 파일을 볼 수 있습니다.

CAUTION_

시스템 환경에 따라 파일이 존재하지 않을 수도 있습니다. 그럴 경우 앞서 진행한 부트스트랩 스크립트에서 다음 명령어를 수동으로 돌립니다.

파일이 존재하지 않는다면 'connect.php' 내용을 변경해야 합니다. 파일을 열기 위해서 다음 명령어를 실행합니다(여러분이 편한 텍스트 에디터를 사용해도 됩니다. 다음은 나노[nano]를 사용합니다).

```
$ nano connect.php
```

세 번째 줄의 hostname을 yourhostnameaddress에서 'RDS 엔드포인트 주소'로 바꿔줍니다. 필자의 connect.php 파일은 다음과 같습니다.

```php
<?php
$username = "awslearner";
$password = "awslearner";
$hostname = "awslearner.cl6fdccjge4s.ap-northeast-2.rds.amazonaws.com";
$dbname = "awslearner";

//connection to the database
$dbhandle = mysql_connect($hostname, $username, $password) or die("MySQL에 연결
할 수 없습니다");
echo "MySQL 접속 성공! username - $username, password - $password, host -
$hostname<br>";
```

```
$selected = mysql_select_db("$dbname",$dbhandle) or die("MySQL DB 연결 실패...
- 다시 시도해보세요!");
?>
```

저장 후 텍스트 에디터를 종료합니다(나노는 'control+x'를 누른 후 'Y'를 눌러 종료합니다).

추가로 RDS 보안 그룹 설정을 변경해야 합니다. RDS 보안 그룹은 RDS 인스턴스 안에서만 존재하기 때문입니다. 다시 말해 RDS 보안 그룹은 EC2 인스턴스 보안 그룹과는 별개입니다. RDS와 EC2 인스턴스는 두 개의 전혀 다른 클라우드 내에서 서로 다른 보안 그룹에 속해있습니다. 두 인스턴스가 서로 작동하려면 보안 그룹을 수정해야 합니다. AWS 대시보드에서 다음 RDS 리소스를 찾아 들어간 후 이전에 만든 인스턴스를 클릭합니다. 우측에 'VPC 보안 그룹'을 클릭하면 [그림 4-27]과 같이 EC2 인스턴스 보안 그룹 창으로 이동합니다. 스크롤을 내리고 [인바운드 규칙] 탭을 누르면 유형 'MySQL/Aurora', 'TCP' 프로토콜의 인바운드 규칙을 정의 확인할 수 있습니다(그림 4-28). [인바운드 규칙 편집] 버튼을 눌러 규칙을 변경합니다.

그림 4-27 보안 그룹 화면

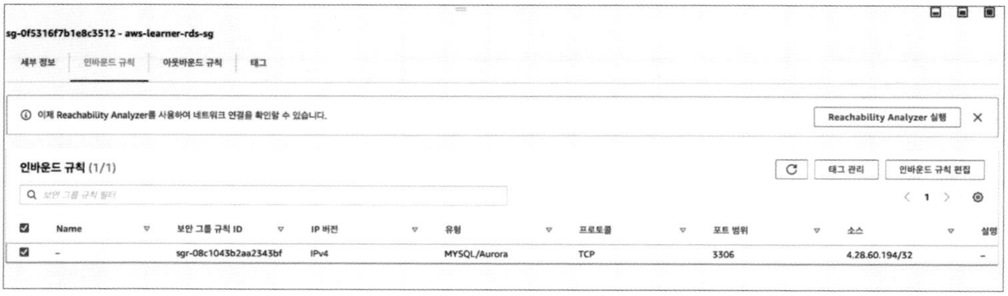

그림 4-28 인바운드 규칙 화면

현재 정의된 인바운드 규칙을 삭제합니다(그림 4-29). 그리고 새로운 규칙을 만드는 데 사용될 소스인 EC2 인스턴스 보안 그룹 이름을 찾아서 선택합니다. 필자는 'sg-01c785c55ba4e 35d6'입니다. [규칙 저장] 버튼을 눌러 새로운 인바운드 규칙을 생성합니다.

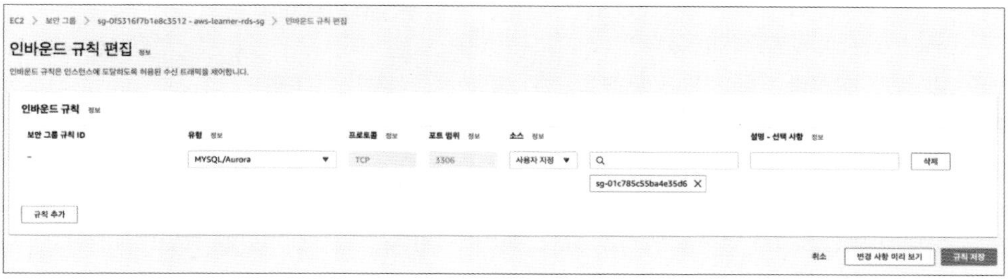

그림 4-29 인바운드 규칙 편집 화면

터미널로 돌아옵니다. 아직 EC2 인스턴스가 연결되어 있다면 다음 명령어를 실행하여 MySQL 데이터베이스에 연결합니다.

```
mysql -u awslearner -p -h awslearner.cl6fdccjge4s.ap-northeast-2.rds.amazonaws.
com awslearner
```

비밀번호를 물으면 RDS 인스턴스 생성 시 정의한 비밀번호를 입력합니다. Welcome to the MariaDB monitor 메시지와 함께 MySQL 콘솔 화면이 뜹니다.

```
[root@ip-172-31-4-76 html]# mysql -u awslearner -p -h awslearner.cl6fdccjge4s.
ap-northeast-2.rds.amazonaws.com awslearner
Enter password:
Welcome to the MariaDB monitor.  Commands end with ; or \g.
Your MySQL connection id is 26
Server version: 8.0.28 Source distribution

Copyright (c) 2000, 2018, Oracle, MariaDB Corporation Ab and others.

Type 'help;' or '\h' for help. Type '\c' to clear the current input statement.

MySQL [awslearner]>
```

만약 MySQL이 설치되지 않았다면 다음 명령어를 실행합니다.

```
$ yum install mysql
```

다음 명령어를 실행시켜 현재 돌아가고 있는 데이터베이스의 메타데이터를 확인해봅시다.

```
$ status
```

현재 데이터베이스, 호스트 이름 등 다양한 정보를 확인할 수 있습니다.

```
mysql  Ver 15.1 Distrib 5.5.68-MariaDB, for Linux (x86_64) using readline 5.1

Connection id:        26
Current database:     awslearner
Current user:         awslearner@172.31.4.76
SSL:            Not in use
Current pager:        stdout
Using outfile:        ''
Using delimiter:      ;
Server:         MySQL
Server version:       8.0.28 Source distribution
Protocol version:     10
Connection:     awslearner.cl6fdccjge4s.ap-northeast-2.rds.amazonaws.com via
TCP/IP
Server characterset:      utf8mb4
Db      characterset:     utf8mb4
Client characterset:      utf8mb3
Conn.  characterset:      utf8mb3
TCP port:       3306
Uptime:         21 min 27 sec

Threads: 3  Questions: 10119  Slow queries: 0  Opens: 305  Flush tables: 3
Open tables: 200  Queries per second avg: 7.862
```

4.5.4 RDS 스냅샷 생성

지금까지 EC2 인스턴스를 생성하여 RDS 데이터베이스에 접속하는 실습을 진행했습니다. 이번에는 RDS 스냅샷을 생성합니다. RDS 스냅샷 생성에 앞서 다중 가용 영역 및 읽기 전용 설정을 진행하겠습니다. RDS 대시보드에서 인스턴스를 선택한 후 [작업] 드롭다운 버튼을 클릭하면 여러 개의 항목을 확인할 수 있습니다. [읽기 전용 복제본 생성]을 클릭합니다(그림 4-30).

그림 4-30 읽기 전용 복제본 생성 화면

DB 인스턴스의 읽기 전용 복제본 생성을 위한 다양한 환경설정 화면을 확인할 수 있습니다(그림 4-31). 가장 먼저 보이는 'DB 인스턴스 식별자'를 'awslearner-replica'로 넣어줍니다.

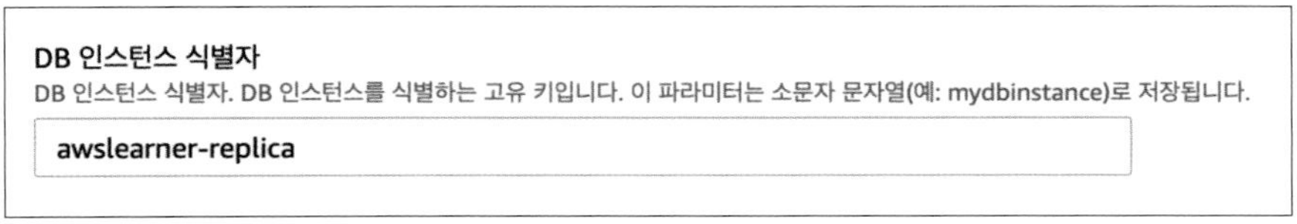

DB 인스턴스 식별자
DB 인스턴스 식별자. DB 인스턴스를 식별하는 고유 키입니다. 이 파라미터는 소문자 문자열(예: mydbinstance)로 저장됩니다.

awslearner-replica

그림 4-31 DB 인스턴스 식별자 설정 화면

다음으로 인스턴스 사양은 경우에 따라 변경할 수 있습니다(그림 4-32). RDS 원본 인스턴스와 다른 인스턴스 클래스를 사용하고 싶다면 여기서 변경해주면 됩니다. 스토리지 유형도 변경할 수 있습니다. 다음은 '네트워크 및 보안'입니다. 읽기 전용 복제본을 다른 지역, 서브넷 그룹, 가용 영역에 생성할 수 있습니다. 또한 퍼블릭 액세스를 가능하게 해줄 수도 있습니다. 디폴트 값은 [아니요]로 되어 있습니다.

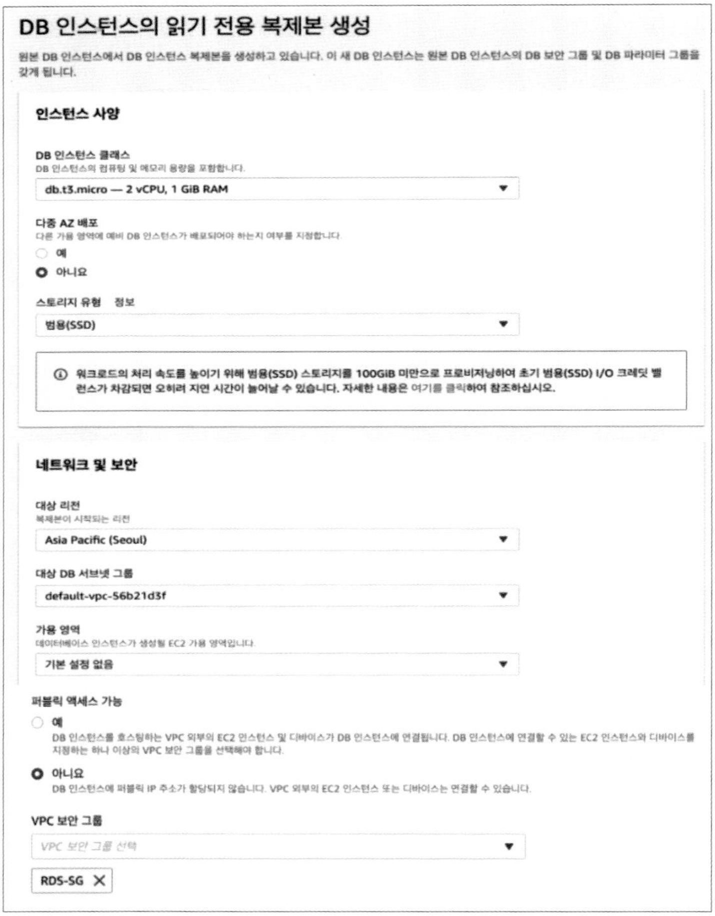

그림 4-32 읽기 전용 복제본 생성 화면 – 1

스크롤을 아래로 내리면 '모니터링' 항목이 나옵니다(그림 4-33). 읽기 전용 복제본을 만들면 다양한 로그파일이 생성됩니다. 이들을 AWS CloudWatch로 보낼지에 대한 여부를 선택할 수 있습니다. CloudWatch란 AWS에서 제공하는 리소스이며 추후 자세히 다룹니다. 이번 장에서는 클라우드의 모든 로그파일을 관리하는 저장소로 이해하면 됩니다. [Enhanced 모니터링 사용]을 클릭하면 복제본에서 일어나는 일을 CloudWatch에서 확인할 수 있습니다. '세부 수준'에서 로그를 생성하는 시간 간격 설정도 가능합니다. 아래 '로그 내보내기'에서 다양한 로그 유형을 CloudWatch로 보낼 수도 있습니다. 여기서는 모니터링 활성화를 하지 않으므로 디폴트 값으로 두겠습니다.

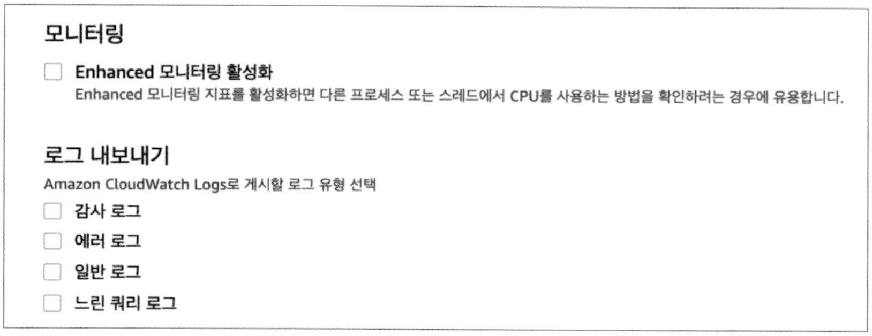

그림 4-33 읽기 전용 복제본 모니터링 설정 화면

모든 적용이 끝나면 [읽기 전용 복제본 생성] 버튼을 눌러 복제본을 생성합니다(그림 4-34).

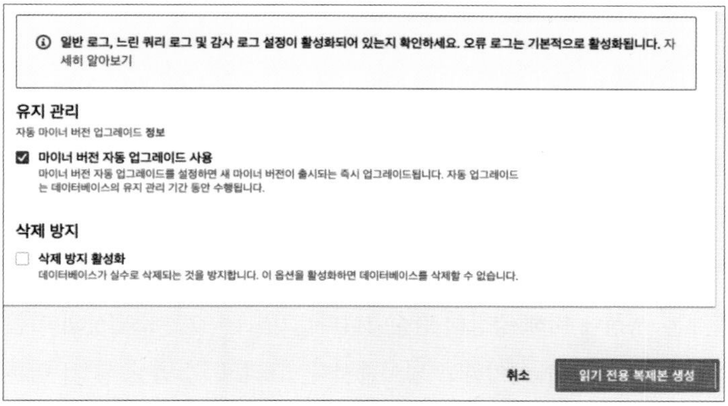

그림 4-34 읽기 전용 복제본 생성 화면 – 2

기존 RDS 인스턴스에서 무언가가 수정 중이며 새로운 인스턴스가 생성되는 것을 볼 수 있습니다. '역할'에서 원본은 '기본'으로 되어 있으며 복제본은 '복제본'이라는 것을 확인할 수 있습니

다. 복제본이 만들어질 때까지 잠시 기다리면 다음과 같이 '사용 가능'으로 상태가 변경된 것을 확인할 수 있습니다(그림 4-35). 축하합니다. 읽기 전용 복제본을 직접 만들었습니다.

그림 4-35 생성된 읽기 전용 복제본 화면

이제 스냅샷을 생성해보겠습니다. 'awslearner' 데이터베이스를 선택한 후 [작업] 드롭다운 메뉴에서 [스냅샷 생성]을 누릅니다(그림 4-36).

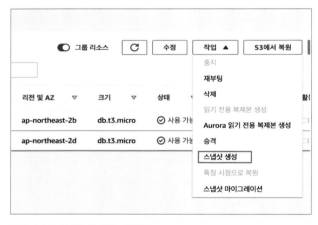

그림 4-36 스냅샷 생성하는 방법

스냅샷 생성은 '읽기 전용 복제본' 생성에 비해 굉장히 단순합니다(그림 4-37). 스냅샷의 이름만 넣어주면 됩니다. 'awslearner-snapshot'이라고 넣어줍시다. 그리고 [스냅샷 생성] 버튼을 누릅니다. 현시점 기준으로 스냅샷이 만들어집니다. 스냅샷이 잘 만들어졌는지 확인하려면 RDS 메인 대시보드에서 [스냅샷]을 눌러 스냅샷 이름 'awslearner-snapshot'을 찾으면 됩니다. 우측 상단에 [작업] 드롭다운을 클릭한 후 [스냅샷 마이그레이션]을 누르면 생성된 스냅샷 정보(스냅샷이 만들어진 시점 등)를 가지고 새로운 RDS 인스턴스를 만들 수 있습니다.

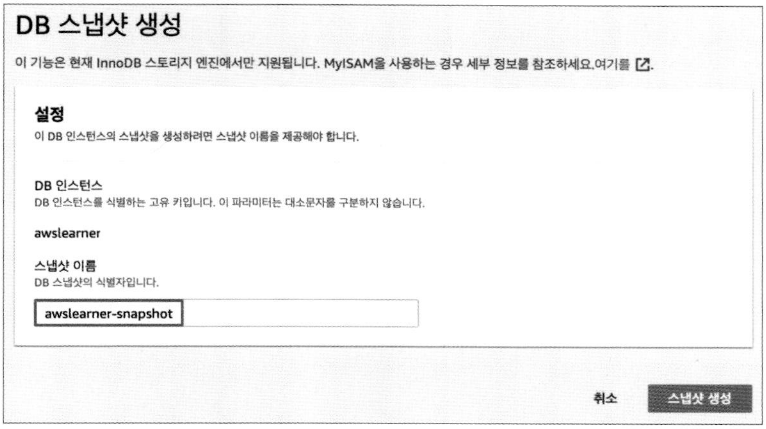

그림 4-37 스냅샷 생성 화면

축하합니다. RDS 실습을 모두 마쳤습니다. 이제 지금까지 만들었던 인스턴스를 모두 종료합니다. [작업]에서 [삭제]를 눌러 RDS 인스턴스를 삭제합니다(그림 4-38). 당장 사용할 일이 없지만 추후 다시 사용해야 한다면 [중지]를 눌러 인스턴스를 잠시 중단시킬 수도 있습니다. 인스턴스가 꺼졌다면 비용은 청구되지 않습니다. 이와 비슷한 방법으로 EC2 인스턴스도 종료 혹은 중지합니다.

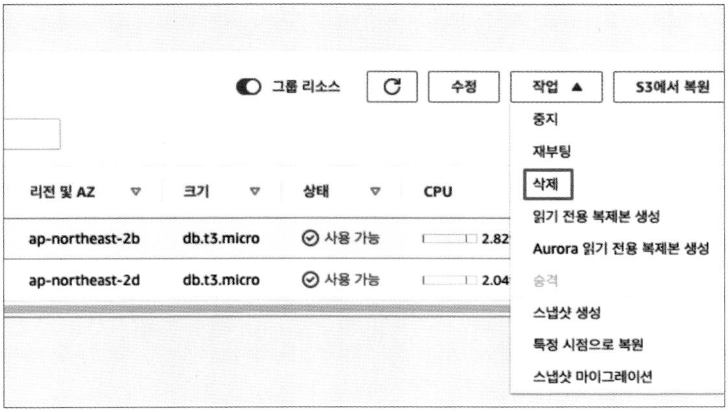

그림 4-38 인스턴스 삭제 화면

5장 S3

이번 장에서는 AWS에서 가장 오래된 리소스인 S3 버킷에 대해서 알아보겠습니다.

5.1 S3란?

S3$^{\text{Simple Storage Service}}$는 AWS의 메인 스토리지이며 그 역사가 매우 깊습니다. 그만큼 시간이 지나면서 많은 기능이 추가되었고, 따라서 숙지해야 하는 내용도 많습니다. S3의 기본적인 요소를 살펴보겠습니다.

S3는 매우 안전하고 가변적인 오브젝트 저장 공간을 제공합니다. 가변적이라는 특징 때문에 스토리지 공간에 구애받지 않고 마음껏 사용할 수 있습니다. 뿐만 아니라 AWS 자체에서 보안을 신경 쓰기 때문에 사용자는 마음 편히 오브젝트를 업로드/다운로드할 수 있습니다. 구글 클라우드와 비슷하다고 생각하면 됩니다.

S3는 오브젝트 저장 공간을 제공하기 때문에 사진, 동영상, 스프레드시트 등 다양한 파일을 업로드할 수 있습니다(그림 5-1). 4장에서 배운 RDS와는 달리 비정형화 데이터를 다룰 수 있습니다. 그러나 운영체제 같은 시스템 파일은 업로드가 가능하나 하드디스크처럼 부팅 용도로 사용할 수는 없습니다. 오브젝트 저장 공간의 특성 때문입니다.

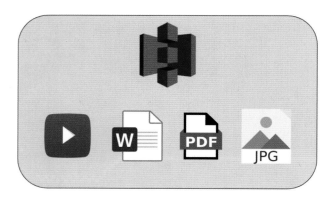

그림 5-1 S3에는 다양한 오브젝트를 업로드할 수 있다.

AWS는 편리한 유저 인터페이스를 통해 어디서나 쉽게 오브젝트를 업로드하고 사용할 수 있습니다. 오랜 시간 수많은 유저의 피드백을 통하여 인터페이스를 개선해왔고 집필하는 이 시점에도 계속 업데이트 중입니다. 많은 개발자는 AWS의 큰 장점으로 편리한 인터페이스를 꼽습니다. 물론 S3도 마찬가지입니다.

업로드할 수 있는 오브젝트의 최대 크기는 5TB로 사용하기에 전혀 불편하지 않습니다. 사실 S3는 우리가 알고 있는 하드디스크의 개념과 완전히 다릅니다. 250GB 하드디스크는 250GB 이상의 파일을 담을 수 없습니다. 그러나 S3는 스토리지 공간이 무한입니다(그림 5-2). 버킷 ^{Bucket}을 생성할 때도 크기를 걱정할 필요가 전혀 없습니다. 실제로 크기가 큰 파일을 보관하는 용도로 사용되기도 합니다.

그림 5-2 S3 버킷 공간은 무제한이라 스토리지 공간 부족 걱정이 전혀 없다.

버킷을 조금 더 상세히 설명해보겠습니다. 버킷은 'S3 버킷을 만든다', 'S3 버킷에서 오브젝트를 다운로드한다'와 같이 쓰입니다. 버킷은 S3에서 중요한 개념입니다. 보통 많은 파일을 효율적으로 관리하기 위해 폴더를 만듭니다. 폴더는 최상위 폴더가 있고 그 안에 하위 폴더 혹은 여러 파일이 들어있습니다. 이때 '최상위 폴더'를 버킷이라고 생각하면 됩니다(그림 5-3). 새로운 폴더를 만들 때 폴더 이름을 지정할 수 있듯이 S3 버킷을 생성할 때 버킷 이름을 부여할 수 있습니다. 버킷 생성 시 이름은 지역과 무관하고 고유해야 합니다. 2장에서 배운 IAM과 마찬가지로 지역은 '글로벌'로 되어 있습니다.

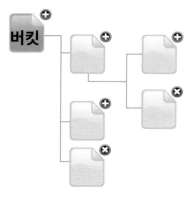

그림 5-3 버킷은 최상위 폴더와 똑같다.

5.1.1 S3 오브젝트 구성 요소 이해하기

버킷에 있는 오브젝트 구성 요소에 대해서 알아보겠습니다. 오브젝트는 키–값$^{key-value}$ 조합으로 구성되어 있습니다. 이는 컴퓨터 프로그래밍 언어 딕셔너리^{dictionary} 데이터 타입의 키–값과 매우 비슷합니다. 키는 '오브젝트 파일명'이고, 값은 '오브젝트 내용물'입니다. 다음 예제를 통해 개념을 이해하길 바랍니다.

- **키**: test.txt
- **값**: Hello AWS Learners!

버전 아이디$^{version\ id}$는 S3 버킷 고유 특징입니다. 이미 버킷에 업로드된 파일을 버전 1이라 합시다. 똑같은 파일을 업로드하되 다른 내용이 들어있다면 버전 2로 업로드할 수 있습니다. 값이 같더라도 다른 버전으로 올릴 수 있습니다. 버전을 이용하면 이전 오브젝트로 복원시킬 수 있습니다. 메타데이터^{metadata}는 '데이터의 데이터'란 뜻으로 데이터의 정보를 담고 있습니다. 데이터가 생성된 시간, 변경된 시간, 데이터 업데이트 권한을 가지고 있는 팀원 정보 등을 모두 메타데이터에서 확인할 수 있습니다. 오브젝트에 어떤 변화가 생기면 메타데이터도 그에 맞게 자동으로 변경됩니다. 교차 출처 리소스 공유$^{cross\ origin\ resource\ sharing}$ (CORS)는 다른 버킷의 오브젝트 접근 권한을 허용한다는 뜻입니다. 다른 지역에 존재하는 버킷 A 오브젝트에 접근 시 CORS를 통해 버킷 B에서 버킷 A로 접근을 할 수 있습니다. CORS의 도움 없이는 불가능합니다. 후반부에서 CORS에 대해 더 자세히 설명하도록 하겠습니다.

5.1.2 S3 데이터 일관성 모델

데이터 일관성 모델data consistency model에 대해 설명하도록 하겠습니다. S3 버킷에 오브젝트를 새로 업로드하거나 변경할 시 아주 짧은 지연이 존재하며 이러한 지연 때문에 생기는 현상을 데이터 일관성 모델이라고 합니다. 이런 일관성 모델에는 쓰기 일관성 후 읽기 모델과 최종 일관성 모델 두 종류가 있습니다.

쓰기 일관성 후 읽기 모델

버킷에 오브젝트 업로드 시 PUT API를 사용해서 업데이트합니다. 쓰기 일관성 후 읽기 모델read after write consistency model은 오브젝트가 버킷에 업로드된 후 지연 없이 바로 사용가능하다는 뜻입니다. 따라서 쓰기 일관성 후 읽기 모델을 '강한 일관성 모델strong consistency model'이라고도 합니다.

최종 일관성 모델

최종 일관성 모델eventual consistency model은 UPDATE, DELETE 명령어를 수행할 때 다음과 같은 현상이 발생합니다. 오브젝트를 수정하거나 삭제할 때 그 결과가 바로 반영이 되지 않을 때가 있습니다. 예를 들어 오브젝트 수정 전 상황을 X, 수정 후 상황을 Y라고 할 때 Y가 발생했음에도 X의 결과를 얻을 수 있습니다. 이런 일이 생기는 이유는 무엇일까요? S3 버킷에 들어있는 오브젝트는 한 지역에 여러 개의 노드가 연결되어 있으며 오브젝트에 변화가 생기면 모든 노드에 적용이 됩니다. 그러나 이 변화는 한 번에 모든 노드에서 일어나지 않고 약간의 지연이 발생하기 때문에 유저가 오브젝트에 접근 시 아직 적용되지 않은 노드에서 데이터를 읽을 때 UPDATE 이전의 결과를 얻을 수 있습니다. 이는 최종 일관성 모델의 특징입니다.

지연이 발생하지만 사실 체감하기는 어렵습니다. 이론상 최종 일관성 모델이 적용될 때(수정, 삭제 등) 강한 일관성 모델에 비해 지연이 발생한다는 의미입니다. 이는 AWS 시험을 준비하는 분은 꼭 숙지해야 하는 내용입니다.

5.1.3 S3 버킷 다양한 스토리지 유형

S3 버킷 스토리지는 여러 종류가 있습니다(그림 5-4). 용도와 목적에 따라 올바른 스토리지를 사용해야 합니다. 다룰 스토리지 종류는 다섯 가지며 하나씩 알아보겠습니다.

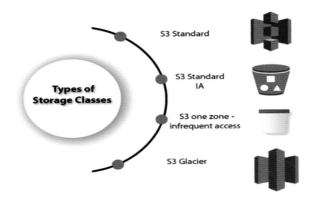

그림 5-4 다양한 버킷 스토리지 종류

일반 S3 버킷

가장 보편적인 버킷이며 특별한 특징은 없습니다. 처음 버킷을 만들 때 일반 S3 버킷이 디폴트로 선택됩니다. 따라서 버킷 생성 시 스토리지 종류를 바꾸지 않는다면 일반 S3 버킷을 사용하게 됩니다. 디폴트 버킷이나 높은 내구성^{durability}과 가용성^{availability}을 자랑합니다. '내구성'은 오브젝트가 손실 없이 얼마나 잘 유지되는지, '가용성'은 오브젝트에 얼마나 쉽게 접근할 수 있는지에 해당하는 내용입니다. 일반 S3 버킷은 데이터 손실을 100% 가까이 막아준다고 생각하면 됩니다. 일반 S3 버킷은 눈에 띄는 장단점은 없으나 다방면에서 훌륭한 선택지입니다. 클라우드, 모바일 게임 애플리케이션, 빅데이터 분석에서 종종 사용합니다.

S3 드문 접근 버킷

드문 접근 버킷^{infrequent access bucket}(IA bucket)은 오브젝트에 자주 접근하지 않으나 오브젝트가 많아 신속한 접근이 요구될 때 뛰어난 성능을 발휘합니다. 주로 클라우드 재해 복구^{disaster recovery}, 백업 파일을 보관하는 데 사용됩니다. 이러한 특징 때문에 IoT와 같은 실시간 데이터 업로드/다운로드에는 적합하지 않습니다. 일반 S3 버킷에 비해 유지 비용은 저렴하나 오브젝트에 접근 시 추가 비용이 발생한다는 점을 꼭 기억해두세요. 신속한 접근이 가능한 이유는 다중 가용 영역을 사용하기 때문입니다. 따라서 내구성과 가용성이 매우 우수합니다.

S3 단일 존 버킷

단일 존 버킷은 이름에서 알 수 있듯이 하나의 존에만 의존합니다. 앞서 살펴본 일반 S3 버킷과 S3 드문 접근 버킷에 비해 내구성과 가용성이 조금 떨어집니다. 버킷이 들어있는 가용 영역이 다운되면 버킷에 들어있는 오브젝트에 접근할 수 없을 수 있습니다. 최악의 경우(예: 모든 클라우드 서버가 다운, 가용 영역 삭제 후 재생성 요구) 데이터 손실이 발생할 수도 있습니다. 하지만 오브젝트 접근 시 비용은 IA 버킷에 비해 20% 정도 저렴합니다. IA 버킷과 마찬가지로 주로 버킷의 접근이 잦지 않는 오브젝트를 관리할 때 사용합니다. 따라서 값싼 비용으로 버킷의 접근이 잦지 않은 경우 가용성과 내구성을 어느 정도 감수할 수 있을 때 사용합니다. 비용과 가용성의 트레이드오프^{trade-off}를 잘 따져가면서 스토리지 종류를 신중히 선택해야 합니다.

글레시어 버킷

글레시어^{glacier} 버킷은 몇 년에 한 번 오브젝트에 접근을 할까 말까 하는 상황이 발생할 때 사용하면 좋은 스토리지 유형입니다. 유지 비용이 굉장히 저렴합니다. 하지만 오브젝트에 접근할 때 오랜시간 잠들어있는 오브젝트를 깨워야 하기 때문에 걸리는 시간은 약 4~5시간입니다. 글레시어는 빙하라는 뜻입니다(그림 5-5). 빙하 한가운데 거의 사용할 일이 없는 오브젝트를 보관해두고 있다고 상상해봅시다. 그런데 이 오브젝트를 사용해야 하는 일이 발생하면 두꺼운 빙하를 녹이거나 부셔야 합니다. 이때 상당한 시간이 듭니다. 오브젝트에 접근하는 데 드는 시간이 오래 걸리는 이유는 빙하의 특징과 유사하다고 생각하면 됩니다.

그림 5-5 빙하 한가운데 들어있는 오브젝트

지능적 티어링 버킷

마지막으로 살펴볼 스토리지 유형으로 지능적 티어링^{intelligent tiering} 버킷입니다. 2018년도에 처음 등장했으며 앞서 살펴본 스토리지와 달리 많은 부분이 개선되었습니다. 오브젝트 접근이 종종 일어날 때 일반 S3 버킷 사용을 추천했고, 그렇지 않을 때는 S3 드문 접근 버킷 혹은 글레시어 버킷을 사용하면 됩니다. 하지만 모든 것을 미리 알기는 어렵습니다. 그렇다고 스토리지 유형을 바꾸면서 새 버킷을 생성하는 것도 번거로운 일입니다. 지능적 티어링 버킷은 사용자의 오브젝트 접근 주기를 분석하고 세 가지 티어 중 하나를 선택합니다. 첫 번째 티어는 **Frequent Tier**로 오브젝트 접근이 종종 일어날 때 사용됩니다. 두 번째 티어는 **Lower-Cost Tier**로 오브젝트 접근이 드문 경우 사용됩니다. 여기서 접근이 드물다는 기준은 한 달 이상 오브젝트 접근이 없는 경우입니다. 세 번째 티어는 **Very Low-Cost Tier**로 글레시어처럼 몇 년에 한 번 접근할 때 사용됩니다.

오브젝트 접근 시 비용은 첫 번째 티어인 Frequent Tier가 다른 티어에 비해 약간 비쌉니다. 하지만 지능적 티어링 버킷이 스스로 접근 주기를 분석하는 데 사용되는 비용이라고 생각하면 어떨까요? 결코 손해가 아닙니다. 이렇게 비용을 더 지불하면 편리하게 됩니다.

5.1.4 S3 요금

S3는 버킷을 만든다고 해서 무조건 비용을 지불하는 것은 아닙니다. 언제 비용이 발생하는지 알고 사용하는 것이 매우 중요합니다.

오브젝트를 버킷에 업로드 시 GB당 비용을 지불합니다. [그림 5-6]을 보면 일반 버킷을 사용할 경우 GB당 0.023달러입니다. 이는 첫 50TB 사용에 한합니다. 오브젝트 크기가 늘어날 경우 GB당 발생하는 비용은 다소 낮아집니다.

	스토리지 요금
S3 Standard - 모든 데이터 유형에 적합한 범용 스토리지로, 대개 자주 액세스하는 데이터에 사용됨	
처음 50TB/월	GB당 0.023 USD
다음 450TB/월	GB당 0.022 USD
500TB 초과/월	GB당 0.021 USD

그림 5-6 일반 버킷 사용 시 GB당 지불하는 비용

그리고 얼마나 PUT, COPY, GET 명령어를 사용하느냐에 따라 비용이 달라집니다. 앞서 다양한 스토리지 유형을 알아봤는데, 스토리지 유형에 따라 책정되는 비용도 다릅니다. 더 자세한 정보를 알고 싶다면 다음 웹사이트를 방문하길 바랍니다(https://aws.amazon.com/ko/s3/pricing/?nc1=h_ls).

다른 AWS 리소스로 오브젝트를 전송할 때도 비용이 발생합니다. 예를 들면 S3 버킷에서 EC2 인스턴스로 파일을 보낼 때, RDS 인스턴스에서 S3 버킷으로 파일을 생성하고 업로드할 때 추가 비용이 발생합니다. 마지막으로 메타데이터를 사용할 때 비용을 지불해야 합니다. 예를 들어 오브젝트에 태그가 걸려있다고 합시다. 태그에는 어떤 부서에서 오브젝트를 관리하는지, 어떤 유형의 오브젝트인지, 언제 생성되었는지에 대한 정보가 들어있습니다. 이런 정보를 담고 있는 태그를 사용할 경우 추가 비용이 발생합니다.

5.2 S3 버킷 생성 시 알고 있어야 하는 것

이번 절에서는 S3 버킷을 생성하기 전 반드시 알고 있어야 하는 내용에 대해서 다룹니다. 버킷을 생성했다고 해서 우리가 하고 싶은 대로 마음껏 사용할 수 없습니다. AWS는 보안을 생각하여 무언가로 막고 있습니다. 뿐만 아니라 버킷 생성 후 원하는 대로 설정을 변경할 수 없는 부분도 있습니다. 버킷 생성 관련 내용보다 S3의 사용 사례를 아는 것이 더 중요합니다.

5.2.1 S3 사용 사례

S3는 주로 어떤 용도로 사용될까요? 지금까지 다룬 내용으로 생각해보면 S3는 파일을 보관하는 '파일 저장소'입니다. 하지만 이는 빙산의 일각에 불과합니다. 실시간으로 데이터를 생성하는 IoT를 생각해봅시다. [그림 2-3]의 A 회사 데이터 흐름 경로 및 파이프라인 구조를 다시 살펴봅시다. 초당 날씨 데이터를 읽어오는 파이프라인이 구축되어 있습니다. 데이터 전처리를 거치고 데이터베이스에 데이터를 보관합니다. 여기서 데이터베이스를 스토리지 개념으로 바꿔봅니다. 초당 날씨 데이터는 전처리가 완료된 후 버킷으로 업로드됩니다. 이처럼 버킷에서 이벤트(오브젝트 업로드, 삭제 등)가 발생하면 다른 리소스가 실행되어야 오브젝트를 다른 리소스

로 전송할 수 있습니다(그림 5-7). 지역 A 버킷에서 다른 지역 버킷으로, 버킷에서 RDS 인스턴스로 전송되는 등 다양한 경우가 존재합니다.

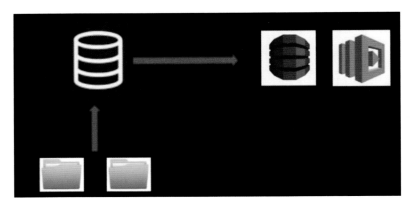

그림 5-7 데이터가 버킷에서 다른 리소스로 전송되는 과정

S3는 구글 클라우드처럼 이미지, 비디오, 압축 파일 등 다양한 포맷의 오브젝트를 보관할 수 있습니다. 필자는 주행 드라이브 데이터를 수집하고 분석하는 회사에서 근무한 적이 있었는데, 실시간 주행 드라이브 데이터(시간, 시속, 대시보드 캠 영상 등)를 차 내부의 IoT 기기를 통해 모아서 S3 버킷으로 전송했습니다. 주행 영상 파일 크기가 방대했으나 버킷의 크기 제한이 없었기 때문에 무리 없이 사용할 수 있었습니다. 또한 주행 드라이브 데이터는 접근이 빈번했기 때문에 일반 스토리지 유형을 사용했습니다.

S3 버킷은 파일 저장소뿐만 아니라 스태틱 웹사이트 호스팅을 하는 데 사용됩니다. 여기서 '스태틱'에 주목해주세요. 웹사이트는 텍스트, 그림을 통해 다양한 콘텐츠를 사용자에게 전달합니다. 주로 PHP, JSP를 기반으로 만들어진 다이나믹 웹사이트는 사용자마다 보여지는 콘텐츠가 다릅니다. 예를 들면 쇼핑몰 웹사이트에서 사용자가 로그인하면 과거 쇼핑 내역 창, 사용자가 구매하기를 희망하는 물건을 담은 장바구니 등 사용자의 로그인 정보에 따라 웹 페이지는 다른 콘텐츠를 화면에 보여줍니다. 이에 반해 스태틱 웹사이트는 모든 사용자가 똑같은 콘텐츠를 봅니다. 주로 HTML, CSS, JavaScript로 이루어져 있습니다. 이 파일을 버킷에 업로드한 후 버킷의 DNS를 이용해서 홈페이지처럼 쓸 수 있습니다(그림 5-8).

S3　　　　**Bucket**　　　　**Website**

그림 5-8 S3 버킷은 웹사이트 호스팅으로 사용할 수 있다

5.2.2 CORS

교차 출처 리소스 공유^{cross origin resource sharing}(CORS)는 다른 도메인에 속한 다른 클라이언트 웹 애플리케이션끼리 데이터를 공유하고 주고받을 수 있게 다리를 놓아주는 역할을 합니다. CORS는 S3에 존재하는 JSON 포맷의 역할이며 앞서 살펴본 웹사이트 호스팅과 매우 밀접한 관련이 있습니다. 예를 들어 설명하겠습니다. S3 버킷은 지역이 '글로벌'로 되어 있으나 버킷마다 지역은 존재합니다. 버킷 A를 Seoul 지역, 버킷 B를 North Virginia 지역으로 생각해봅시다(그림 5-9). 그리고 버킷 A에서는 스태틱 웹사이트 호스팅을 하고 있으며 버킷 B에서는 수집된 데이터를 모아둔 저장소라고 가정합니다.[1] 일반적으로 다른 지역에서 생성된 버킷의 오브젝트에 접근이 허용되지 않습니다. 그러나 CORS를 통하면 가능합니다. 글로벌 시대에서 절대 빼놓을 수 없는 기능입니다.

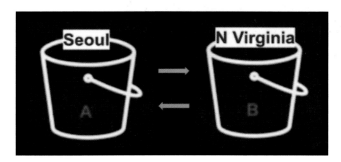

그림 5-9 CORS를 통해 다른 지역의 버킷끼리 소통할 수 있다.

---

1 글로벌 시대에서 흔히 일어날 수 있는 일입니다. 본사가 한국에 있고 IT팀 지사는 미국에 있을 경우 미국에서 데이터를 전달받고 이를 한국에서 호스팅하는 시나리오는 충분히 있을 수 있습니다.

5.2.3 버킷 정책 & 접근 제어 리스트

이번에는 버킷을 생성한 다음 일어나는 상황에 대해서 알아보겠습니다. 디폴트 값으로 버킷을 만들면 버킷을 만든 사용자만 버킷에 대한 모든 권한을 가지고 있습니다. 다시 말해 최초 버킷 생성 시 비공개화됩니다. 외부에서 누군가 버킷에 접근할 경우 접근 금지$^{access\ denied}$ 에러가 발생합니다. 하지만 특정 유저 혹은 그룹에게 버킷 접근을 허용해야 할 때가 있습니다.

S3는 이를 해결할 수 있는 두 가지 방법을 제공합니다. 첫 번째로 **버킷 정책**$^{bucket\ policy}$ 변경입니다. 버킷 정책은 JSON 포맷으로 이루어져 있으며 버킷 안에 있는 모든 오브젝트의 접근 권한 설정을 가능하게 합니다. IAM에서 만든 사용자 및 역할을 가지고 버킷 정책을 수정할 수 있습니다. 두 번째로 **접근 제어 리스트**$^{access\ control\ list}$ 변경입니다. 버킷 정책은 하나의 버킷에 모두 적용되는 반면 접근 제어 리스트는 버킷 안의 오브젝트, 디렉터리별로 권한 설정이 가능합니다. [그림 5-10]을 보면 버킷 안에는 X, Y, Z 세 개의 오브젝트가 있습니다. John이라는 사용자는 X, Y만, Mike는 Z에만 접근 권한을 설정해야 합니다. 버킷 정책을 통해서 할 수 없는 구체적인 접근 권한 설정을 접근 제어 리스트 변경을 통해 할 수 있습니다.

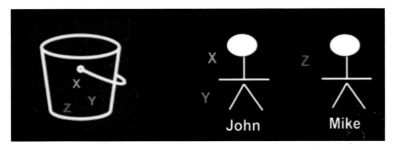

그림 5-10 접근 제어 리스트 변경을 통해 더욱 구체적인 접근 권한 설정을 할 수 있다.

5.3 S3 암호화를 통해 안전을 지키자

S3에서 관리하고 있는 보안에 대해 알아보겠습니다. 파일을 업로드/다운로드할 때 개발자가 신경 써야 하는 내용은 무엇이며 어떤 보안 과정이 이루어지는지 이해하는 것은 매우 중요합니다. 기본적으로 S3는 암호화를 사용하여 오브젝트를 외부로부터 보호합니다. 그리고 암호화는 상황에 따라 종류를 분류하고 있습니다. 우선 암호화 유형에 대해서 살펴보겠습니다.

5.3.1 버킷 암호화 유형

암호화 유형은 크게 두 가지로 나눌 수 있습니다. 버킷에 오브젝트를 업로드/다운로드 시, 그리고 아무것도 하고 있지 않을 때입니다.

파일 업로드/다운로드

우선 SSL과 TLS의 개념을 알아야 합니다. **SSL**^{Secure Socket Layer}은 두 개의 시스템끼리 데이터를 교환할 때 중간에서 보디가드 역할을 하여 인터넷 연결 중 외부의 침입을 막아주며 안전한 파일 교환이 이루어질 수 있게 해주는 프로토콜입니다. 주로 HTTP/HTTPS 요청이 발생할 때 SSL이 사용됩니다. 웹사이트 주소 맨 앞에 'HTTPS'로 시작할 때 S는 'secure'의 맨 앞 글자를 따온 것이며 HTTP보다 훨씬 안전한 인터넷 사용을 가능하게 합니다. 디폴트로 HTTPS를 사용한다면 SSL과 같은 프로토콜이 함께 동행한다고 생각하면 됩니다.

TLS^{Transport Layer Security}는 SSL에서 파생되었으며 SSL보다 보안이 훨씬 뛰어납니다. 컴퓨터 네트워크에 사용되며 소켓끼리 안전한 소통을 가능하게 해주는 암호화 프로토콜입니다. AWS에서 API를 사용할 경우 TLS에 의해서 보안 장치가 활성화되며 외부의 침입으로부터 보호받으며 해킹받을 가능성을 낮춰줍니다. S3 버킷에 업로드(PUT), 다운로드(GET) 이벤트 역시 API 호출이라 할 수 있고, 이러한 이벤트 발생 시 AWS에서 자체적으로 보안 장치를 마련했다고 보면 됩니다. 특별히 개발자가 신경 써야 할 부분은 없습니다. SSL/TLS는 개발자가 따로 구현할 필요 없으며 이벤트 발생 시 일어난다고만 이해하면 충분합니다.

가만히 있을 시

S3 버킷을 사용하지 않으면 보안이 취약할까요? AWS는 파일 다운로드/업로드할 때만 보안에 신경 쓸까요? 그렇지 않습니다. 가만히 있을 때도 S3에 안전 장치를 설치할 수 있습니다. 총 세 가지 유형으로 나뉘며 하나씩 살펴보겠습니다.

첫 번째는 **SSE-S3**입니다. SSE^{server-side encryption}는 디폴트로 AWS에 의해 관리되며, 버킷에 저장되어 있는 모든 오브젝트는 고유한 키를 지니고 있습니다. 하지만 SSE-S3는 모든 키를 관장하는 마스터키를 가지고 있습니다. 마스터키는 AES-256이라는 암호화 유형이 사용되며 고급 암호화 표준^{Advanced Encryption Standard}(AES) 뒤에 256은 256비트 암호화를 사용한다는 뜻입니다. 이는 2256개의 조합으로 암호를 생성한다는 것이며 암호 해독이 거의 불가능합니다. 마스터키 정보는 일정 시간이 지날 때마다 변경되며, 웹 서버에서 API 사용 시 일정 시간마다 다른 토큰을 부여받는 것과 일맥상통합니다. 고정된 API 토큰을 사용하는 것은 보안에 매우 취약합니다.

두 번째는 **SSE-KMS**입니다. SSE-S3와 마찬가지로 AWS에서 일괄적으로 관리되고 있습니다. 오브젝트를 버킷에 업로드하거나 기존에 존재하는 오브젝트를 복사할 때 SSE-KMS 암호화 방식을 사용할 수 있습니다. 또한 버킷에 있는 오브젝트에 암호화할 수도 있습니다. SSE-KMS는 누가, 언제, 어떻게 암호화되어 있는 오브젝트에 접근했는지 상세한 정보를 제공한다는 장점이 있습니다. 앞서 살펴본 SSE-S3에는 이러한 기능이 없습니다. 따라서 데이터 감시 및 디버깅 프로세스 시 유용하게 사용할 수 있습니다. KMS^{Key Management Service}는 AWS 리소스이며 API 토큰 정보, 애플리케이션 암호 등 민감한 데이터를 사용하고 보관합니다.

마지막으로 **SSE-C**입니다. 개발자가 직접 암호를 관리하고, 생성한 암호를 직접 사용할 수도 있습니다. 버킷에 있는 오브젝트에 원하는 암호를 업데이트하면 AWS에서 자동으로 암호화/해독화합니다. 대부분 암호화처럼 SSE-C도 AES-256 포맷을 지원합니다. SSE-C는 유일하게 AWS 콘솔에서 암호화할 수 없습니다. AWS CLI, AWS SDK, AWS API를 통해서만 암호를 설정할 수 있습니다.

5.3.2 버킷 암호화 과정

지금까지 다양한 버킷 암호화의 종류에 대해서 알아봤습니다. 이번에는 암호화가 이루어지는 과정을 간단히 살펴보겠습니다. S3 버킷에 오브젝트를 업로드할 때 PUT 요청을 합니다. PUT은 API 요청이며, 일반적으로 API 요청을 할 때 API 헤더가 첨부되고 헤더 안에는 API 요청 시 필요한 정보가 담겨 있습니다. 예를 들면 웹사이트에서 물건을 구매할 경우 [구매하기] 버튼을 누르면 API 요청에 의해서 구매하는 물건 이름, 가격을 API 헤더에 포함합니다. 이러한 API 요청을 받은 서버는 알맞은 프로세스를 진행합니다.

S3 버킷에서 PUT 요청 발생 시 생성되는 API 헤더를 함께 보겠습니다.

```
PUT /simon-image.jpg HTTP/1.1
Host: SimonBucket.s3.<Region>.amazonaws.com
Date: Thu, 12, Feb 2022 16:50:00 CST
```

```
Authorization: authorization string
Content-Type: text/plain
Content-Length: 82612
x-amz-meta-author: Simon
Expect: 100-continue
[82612 bytes of object data]
```

Host에는 버킷 이름, Date에는 PUT 요청 시간에 대한 정보가 있습니다. PUT 요청을 해석해보면 'PUT 요청을 하면 버킷 이름(SimonBucket)에 simon-image.jpg 파일을 업로드합니다'와 같습니다. 현재의 PUT 요청은 암호화 정보가 하나도 들어있지 않습니다. 만약 simon-image.jpg 파일을 업로드할 때 암호화가 진행된다면 API 헤더에 어떤 정보가 들어갈까요?

x-amz-server-side-encryption라는 키가 헤더에 포함될 것입니다. 다시 말해 API 헤더에 x-amz-server-side-encryption가 들어있다면 S3는 사용자가 업로드할 오브젝트에 암호화한다는 의미로 간주하고 암호화를 진행합니다. 이번에는 PUT 요청 시 암호화된다면 API 헤더가 구성되는지 살펴보겠습니다. 헤더 맨 끝부분에 x-amz-server-side-encryption가 들어있으며 AES-256 포맷을 사용한다고 명시되어 있습니다.

```
PUT /simon-image.jpg HTTP/1.1
Host: SimonBucket.s3.<Region>.amazonaws.com
Date: Thu, 12, Feb 2022 16:50:00 CST
Authorization: authorization string
Content-Type: text/plain
Content-Length: 82612
x-amz-meta-author: Simon
Expect: 100-continue
x-amz-server-side-encryption: AES-256
[82612 bytes of object data]
```

주로 x-amz-server-side-encryption 값으로 올 수 있는 암호화 유형은 'AES-256'과 'aws:kms'입니다. 앞서 AES-256과 aws:kms는 다뤘으며, AWS KMS에서 운용되는 키를 이용해서 암호화한다는 것입니다.

5.4 S3 실습

지금까지 S3의 의미와 역할을 이해했습니다. 배운 내용을 토대로 직접 버킷을 만들고, 파일을 로컬에서 업로드하고, 버킷에 암호화를 적용해보겠습니다.

5.4.1 버킷 만들기

AWS 메인 화면에서 S3를 찾아서 들어갑니다. 다음과 같이 S3 메인 대시보드 창을 보실 수 있습니다(그림 5-11).

그림 5-11 S3 메인 대시보드 화면

이미 과거에 버킷을 만든 적이 있다면 [그림 5-11]과 같은 버킷이 보이지만, 처음 AWS 계정을 만들고 진행하면 아무것도 보이지 않습니다. 다시 한번 언급하지만 S3는 IAM과 마찬가지로 지역이 글로벌입니다(우측 상단에서 지역을 확인해주세요). 따로 지역을 설정할 필요는 없습니다. 추후 버킷 생성 시 지역을 선택하는 항목이 나옵니다.

버킷을 하나 만들어보겠습니다. [버킷 만들기] 버튼을 누릅니다. '버킷 만들기' 창이 뜨며 처음으로 '버킷 이름'을 작성해야 합니다(그림 5-12). 버킷 이름은 지역과 상관없이 무조건 고유한 이름이어야 합니다. ap-northeast-2에서 버킷 A가 존재한다면 다른 지역에서 똑같은 이름의 버킷 생성은 불가능합니다.[2] 다음 'AWS 리전'은 디폴트로 선택된 '아시아 태평양(서울)'

---

2 버킷 생성 시 이미 존재한다는 메시지가 확인된다면 버킷 이름 끝에 임의의 무작위 숫자를 넣어주면 간단히 해결할 수 있습니다.

지역을 사용합니다. 버킷 이름을 'awslearner-sample-bucket'으로 넣어줍니다. '기존 버킷에서 설정 복사' 항목은 최근 생긴 옵션이며, 원한다면 이미 만든 버킷의 환경설정(암호화 방식, 버킷 정책 등)을 모두 가져와서 사용합니다. 다음 '객체 소유권'을 살펴보겠습니다. 액세스 제어 목록access control list(ACL)의 활성 여부를 선택해야 합니다. 디폴트로 비활성화되어 있으며 버킷을 생성한 사용자가 모두 권한을 관리하는 옵션입니다. 외부 사용자가 오브젝트 접근 권한을 가질 수 있기 때문에 보안을 생각하며 신중히 선택해야 합니다.

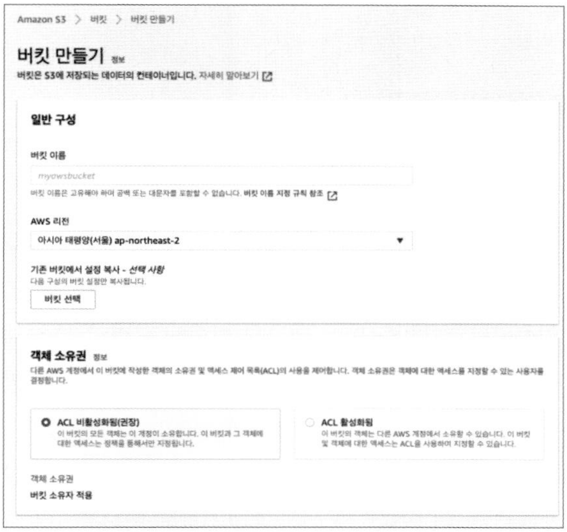

그림 5-12 버킷 만들기 화면 – 1

다음은 '퍼블릭 액세스 차단 설정' 항목입니다(그림 5-13). [모든 퍼블릭 액세스 차단]이 체크되어 있다면 외부로부터 버킷 접근을 차단한다는 뜻입니다. 다른 사용자가 버킷에 있는 콘텐츠에 접근할 수 없을 뿐만 아니라 버킷에 업로드할 수도 없습니다. 이는 버킷 레벨이며 앞서 본 ACL보다 더 광범위하게 적용됩니다. '버킷 버전 관리'는 같은 버킷의 똑같은 오브젝트에 다른 버전을 부여할 수 있는 기능입니다. 이미 들어있는 오브젝트를 또 업로드할 때 다른 버전을 할당할 수 있으며, 추후 문제가 생기면 오브젝트를 지우고 로컬에서 다시 업로드하는 것이 아니라 돌아가고 싶은 버전을 찾아서 오브젝트를 복원할 수 있습니다. 이는 애플리케이션 개발 시 매우 유용한 기능이므로 알아두면 좋습니다.

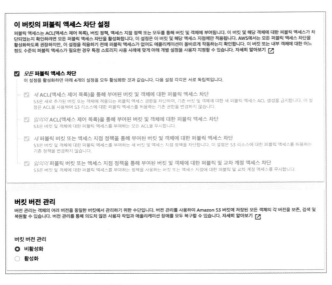

그림 5-13 버킷 만들기 화면 – 2

선택사항이지만 버킷에 태그를 걸 수도 있습니다(그림 5-14). 태그를 정의해서 버킷 사용 시 부과되는 비용을 분석할 수 있습니다. '기본 암호화'는 디폴트로 비활성화되어 있으며 이를 활성화시키면 버킷에 오브젝트를 업로드할 때 암호화 유형에 따라 오브젝트에 암호가 생성됩니다. 마지막으로 '고급 설정'이 나오며 '객체 잠금'에 대한 활성화 여부를 선택해야 합니다. 만약 '객체 잠금'이 활성화된다면 버킷에 오브젝트를 한 번 업로드한 이상 오브젝트에 덮어쓰거나 삭제가 불가능합니다. 이는 버킷에 원본 파일을 오랜 시간 보관하고 싶을 경우 사용됩니다. 모든 것이 만족스럽다면 [버킷 만들기] 버튼을 누릅니다.

그림 5-14 버킷 만들기 화면 – 3

[그림 5-15]와 같이 버킷 메인 대시보드에 'aws-learner-sample-bucket'이 보입니다. 버킷의 정보를 보기 위해 버킷 이름을 클릭합니다.

이름 ▲	AWS 리전 ▽	액세스 ▽	생성 날짜 ▽
○ aws-learner-cf-sam-bucket	아시아 태평양(서울) ap-northeast-2	객체를 퍼블릭으로 설정할 수 있음	2021. 9. 21. pm 8:44:39 PM CDT
○ aws-learner-storage	아시아 태평양(서울) ap-northeast-2	객체를 퍼블릭으로 설정할 수 있음	2020. 1. 18. pm 3:29:54 PM CST
○ awslearner-lambda-trig	아시아 태평양(서울) ap-northeast-2	버킷 및 객체가 퍼블릭이 아님	2020. 10. 4. pm 11:04:37 PM CDT
○ awslearner-sample-bucket	아시아 태평양(서울) ap-northeast-2	버킷 및 객체가 퍼블릭이 아님	2022. 5. 20. am 12:02:01 AM CDT
○ awslearners-bucket	아시아 태평양(서울) ap-northeast-2	객체를 퍼블릭으로 설정할 수 있음	2020. 5. 25. pm 3:29:06 PM CDT

그림 5-15 생성된 버킷 확인 화면

5.4.2 오브젝트 업로드 및 콘텐츠 접근하기

새롭게 생성한 버킷은 [그림 5-16]과 같이 비어있습니다. 직접 오브젝트를 업로드할 수 있으며 직접 폴더를 생성할 수도 있습니다. 새로운 폴더를 하나 만들어보겠습니다. [폴더 만들기] 버튼을 클릭합니다.

그림 5-16 비어있는 버킷 화면

'폴더 만들기' 창에서 폴더 이름을 'image'로 입력합니다(그림 5-17). '서버 측 암호화'는 비활
성화로 놔두겠습니다. [폴더 만들기] 버튼을 클릭합니다.

폴더 만들기 정보

폴더를 사용하여 버킷에 객체를 그룹화합니다. 폴더를 생성하면 S3가 슬래시(/) 뒤에 지정된 이름을 사용하여 객체를 생성합니다. 그러면 이 객체
가 콘솔에서 폴더로 표시됩니다. 자세히 알아보기

ⓘ **버킷 정책에서 폴더 생성을 차단할 수 있음**
버킷 정책에서 특정 태그, 메타데이터 또는 ACL(액세스 제어 목록) 피부여자가 없는 객체의 업로드를 금지하는 경우 이 구성을 사용
하여 폴더를 생성할 수 없습니다. 대신 업로드 구성을 사용하여 빈 폴더를 업로드하고 적절한 설정을 지정할 수 있습니다.

폴더

폴더 이름

| image | / |

폴더 이름에는 '/'를 포함할 수 없습니다. 이름 지정 규칙 참조

서버 측 암호화

ⓘ 다음 설정은 새 폴더 객체에만 적용되고 그 안에 포함된 객체에는 적용되지 않습니다.

서버 측 암호화
◉ 비활성화
○ 활성화

취소   **폴더 만들기**

그림 5-17 폴더 생성 화면

[그림 5-18]처럼 'image' 폴더가 생성되었는지 확인합니다. 이 폴더에 파일을 업로드해보겠습니다. 업로드할 파일은 다음 링크에서 다운로드합니다. `cutty.jpeg` 파일이며 필자가 애지중지하는 인형입니다. 'image' 폴더를 클릭한 후 [업로드] 버튼을 누릅니다.

- https://awslearners-bucket.s3.ap-northeast-2.amazonaws.com/image_public/cutty.JPG

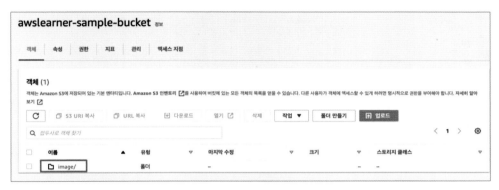

그림 5-18 폴더 생성 확인 화면

로컬에서 업로드할 파일을 찾습니다. [그림 5-19]와 같이 업로드될 파일에 대한 정보가 뜹니다. 대상은 현재 S3 버킷 안의 'image' 폴더로 지정되어 있습니다. 아래 [권한]과 [속성]을 누르면 업로드에 대한 세부사항(파일 권한, 암호화 등)을 변경할 수 있습니다. 우선 [권한]을 눌러 자세한 내용을 확인합니다.

그림 5-19 파일 업로드 화면

처음 버킷을 만들 때 객체 권한 소유권 ACL를 비공개로 설정했기 때문에 '이 버킷에는 객체 소유권에 대해 버킷 소유자 적용 설정이 적용되어 있습니다'와 같은 메시지가 뜹니다(그림 5-20). 달리 말해 이 버킷에는 파일마다 권한 변경을 할 수 없습니다. 다음 [속성]을 누르면 버킷의 스토리지 클래스 및 여러 가지 설정을 변경시킬 수 있습니다. '스토리지 클래스'는 'Standard'를 사용할 것이니 건드리지 않습니다. 다양한 스토리지 클래스에 대해서는 5.1.3절을 참고하고, 상황에 따라 적절한 클래스를 선택해서 최소한의 비용으로 최고의 성능을 보여줍시다.

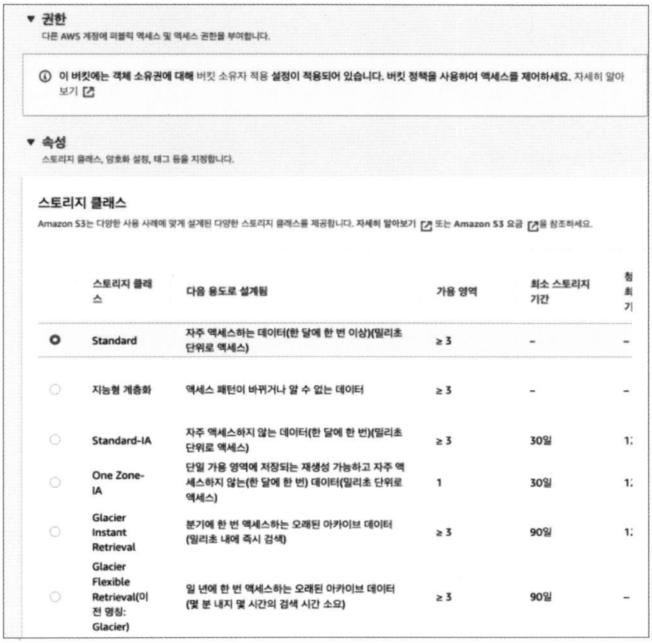

그림 5-20 파일 업로드 시 권한 및 속성 변경 화면

다음으로 가만히 있을 때(사용자가 오랜시간 버킷에 업로드/다운로드하지 않아 아무런 이벤트가 일어나지 않을 때) 오브젝트를 암호화할지에 대한 '서버 측 암호화 설정'을 살펴볼 수 있습니다. 이때 SSE-S3와 SSE-KMS 두 가지 선택사항이 존재합니다(그림 5-21). 지금은 암호화하지 않으니 [암호화 키를 지정하지 마십시오]로 둡니다. 아래 '태그'와 '메타데이터'를 정의할 수 있습니다. 특히 메타데이터는 키-값 조합으로 정의되며 오브젝트를 부서별, 날짜별, 카테고리별로 분류하고 싶을 때 매우 효과적입니다.

그림 5-21 파일 업로드 시 속성 변경 화면

모든 것이 만족스럽다면 [업로드] 버튼을 누릅니다. [그림 5-22]처럼 `cutty.jpeg` 파일이 버킷에 성공적으로 업로드되었습니다. 유형은 'jpeg'입니다. '마지막 수정'은 언제 버킷에 처음 업로드되었는지, 언제 업데이트되었는지에 대한 시간 정보를 알 수 있습니다. '스토리지 클래스'는 파일 업로드 시 정의한 'Standard'인지 확인해주세요. 이제 업로드한 파일을 열어볼 차례입니다. [cutty.jpeg]를 클릭합니다.

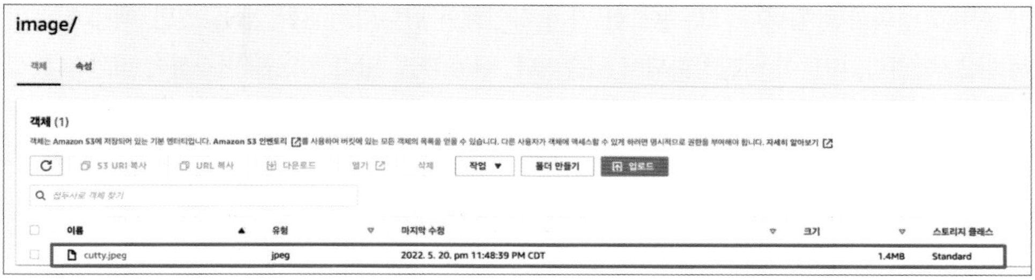

그림 5-22 파일 업로드 완료 화면

파일에 대한 상세 정보가 뜹니다(그림 5-23). 우선 파일을 여는 방법에 대해서 살펴보겠습니다. 크게 두 가지 방법이 있는데, 첫 번째로 [열기] 버튼을 누르면 새 탭에서 이미지가 잘 열립니다.[3] 두 번째로 [객체 URL]을 클릭해서 이미지를 여는 방법이 있습니다.

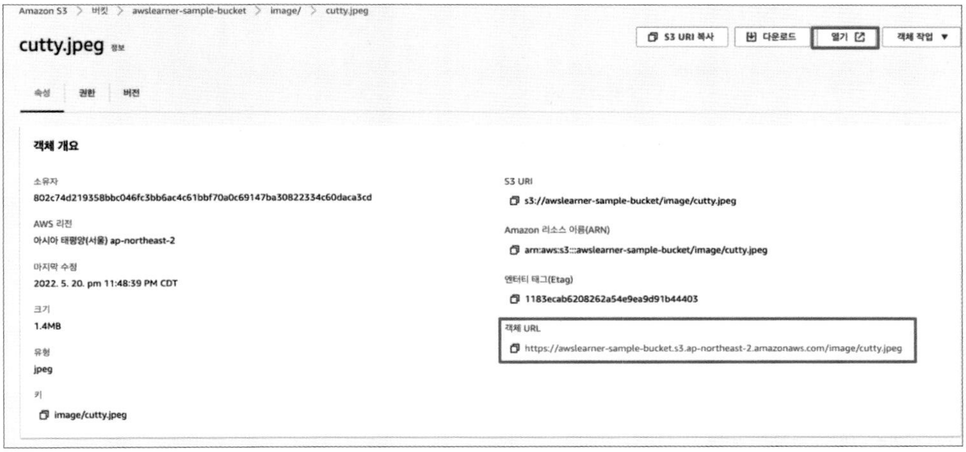

그림 5-23 파일에 대한 상세 정보 화면

하지만 예상치 못한 문제에 직면했습니다. 'Access Denied'라는 문구가 뜹니다(그림 5-24). 이유가 무엇일까요? 버킷을 생성할 때 '모든 퍼블릭 액세스 차단'을 활성화했기 때문입니다. 버킷의 주인인 나조차 파일을 열 수 없고 다른 유저도 파일을 열 수 없는 상황입니다. 그렇다면 어떻게 객체 URL을 통해 파일을 열 수 있을까요? 방법은 간단합니다. '모든 퍼블릭 액세스 차

---

3 필자의 현재 거주지는 미국으로 서울 지역의 버킷에 접근하는 데 약간의 지연이 생깁니다. 만약 여러분이 거주하는 지역과 버킷 지역이 같다면 지연은 발생하지 않을 겁니다.

단'을 비활성화하면 됩니다. 그 전에 한 가지 확인해야 합니다. [권한] 탭을 열면 '액세스 제어 목록'에서 [편집] 버튼이 비활성화되어 있습니다. 이는 추후 버킷 설정을 변경하여 버튼을 활성화할 예정입니다.

그림 5-24 접근 거부 메시지 화면

'image' 폴더에서 버킷 맨 상위 폴더로 돌아온 다음 [권한]을 누릅니다(그림 5-25). 그리고 [편집] 버튼을 눌러 버킷 생성 시 퍼블릭 액세스 차단 활성화를 없애줍니다.

그림 5-25 버킷 권한 변경 화면

방법은 매우 간단합니다. [모든 퍼블릭 액세스 차단] 체크를 해제하면 됩니다(그림 5-26). 그리고 [변경 사항 저장] 버튼을 누르면 간단한 경고 창이 뜨는데 이는 객체가 퍼블릭 접근 허용 시 발생하는 문제에 대해 인지하고 있는지에 대해 확인차 알려주기 위함입니다. 필드에 '확인' 이라고 타이핑한 다음 [확인] 버튼을 누르면 이제는 버킷은 퍼블릭 액세스를 허용합니다.

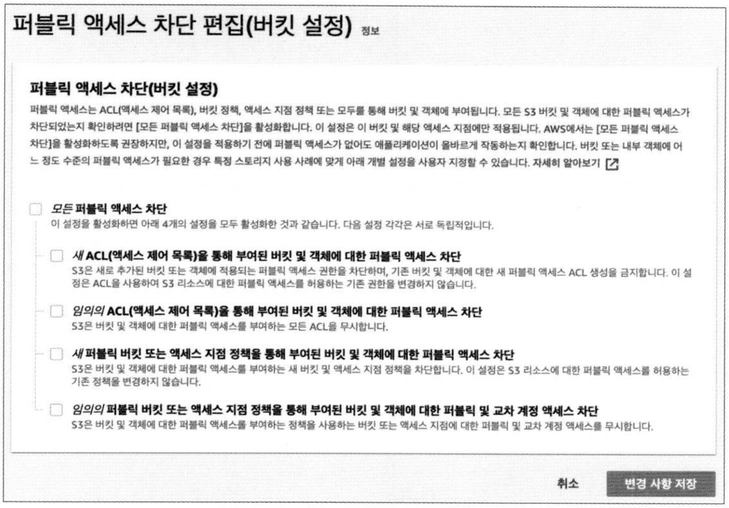

그림 5-26 퍼블릭 액세스 차단 편집 화면

아직 끝이 아닙니다. [권한] 탭에서 아래로 내려가면 '객체 소유권'이 나옵니다(그림 5-27). [편집] 버튼을 눌러 객체 소유권을 버킷 생성자가 아닌 다른 AWS 계정에서도 허용할 수 있도록 변경합니다.

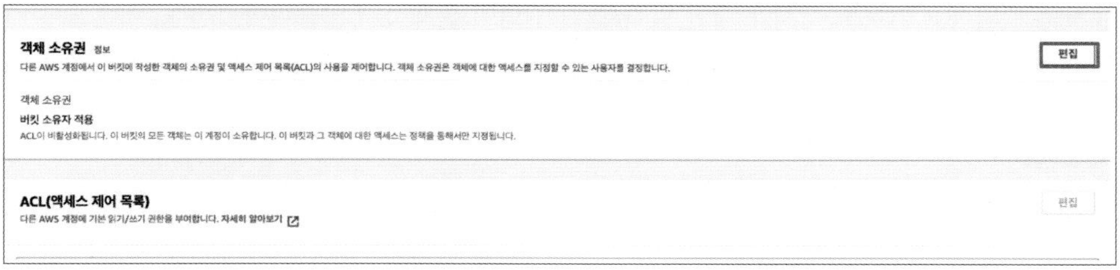

그림 5-27 객체 소유권 옵션 화면

버킷의 객체 소유권은 처음 버킷 생성 시 'ACL 비활성화됨'으로 선택했지만, 이번에는 [ACL 활성화됨]으로 바꿔줍니다(그림 5-28). 아래 'ACL을 활성화하면 버킷 소유자가 객체 소유권에 대해 적용한 설정이 비활성화됩니다'라는 경고 메시지가 뜹니다. 프로덕션에서는 결코 권장하지 않지만 실습을 위해 임시로 활성화합니다. 'ACL이 복원된다는 것을 확인합니다'에 체크한 후 [변경 사항 저장] 버튼을 누릅니다. 이제는 액세스 제어 목록 및 버킷 정책을 통하여 다른 사용자가 우리 버킷 콘텐츠에 접근할 수 있게 됩니다.

그림 5-28 객체 소유권 편집 화면

버킷 레벨에서 손볼 곳은 더 이상 없습니다. 이제 파일에서 마지막으로 수정해야 하는 부분이 있습니다. 객체 소유권 변경을 끝마쳤다면, `cutty.jpeg` 파일을 열어 [권한] 탭을 보면 ACL이 비활성화됐을 때와는 달리 [편집] 버튼을 누를 수 있게 되었습니다(그림 5-29). 현재 객체 소유자를 제외하고 아무도 객체에 대한 읽기/쓰기 권한이 존재하지 않습니다. [편집] 버튼을 눌러 권한을 변경합니다.

그림 5-29 파일 액세스 제어 목록 옵션 화면

피부여자에 따른 객체 권한을 관리할 수 있습니다(그림 5-30). 현재 '모든 사람(퍼블릭 액세스)'은 읽기 권한이 없지만, 체크하면 누구나 이 객체에 액세스할 수 있다는 주의 메시지를 확

인할 수 있습니다. '이러한 변경 사항이 이 객체에 미치는 영향을 이해합니다'에 체크함으로써
이러한 사실을 인지하고 있음을 알려준 후 [변경 사항 저장] 버튼을 누릅니다.

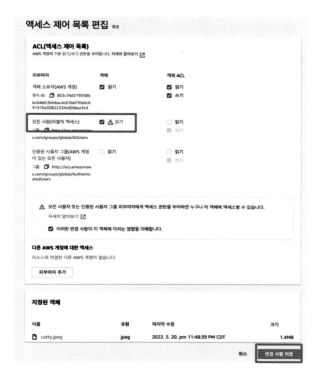

그림 5-30 파일 액세스 제어 목록 편집 화면

이전에 시도해봤던 객체 URL을 사용해서 이미지를 열어봅니다. 축하합니다. 여러분은 이제 귀
여운 인형 사진을 보실 수 있습니다(그림 5-31).

다음을 통해 확인해봅시다. IAM에서 루트 계정으로 새로운 사용자를 생성합니다. 'AWS 액세
스 유형 선택'에서 [암호 – AWS 관리 콘솔 액세스]를 선택하여 여러분이 임의로 비밀번호를
설정합니다. 이 사용자로 콘솔에 로그인한 다음 위 객체 URL을 가지고 사진을 잘 불러올 수 있
는지 테스트해보세요. 만약 사진을 성공적으로 불러온다면 그건 우리가 이전에 버킷 퍼블릭 액
세스 허용 및 누구나 파일에 접근할 수 있게 설정을 변경했기 때문입니다.

그림 5-31 버킷에서 성공적으로 이미지를 불러온 화면

5.4.3 버킷 정책 설정하기

이번에는 버킷 정책을 직접 생성하고 어떻게 활용되는지에 대해서 알아보겠습니다. 'aws learner-sample-bucket' 맨 상위 폴더로 옮긴 후, [권한] 탭에서 '퍼블릭 액세스 차단' 아래 '버킷 정책 편집기'와 함께 빈 문서가 보입니다(그림 5-32). JSON 포맷을 요구하는 버킷 정책은 오브젝트 레벨이 아닌 버킷 레벨에 해당되기 때문에 버킷 정책에서 설정하는 내용은 모든 오브젝트에 영향을 줍니다. [편집] 버튼을 누릅니다.

퍼블릭 액세스 차단(버킷 설정)

퍼블릭 액세스는 ACL(액세스 제어 목록), 버킷 정책, 액세스 지점 정책 또는 이들 모두를 통해 버킷 및 객체에 부여됩니다. 모든 S3 버킷 및 객체에 대한 퍼블릭 액세스가 차단되었는지 확인하려면 [모든 퍼블릭 액세스 차단]을 활성화합니다. 이 설정은 이 버킷 및 해당 액세스 지점에만 적용됩니다. AWS에서는 [모든 퍼블릭 액세스 차단]을 활성화하도록 권장하지만, 이 설정을 적용하기 전에 퍼블릭 액세스가 없어도 애플리케이션이 올바르게 작동하는지 확인합니다. 버킷 또는 내부 객체에 어느 정도 수준의 퍼블릭 액세스가 필요한 경우 특정 스토리지 사용 사례에 맞게 아래 개별 설정을 사용자 지정할 수 있습니다. 자세히 알아보기 ☑

편집

모든 퍼블릭 액세스 차단
⚠ 비활성화
▶ 이 버킷의 개별 퍼블릭 액세스 차단 설정

버킷 정책   편집   삭제
JSON으로 작성된 버킷 정책은 버킷에 저장된 객체에 대한 액세스 권한을 제공합니다. 버킷 정책은 다른 계정이 소유한 객체에는 적용되지 않습니다. 자세히 알아보기 ☑

표시할 정책이 없습니다.   ☐ 복사

그림 5-32 버킷 정책 옵션 화면

다행히 처음부터 문서를 작성할 필요가 없습니다. AWS에는 기본적인 문서 포맷을 제공합니다 (그림 5-33). 문서에 일일이 타이핑할 수도 있고, 클릭을 통해 문서를 편집할 수도 있습니다. 이제부터 무엇을 버킷 정책에 추가할지 생각해야 합니다. 앞서 버킷 레벨과 파일 레벨의 권한을 모두 변경해서 누구나 접근할 수 있게 했지만, 버킷 정책을 통해 버킷 레벨의 액세스 권한만 변경해서 이루고자 하는 목적을 달성할 수 있다면 얼마나 편할까요? 우측 상단에 [정책 생성기] 버튼을 클릭하면 새 탭이 뜨면서 'AWS Policy Generator' 창이 보입니다.

그림 5-33 버킷 정책 편집 화면

총 세 단계를 거쳐야 합니다(그림 5-34). 첫 번째로 정책 유형을 골라야 합니다. [S3 Bucket Policy]를 선택합니다. 두 번째로 'Statement'를 추가해야 합니다. 'Effect'는 오브젝트 접근 허용을 위해 'Allow'로 설정합니다. 그리고 'Principal'을 입력해야 하며, 이는 새로 만들 정책을 적용할 사용자의 IAM ARN 주소를 묻는 것입니다. 사용자뿐만 아니라 그룹 ARN 주소도 넣을 수 있습니다. 참고로 사용자의 ARN 주소는 'IAM → 사용자 → 사용자 이름 클릭 → 사용자 ARN'에서 확인할 수 있습니다. 다음으로 'AWS Service'는 'Amazon S3'로 되어 있는지 확인합니다. 그리고 'Actions'는 S3 버킷에서 허용하고 싶은 모든 액션을 나열하고 있습니다. [All Actions]를 선택해서 S3를 어드민^{admin}처럼 사용할 수 있도록 권한을 줄 수도 있고 오브젝트 접근 권한만 줄 수도 있습니다. 루트 유저뿐 아니라 다른 사용자에게 접근 권한을 주기 위해서 버킷 정책 접근 권한도 설정합니다. 'GetBucketPolicy'를 찾아 선택합니다. 마지막으로 'Amazon Resource Name'을 작성해야 합니다. 이는 버킷 고유 ARN을 묻는 것이며 버킷 최상위 폴더에서 [속성] 탭을 클릭하면 버킷 개요에서 찾을 수 있습니다. 모든 것이 만족스럽다면 [Add Statement] 버튼을 누릅니다. [그림 5-35]를 바탕으로 필자의 정책 생성기와 비교합니다.

그림 5-34 AWS Policy Generator 화면

그림 5-35 AWS Policy Generator 완성 화면

[그림 5-35] 하단에 새로운 'Statement'가 보입니다. 맨 아래 [Generate Policy]를 누르면 새 탭과 함께 정책 JSON 문서가 생성됩니다(그림 5-36). 이를 복사한 후 이전 빈 문서에 붙여 넣고 [변경 사항 저장] 버튼을 눌러 버킷 정책을 적용합니다.

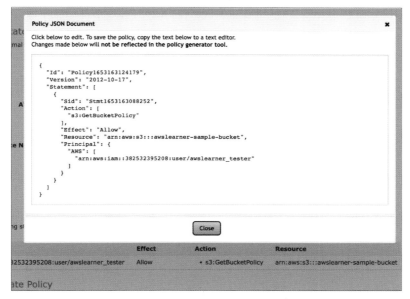

그림 5-36 정책 JSON 문서 화면

버킷 정책을 적용하면 [그림 5-30]에서 모든 사람에 대한 객체 접근을 해제합니다. 그리고 객체 URL을 가지고 콘텐츠에 여전히 접근할 수 있는지 테스트해봅니다. 필자는 접근 금지 메시지 없이 이미지를 잘 불러옵니다.

다음을 확인해봅시다. AWS Policy Generator에서 'Principal'을 루트 유저가 아닌 다른 사용자의 ARN 주소를 넣고 Statement를 추가한 후 이미지에 접근할 수 있는지 테스트해봅시다. 객체 접근을 불허함에도 불구하고 버킷 정책을 통해서 버킷 레벨의 접근 허용을 확인해봅시다.

5.4.4 암호화 설정하기

마지막으로 암호화에 대해 실습해보겠습니다. 첫 번째로 유휴 데이터를 보호하는 방법입니다. 새로운 버킷을 생성하고, 버킷 이름은 'awslearner-encryption-test'로 합니다.4 지역은 서울(ap-northeast-2)로 설정합니다. 버킷 생성 시 '기본 암호화' 항목에서 '서버 측 암호화'를 [활성화]로 바꿔주면 '암호화 키 유형'을 선택해야 합니다(그림 5-37). SSE-S3, SSE-KMS 둘 다 서버 측 암호화를 뜻하나 지금은 [SSE-KMS]를 사용하겠습니다. KMS에서도 세 가지 선택지 중 하나를 골라야 합니다. [AWS 관리형 키]를 클릭합니다. 관리형 키란 사용자가 직접 KMS 키에 대한 관리를 하고 싶지 않을 때, 다시 말해 AWS에 모든 것을 일임하기 원할 때 사용하는 것을 권장합니다. 사용자가 생성한 키를 사용하고, 키에 대한 모든 권한을 가지고 싶다면 [AWS KMS 키 중에서 선택]을 고르면 됩니다. 모든 것이 만족스럽다면 버킷을 생성합니다.

---

4 혹시 이미 존재하는 버킷 이름이라는 에러 메시지가 뜨면 임의로 버킷 이름을 지어주세요.

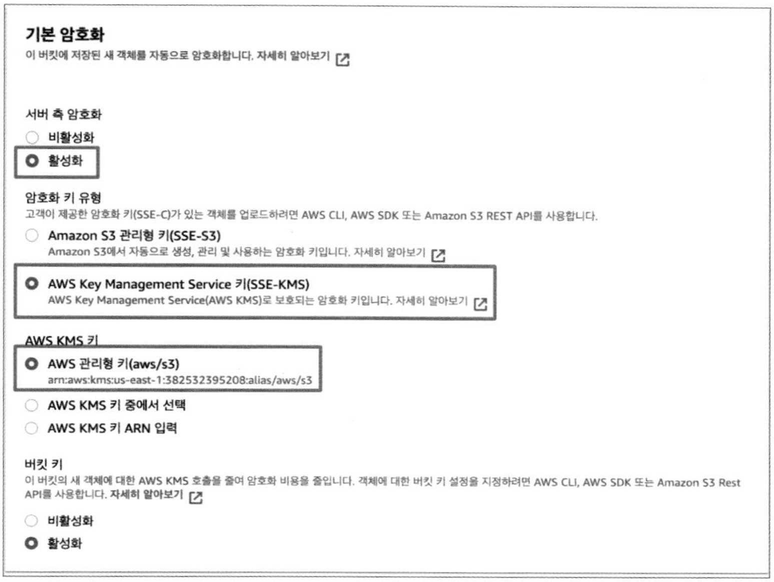

기본 암호화
이 버킷에 저장된 새 객체를 자동으로 암호화합니다. 자세히 알아보기 ↗

서버 측 암호화
○ 비활성화
● 활성화

암호화 키 유형
고객이 제공한 암호화 키(SSE-C)가 있는 객체를 업로드하려면 AWS CLI, AWS SDK 또는 Amazon S3 REST API를 사용합니다.

○ Amazon S3 관리형 키(SSE-S3)
Amazon S3에서 자동으로 생성, 관리 및 사용하는 암호화 키입니다. 자세히 알아보기 ↗

● AWS Key Management Service 키(SSE-KMS)
AWS Key Management Service(AWS KMS)로 보호되는 암호화 키입니다. 자세히 알아보기 ↗

AWS KMS 키
● AWS 관리형 키(aws/s3)
arn:aws:kms:us-east-1:382532395208:alias/aws/s3
○ AWS KMS 키 중에서 선택
○ AWS KMS 키 ARN 입력

버킷 키
이 버킷의 새 객체에 대한 AWS KMS 호출을 줄여 암호화 비용을 줄입니다. 객체에 대한 버킷 키 설정을 지정하려면 AWS CLI, AWS SDK 또는 Amazon S3 Rest API를 사용합니다. 자세히 알아보기 ↗

○ 비활성화
● 활성화

그림 5-37 버킷 암호화 설정 화면

버킷이 생성되었다면 버킷에 파일을 업로드합니다. 똑같은 파일(cutty.JPG)을 사용하겠습니다. 우선 파일 업로드 시 [속성] 탭에서 암호화 키를 지정하지 않고 업로드해보겠습니다(그림 5-38). 아래 '이 버킷에 대해 기본 암호화가 활성화되어 있으므로 Amazon S3에 객체를 저장할 때 기본 암호화 버킷 설정이 객체를 암호화하는 데 사용됩니다.'라고 설명하고 있습니다. 업로드 시 암호화를 지정하지 않더라도 버킷에서 스스로 오브젝트에 암호화해줄 것입니다.

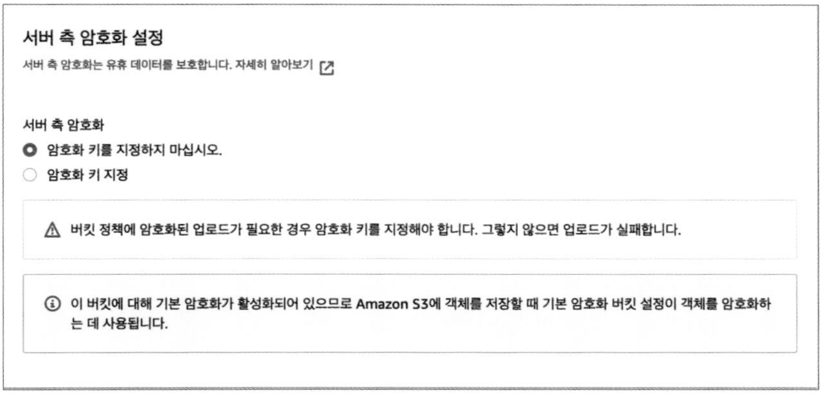

서버 측 암호화 설정
서버 측 암호화는 유휴 데이터를 보호합니다. 자세히 알아보기 ↗

서버 측 암호화
● 암호화 키를 지정하지 마십시오.
○ 암호화 키 지정

⚠ 버킷 정책에 암호화된 업로드가 필요한 경우 암호화 키를 지정해야 합니다. 그렇지 않으면 업로드가 실패합니다.

ⓘ 이 버킷에 대해 기본 암호화가 활성화되어 있으므로 Amazon S3에 객체를 저장할 때 기본 암호화 버킷 설정이 객체를 암호화하는 데 사용됩니다.

그림 5-38 서버 측 암호화 설정 화면

업로드가 완료되었으면 파일을 클릭해서 들어갑니다. '서버 측 암호화 설정' 항목에서 기본 암호화가 활성화되어 있으며 진행 중인 암호화는 SSE-KMS라고 알려줍니다. 아래 KMS ARN 고유 주소도 확인할 수 있습니다(그림 5-39). 이제 cutty.JPG는 S3로부터 보호받고 있다는 뜻입니다.

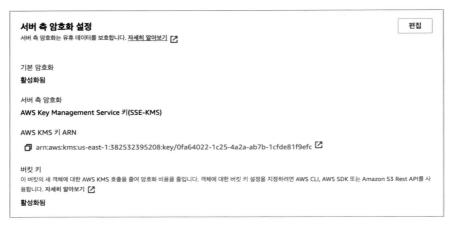

그림 5-39 오브젝트 업로드 후 암호화 확인 화면

두 번째로 버킷에 아무 파일이나 업로드할 수 없게 잠금 장치를 설치해보겠습니다. 버킷 정책을 사용합니다. 방금 생성한 버킷 최상위 폴더로 옮긴 후 [권한] 탭에서 '버킷 정책'을 찾습니다. [편집] 버튼을 눌러 다음 정책을 넣습니다(다음 코드에서 **〈버킷 이름〉**은 여러분의 버킷 이름으로 바꿔줍니다!)

```
{
  "Version": "2012-10-17",
  "Id": "PutObjectPolicy",
  "Statement": [
    {
      "Sid": "DenyIncorrectEncryptionHeader",
      "Effect": "Deny",
      "Principal": "*",
      "Action": "s3:PutObject",
      "Resource": "arn:aws:s3:::〈버킷 이름〉/*",
      "Condition": {
        "StringNotEquals": {
          "s3:x-amz-server-side-encryption": "AES256"
```

```
          }
        }
      },
      {
        "Sid": "DenyUnencryptedObjectUploads",
        "Effect": "Deny",
        "Principal": "*",
        "Action": "s3:PutObject",
        "Resource": "arn:aws:s3:::<버킷 이름>/*",
        "Condition": {
          "Null": {
            "s3:x-amz-server-side-encryption": "true"
          }
        }
      }
    ]
  }
```

간단히 살펴보면 다음과 같습니다. 총 두 개의 'Statement'를 포함하고 있는 정책이며 AES256 암호화가 걸려있지 않거나, 올바르지 않은 암호화가 걸려있는 파일은 모두 거부할 것이라는 내용입니다. [변경 사항 저장]을 눌러 버킷 정책을 정의합니다.

앞서 업로드한 cutty.JPG 파일을 삭제하고 다시 업로드합니다. 이번에도 '서버 측 암호화'에서 [암호화 키를 지정하지 마십시오]로 놔두고 업로드를 진행하겠습니다. 무슨 일이 일어날까요? '업로드 실패' 에러 메시지가 뜹니다(그림 5-40). '오류'에 '액세스가 거부됨'이라고 뜹니다. 왜 그럴까요? 방금 정의한 버킷 정책 때문입니다. 파일 업로드 시 아무런 암호화를 정의하지 않았으며, 파일 업로드 시 PUT 요청이 생성되며 API 헤더에 'x-amz-server-side-encryption'가 들어있지 않기 때문입니다.

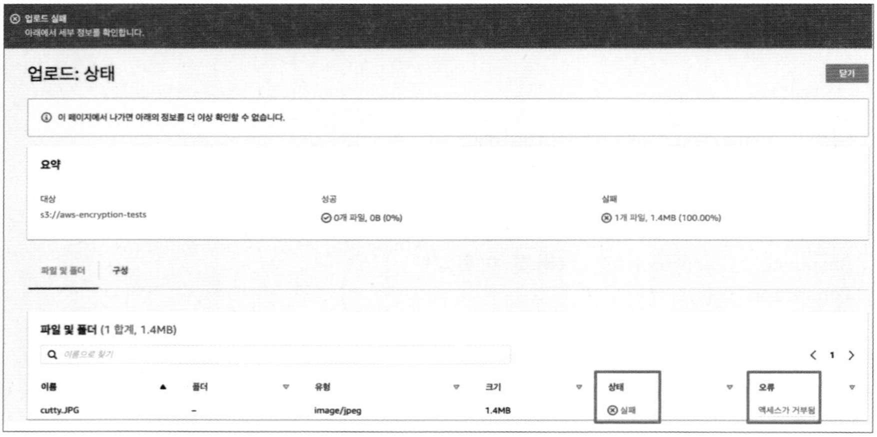

그림 5-40 파일 업로드 실패 화면

파일을 재업로드해봅시다. 이번에는 '서버 측 암호화 설정'에서 [암호화 키 지정]을 선택합니다
(그림 5-41). '암호화 설정' 옵션에서 [기본 암호화 버킷 설정 재정의]를 고른 후 '암호화 키 유
형'은 AES-256 포맷을 지원하는 SSE-S3를 사용합니다. 그리고 업로드하면 업로드 성공 메
시지를 볼 수 있습니다. 이번에는 업로드 시 암호화 설정을 했기 때문에 버킷에서 디폴트로 제
공하는 암호화(SSE-KMS)대신 SSE-S3가 사용됩니다.

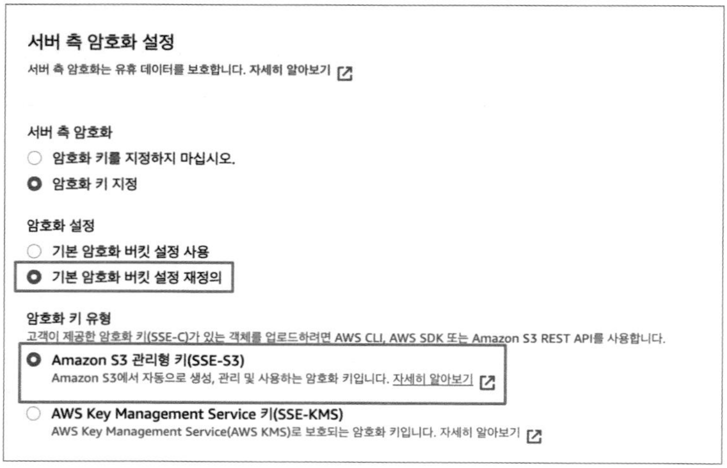

그림 5-41 파일 업로드 시 서버 측 암호화 설정 화면

6장 CloudWatch

클라우드를 사용하다 보면 내가 사용하고 있는 리소스가 올바른 결과물을 만들어내는지, 파이프라인에서 문제가 생긴다면 원인은 무엇이며, 디버깅은 어떻게 해야 하는지, 이에 해당하는 로그파일은 어떻게 찾아야 하는지 궁금할 수 있습니다. 6장에서 다루는 CloudWatch는 이 모든 궁금증을 한 번에 해결합니다. CloudWatch는 무엇이며 어떤 기능을 제공하는지 알아보겠습니다.

6.1 CloudWatch란?

AWS에는 수많은 리소스가 존재합니다. 시간이 지나면서 더 많은 리소스가 생겨날 것이고, 모든 것을 사람이 관리하기는 힘듭니다. 리소스를 사용하기 앞서 무엇을 생각해야 할까요? 지금까지 배운 리소스를 가지고 다음과 같은 시나리오를 생각해봅시다. RDS 인스턴스를 사용한다면 현재 들어오는 데이터 양에 근거하여 얼마나 많은 공간이 필요할까요? EC2 인스턴스를 생성했는데 로드 밸런서load balancer의 상태는 정상인가요? S3 버킷에 암호화가 걸려있지 않은 파일을 업로드할 때 누구에게 어떤 에러 메시지를 보여주어야 할까요? 매 시간, 얼마나 자주, 어떤 유형의 에러가 발생할까요?

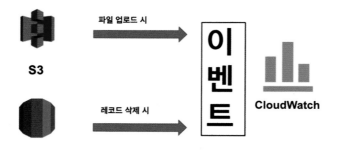

그림 6-1 CloudWatch는 여러 이벤트를 감지할 수 있다.

CloudWatch는 리소스 사용 및 이벤트 등을 실시간으로 모니터링합니다. 이벤트란 일련의 사건을 의미하며 예를 들면 S3 버킷에 파일을 업로드(PUT), 혹은 수정(UPDATE)할 때 '이벤트가 발생했다'고 표현할 수 있습니다(그림 6-1). 뿐만 아니라 암호화되지 않은 파일을 업로드할 때 접근 거부 에러 메시지가 뜨는 상황 역시 이벤트라 할 수 있습니다. CloudWatch는 이벤트를 로그파일을 생성하여 개발자가 실시간으로 무슨 일이 일어났는지 확인할 수 있게 합니다. 로그파일은 텍스트 포맷이기 때문에 따로 파싱 과정을 거쳐 사람이 이해하기 쉽게 변형해주는 작업이 필요합니다. 그러나 CloudWatch는 한눈에 보기 쉽게 로그파일을 그래프로 생성하는 매트리스 기능도 제공합니다. 앞서 던진 질문들 역시 CloudWatch를 통해 쉽게 답을 찾을 수 있습니다.

CloudWatch는 이벤트가 발생했을 때 개발자가 직접 대시보드를 들어와서 확인하는 것이 아니라 경보 설정을 통해 Amazon SNS 혹은 Lambda로 이벤트의 정보를 전달합니다. 특정 시간에 알림 시간을 세팅하는 것과는 달리 CloudWatch에서 경보를 설정하여 원하는 이벤트가 감지됐을 때 그에 따라 대처할 수 있습니다. 여기서 대처란 문제에 직면하여 어떻게 디버깅할 것인지, 누구한테 어떻게 로그파일을 보고할 것인지 등 수많은 일들을 의미합니다.

6.1.1 CloudWatch 모니터링 종류

CloudWatch 모니터링에는 크게 두 가지 종류가 있습니다. 비용과 제공되는 매트리스 정보가 다르기 때문에 언제 어떤 모니터링 종류를 써야 하는지 이해하는 것은 실전에서 매우 중요합니다.

기본 모니터링

기본 모니터링basic monitoring은 무료이며 5분 간격으로 최소한의 데이터를 수집하고 사용자에게 이벤트 발생 여부를 알려줍니다. 주로 CPU 사용량, 디스크 사용량, 네트워크 I/O 처리량 관련 상황을 체크할 때 사용되는 모니터링 종류입니다. AWS 리소스 사용 시 ELB와 RDS를 제외하고 디폴트로 기본 모니터링 종류가 사용됩니다.

상세 모니터링

상세 모니터링detailed monitoring은 무료가 아니지만 1분 간격으로 매우 자세한 데이터를 수집합니다. 집필하는 시점을 기준으로 시간당 0.015달러를 지불합니다. 대부분의 리소스는 기본 모니터링에서 상세 모니터링으로 변경 가능하나, ELB와 RDS는 상세 모니터링 옵션이 디폴트로 선택되어 있으며 이 둘은 기본 모니터링 기능을 사용할 수 없습니다.

6.1.2 CloudWatch 사용 사례

지금까지 CloudWatch가 무엇인지 간단히 살펴보았습니다. CloudWatch 사례를 살펴보며 어떻게 사용해야 할지 조금 더 자세히 살펴보겠습니다.

사례 1 서버 과부하 문제 해결

쇼핑 앱을 하나 만들었고 매일 전 세계에서 얼마나 많은 유저가 앱을 사용하는지 알아야 한다고 합시다(그림 6-2). 특정 요일과 시간별로 나눠서 언제 유저가 많이 몰리는지 패턴을 분석해야 합니다. 만약 공휴일에 비정상적으로 유저가 많이 몰리면 서버 과부하 문제가 발생하며 수많은 트래픽으로 인해 병목 현상이 일어날 수 있습니다. 그러나 매일 개발자가 확인하는 것은 불가능한 일입니다. 따라서 CloudWatch를 통해 언제 얼마나 많은 사람이 앱에 접속했는지 로그와 매트리스를 통해 한눈에 확인할 수 있으며, 이를 기반으로 앱 사용 패턴을 파악하고 병목 현상 문제를 유연하게 대처할 수 있습니다.

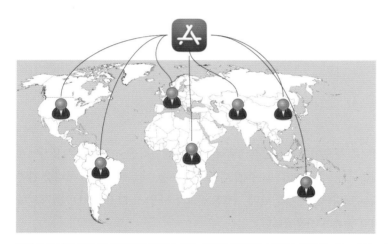

그림 6-2 나의 앱이 전 세계에서 얼마나 많은 사람이 사용하는지 알고 싶을 때 CloudWatch가 사용될 수 있다.

사례 2 비용 절감 효과

EC2 인스턴스에서 호스팅하고 있는 웹 서버의 상태를 점검하며 사용량에 따라 비용을 절감하는 목표를 가지고 있다고 합시다(그림 6-3). 같은 비용을 지불하면서 AWS 리소스를 사용하게 된다면, 낮과 밤 시간에 필요한 서버의 성능이 달라지며 궁극적으로 금전적 손실이 발생합니다. 트래픽이 거의 없는 밤에 서버의 성능을 자동으로 낮출 수 있다면 얼마나 좋을까요? CloudWatch 경보 기능을 활용하면 서버 트래픽이 특정 임계점에 도달했을 때 개발자에게 알람을 알려주고, 성능을 자동으로 낮출 수 있습니다.

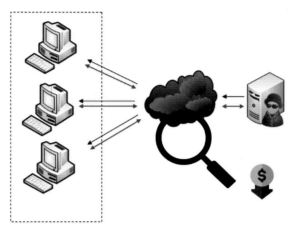

그림 6-3 CloudWatch로 서버 트래픽을 모니터링하여 비용 절감 효과를 누릴 수 있다.

6.2 CloudWatch 경보

CloudWatch는 AWS 리소스 자원에 대한 전반적인 데이터를 수집하고 매트리스를 만들어 개발자가 한눈에 이해할 수 있도록 도와주며, 의사결정을 하는 데 중요한 정보와 경보 기능도 제공합니다. 경보를 사용하면 어떤 점이 좋고, 왜 사용해야 하는지 자세히 알아보도록 하겠습니다.

6.2.1 경보 예시

한 가지 예시를 더 들어보겠습니다. 일상생활에서 알람이 어떻게 사용되는지 생각해봅시다. 오전 9시까지 출근해야 하는데 전날 야근으로 늦게 잠들었습니다. 알람을 맞추지 않는다면 지각할 것이 분명합니다. 그래서 오전 7시에 알람을 맞추고, 알람 소리에 일어나 아침 식사를 하고, 샤워를 마친 후, 옷을 갈아입고 9시까지 출근합니다. 여기서 오전 7시란 임의로 정해놓은 시간이며 기상 후 출근 준비 과정을 '이벤트'라고 생각해봅시다. 이렇게 한 사람의 아침 일상은 알람이 울린 후 모두 일어납니다.

앞서 설명드린 예는 자동화 시스템^{automation system}을 이해하는 데 매우 중요합니다. 물론 예외는 있을 수 있으나 보편적으로 '기상 후 씻고 조식을 하는 것'은 거의 자동으로 일어나는 일입니다. CloudWatch 경보를 통해 이벤트를 발생시켜 개발자의 개입을 최소화하며 자동화 시스템을 구축할 수 있습니다.

6.2.2 경보의 세 가지 상태

CloudWatch 경보에는 세 가지 다른 상태가 존재하며 예외는 없습니다. 첫 번째로 '**OK**'입니다. CloudWatch에서 수집하는 매트리스가 개발자가 지정해놓은 임곗값에서 타당한 값으로 들어온다면 OK 상태가 뜹니다. 경보가 울릴 필요 없는 정상적인 상태를 의미합니다. 그러나 임곗값을 벗어나게 된다면 상태는 '**ALARM**'으로 바뀝니다. 여기서 개발자는 경보가 울렸을 경우 취할 수 있는 행동을 정의할 수 있습니다. 마지막으로 '**INSUFFICIENT_DATA**' 상태입니다. OK 혹은 ALARM으로 구분 지을 수 있을 만큼 충분한 데이터가 쌓이지 않거나 전달받지 못했을 경우에 발생합니다. 예를 들어 IoT 기기에서 매초 데이터를 전달받아야 하는데 알 수 없는 방해 요인으로 데이터 전송 지연이 발생하여 CloudWatch는 데이터가 쌓이지 않고 있다고 판단하면 불충분 데이터라고 알려줍니다. 데이터가 없다면 매트리스가 존재하지 않기 때문입니다. 이렇듯 알람은 데이터가 잘 들어오는지 아닌지 파악하는 데 도움을 줍니다.

6.2.3 경보 요금 책정

AWS를 사용하면서 비용을 지불해 원하는 서비스와 성능을 사용합니다. 하지만 의도한 바와 달리 터무니없는 금액이 청구되는 경우도 발생합니다. 여기서도 임계점을 설정하여 정해놓은 지출 임곗값을 초과할 경우 Amazon SNS를 통해 경고 메시지를 받을 수 있습니다(그림 6-4). 임계점은 AWS 모든 서비스 사용에 대한 총 비용이나 서비스별로 비용을 나눠서 설정할 수 있습니다. 비용이 임계점을 초과할 경우 경보의 상태는 즉시 'ALARM'으로 바뀝니다. 왜 심한 지출이 발생했으며 그에 대한 원인을 찾아내는 데 CloudWatch는 큰 도움이 됩니다. 현재 집필하는 시점을 기준으로 노스 버지니아^{N. Virginia} 지역에서만 이 기능을 지원하고 있습니다.

이 책을 읽는 많은 분은 서울 지역을 사용할 것으로 가정하여 필자는 'CloudWatch가 이런 기능도 탑재하고 있구나'라고 이해하고 넘어가면 된다고 생각합니다.

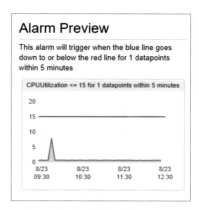

그림 6-4 경보 및 임계점 설정

6.3 CloudWatch 실습

이번 절에서는 CloudWatch에서 어떻게 로그파일이 생성되며, 경보는 어떻게 셋업하는지 실습해보도록 하겠습니다.

6.3.1 EC2 인스턴스 생성

EC2 인스턴스를 만들고, 가상 서버 내에서 데이터를 업로드/다운로드함으로써 CloudWatch를 통해 CPU 사용량을 실시간으로 확인해보겠습니다. AWS 메인 화면에서 EC2를 찾아서 들어간 후 다음과 같이 인스턴스를 생성합니다(인스턴스 생성 방법 및 접속 방법을 모른다면 3장을 참조해주세요).

- **이름 및 태그**: awslearner-cloudwatch-instance
- **애플리케이션 및 OS 이미지**: Amazon Linux 2 AMI(HVM) - Kernel 5.10, SSD Volume Type 프리 티어 사용 가능, 아키텍처 - 64비트(x86)
- **인스턴스 유형**: t2.micro 프리 티어 사용 가능

- **키 페어(로그인)**: 새 키 페어 생성을 눌러 키 페어 이름을 임의로 정합니다.
- **키 페어 유형**: RSA, 프라이빗 키 파일 형식은 운영체제에 따라 알맞게 설정합니다.
- **네트워크 설정**: 디폴트 설정 사용
- **스토리지 구성**: 8GIB gp2 루트 볼륨(디폴트 설정)

인스턴스를 생성했다면 접속하기 전 한 가지 살펴볼 부분이 있습니다. 인스턴스 이름을 클릭한 후 [모니터링] 탭을 누르면 'CPU 사용률', '상태 검사 실패'와 같은 다양한 그래프를 확인할 수 있습니다. 방금 인스턴스를 생성했고, 아무 일도 수행하지 않았기 때문에 매트리스에서 보여줄 데이터가 없으므로 빈 그래프만 표시됩니다(그림 6-5).

그림 6-5 인스턴스 모니터링 화면

이제 인스턴스에 접속하여 내부 상황을 살펴보겠습니다(인스턴스 접속 방법이 기억나지 않으면 3장 실습을 참조해주세요).

다음 명령어를 실행해 인스턴스에 파일이 존재하는지 확인합니다.

```
$ ls
```

새로 인스턴스를 생성했기 때문에 아무런 파일도 들어있지 않습니다. 다음 명령어를 실행해서 인스턴스에서 나옵니다.

```
$ exit
```

6.3.2 인스턴스에 파일 업로드하기

지금부터 용량이 큰 파일을 로컬에 다운로드받은 후 인스턴스에 업로드해보겠습니다. 다음 웹 사이트에서 파일을 다운로드합니다(네트워크 상황에 따라 최대 3~5분 걸릴 수 있습니다).

- https://www.jetbrains.com/datagrip/download/#section=mac

참고로 다운로드한 파일은 젯브레인스^{Jet Brains}사의 DataGrip이라는 IDE로 통합 데이터베이스 관리 소프트웨어입니다. 파일 크기는 대략 400MB입니다(여러분의 운영체제에 맞게 파일을 다운로드하면 됩니다).

파일을 다운로드했다면 파일이 들어있는 폴더로 이동합니다. 그다음 명령어를 실행시켜 다운 로드한 파일을 EC2 인스턴스에 업로드합니다(주의: 파일 업로드 시 pem 혹은 ppk 파일은 같 은 폴더에 있으면 좋습니다). 다음 명령어는 필자 환경에 근거한 것입니다. 다음 scp 명령어의 사례를 이해한 후 여러분의 환경에 맞게 명령어를 실행합니다.

```
$ scp -i awslearner.pem datagrip-2022-01-04.dmg ec2-user@ec2-13-124-158-27.ap-
northeast-2.compute.amazonaws.com:datagrip.dmg
```

scp 명령어는 'secure copy protocol'의 약자로 SSH에 기반하고 있으며, 철저한 보안하에 로컬에서 원격 서버로, 혹은 두 개의 원격 서버 간 파일 전송 프로토콜을 의미합니다. 사용 사 례는 다음과 같습니다.

```
scp -i <pem/ppk 파일명> <업로드할 파일> ec2-user@<퍼블릭 IPv4 DNS이름>:<인스턴
스에 업로드될 파일명>
```

퍼블릭 IPv4 DNS 이름과 인스턴스에 업로드될 파일명 사이에 콜론(:)이 있는데, 인스턴스 안 에 접속한 후 어떤 파일 이름으로 업로드할지 EC2에게 알려주는 것입니다. 아무런 폴더명을 명시하지 않는다면 인스턴스 폴더 최상단에 업로드됩니다. 업로드가 진행 중이면 다음과 같은 메시지를 확인할 수 있습니다.

```
(base) tmps-nb-301:Downloads sungmin.kim$ scp -i awslearner_cloudwatch.
pem datagrip-2022.1.4.dmg ec2-user@ec2-3-39-226-29.ap-northeast-2.compute.
amazonaws.com:datagrip.dmg
datagrip-2022.1.4.dmg                                           2%    13MB
```

업로드가 완료되었으면 [그림 6-6]에서 살펴본 [모니터링] 탭을 다시 열어봅니다. 이전과는 달리 인스턴스에 무슨 일이 생겼음을 그래프를 통해 알 수 있습니다(그림 6-6). CPU 사용률은 파일이 업로드되는 도중에 인스턴스가 함께 돌아가고 있기 때문에 증가하고 있음을 보여주며, 네트워크 입/출력 역시 변화하고 있음을 확인할 수 있습니다.

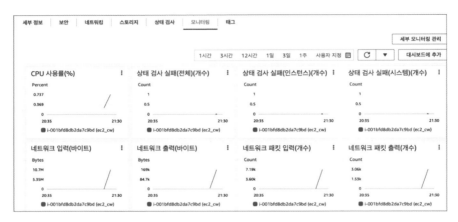

그림 6-6 파일 업로드 후 모니터링 화면

인스턴스에 접속해서 `datagrip.dmg` 파일이 잘 업로드됐는지 확인해봅시다. 파일 크기는 '495055721'이며 495MB입니다.

```
[ec2-user@ip-172-31-26-148 ~]$ ls -l
total 483456
-rw-r--r-- 1 ec2-user ec2-user 495055721 Jun  4 22:27 datagrip.dmg
[ec2-user@ip-172-31-26-148 ~]$
```

6.3.3 CloudWatch 대시보드에서 모니터링하기

이제 CloudWatch를 통해 EC2 인스턴스의 상태를 모니터링해보겠습니다. AWS 메인 콘솔에서 CloudWatch를 찾아 들어갑니다. 스크롤을 내리면 'EC2 대시보드'가 뜨며 파일이 업로드되는 동안 매트릭스가 업데이트되어 대시보드에 반영된 것을 확인할 수 있습니다(그림 6-7).

하나의 파일만 업로드했기 때문에 그리 유용한 정보는 아니지만, EBS에서 변화가 생겼기 때문에 CloudWatch는 다음의 그래프를 보여줍니다. EBS에 대한 더 자세한 그래프를 보기 위해 [Elastic Block Store(EBS) 대시보드 보기]를 클릭합니다.

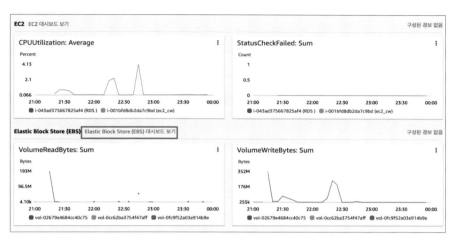

그림 6-7 CloudWatch 대시보드 화면

시간별로 EBS에서 일어난 일을 한눈에 볼 수 있습니다(그림 6-8). 네트워크 환경 및 인스턴스의 성능에 따라 보여지는 그래프는 다를 수 있다는 점을 알아두세요.

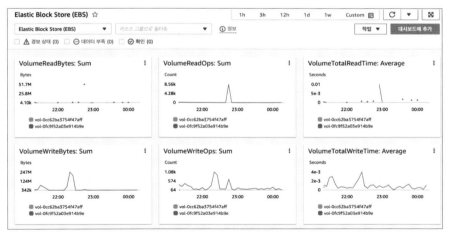

그림 6-8 EBS 대시보드 화면

지금까지 EC2 인스턴스를 생성했고 파일을 업로드하여 어떤 변화가 생겼는지 CloudWatch 대시보드를 통하여 확인했습니다. 다른 AWS 리소스를 사용할 경우 CloudWatch에서 보여주는 매트리스는 다를 것이나 왜 CloudWatch를 사용해야 하는지는 명확하게 이해했을 겁니다.

6.3.4 경보 생성 및 경보 울리기

마지막으로 경보를 생성하고 울리는 실습입니다. 경보를 만드는 방법은 두 가지가 있는데, CloudWatch에서 직접 만들 수 있고 리소스에서 직접 만들 수도 있습니다. 여기서는 CloudWatch에서 직접 만들어보겠습니다. CloudWatch 메인 화면에서 좌측 상단에 [경보]를 누른 후 [경보 상태]를 클릭합니다(그림 6-9).

그림 6-9 CloudWatch 경보 만드는 화면

CloudWatch 경보 대시보드가 뜨며 여기서 모든 경보를 확인할 수 있습니다. 현재는 아무 경보가 존재하지 않습니다. 우측 상단에 [경보 생성] 버튼을 눌러 새로운 경보를 생성합니다(그림 6-10).

그림 6-10 경보 생성 화면

첫 번째로 [지표 선택]을 해야 합니다. 지표란 AWS 리소스에서 어떤 매트리스를 사용할지에 대한 것입니다. 우리의 관심사는 EBS이므로 '찾아보기' 탭에서 [EBS]를 찾아서 클릭하면 [볼륨별 지표]가 뜹니다. 이제부터 사용 중인 인스턴스에 부착된 볼륨 아이디를 찾아야 합니다(볼륨 아이디는 인스턴스 대시보드 [스토리지] 탭에서 찾을 수 있습니다). 지표 이름은 'VolumeWriteBytes'를 찾아서 클릭하면 시간별로 EBS 볼륨에 얼마나 많은 바이트가 사용됐는지 그래프를 볼 수 있습니다(그림 6-11). 다시 [지표 선택]을 눌러 마칩니다.

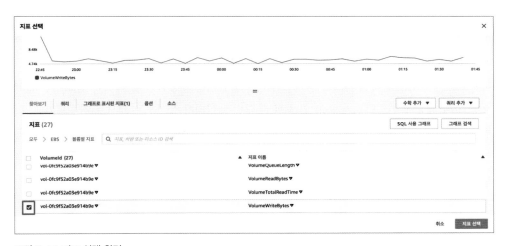

그림 6-11 지표 선택 화면

이제 '지표 및 조건 지정'을 묻는데, 다음의 시나리오를 생각해보겠습니다(그림 6-12).

'볼륨에 쓰이는 바이트가 100KB 초과할 경우 경보를 울려라!'

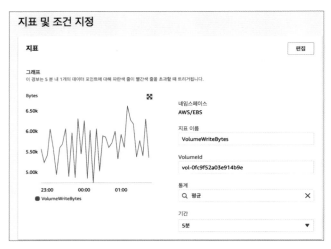

그림 6-12 지표 및 조건 지정 화면

지표 이름은 'VolumeWriteBytes', 볼륨 아이디는 EC2 인스턴스에 부착된 EBS 고유 아이디, 통계는 현재 '평균'으로 지정되어 있으며 다른 값으로 변경할 수 있습니다. 기간은 5분이며 CloudWatch에서 디폴트로 설정해놓은 값입니다. 스크롤을 아래로 내려보면 '조건' 항목을 확인할 수 있고 임곗점을 정의할 수 있습니다(그림 6-13). 임곗값 유형은 [정적]이며 앞서 정의한 시나리오에 근거하여 [보다 큼 〉 임곗값]으로 둡니다. 텍스트 박스에는 임곗값을 정의해야 하고 100KB인 '100000'을 넣어줍니다(100000을 넣은 이유는 단위가 바이트이기 때문입니다). [추가 구성]은 누락된 데이터를 처리하는 방법에 대한 내용입니다. 데이터가 24시간 들어오지 않기 때문에 인스턴스가 놀고 있을 때 누락된 데이터가 들어오는 것으로 간주되는데, 이럴 때 누락된 데이터를 '누락'으로 처리할지 아니면 다른 값으로 정의할지 변경할 수 있습니다. 이번 실습에서는 누락 데이터는 '누락'으로 처리하겠습니다. 모든 것이 마음에 든다면 [다음]을 눌러 설정을 계속 진행합니다.

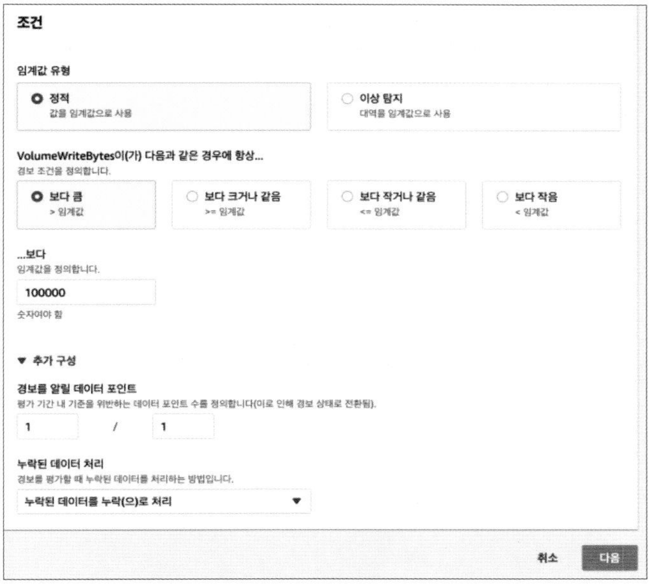

그림 6-13 조건 임곗값 설정 화면

경보가 울렸을 때 알려줘야 하는 대상을 설정할 수 있습니다(그림 6-14). '경보 상태 트리거' 는 총 세 가지로 나뉘며 시나리오에 근거하여 [경보 상태]를 선택합니다. 그다음 'SNS 주제에 알람을 보냅니다' 항목에서 아직 새로운 주제를 만들지 않았기 때문에 [새 주제 생성]을 고르면 '주제 이름'과 '알람을 수신할 이메일 엔드포인트'를 작성해야 합니다. 주제 이름은 다음과 같이 정의합니다.

```
awslearner_cloudwatch_volume_alarm
```

그리고 이메일 엔드포인트는 여러분이 경보를 받을 이메일 주소를 입력하면 됩니다. 이제 [주 제 생성] 버튼을 눌러 새로운 Amazon SNS 주제를 생성합니다. 주제가 만들어지면 스크롤을 맨 밑으로 내려서 [다음] 버튼을 누릅니다.

그림 6-14 경보 Amazon SNS 주제 생성 화면

경보 이름을 정의해야 합니다(그림 6-15). 뿐만 아니라 선택사항으로 경보에 대한 설명도 명시할 수 있습니다. 경보 이름은 [그림 6-15]처럼 정의합니다. 그리고 [다음] 버튼을 누릅니다.

그림 6-15 경보 이름 및 설명 추가 화면

마지막으로 만들 경보에 대한 요약 창이 뜹니다. 모든 것이 만족스럽다면 [경보 생성] 버튼을 누릅니다. 그리고 [모든 경보]를 누르면 앞서 생성한 경보가 보입니다(그림 6-16). 현재 상태

는 '데이터 부족'으로 뜨며 아무런 활동이 전개되고 있지 않기 때문입니다. 이는 조금만 기다리면 '정상'으로 바뀝니다.

그림 6-16 경보 대시보드 화면

경보를 생성했다면 앞서 엔드포인트로 지정했던 이메일로 AWS에서 무언가를 보냈을 것입니다. 다음과 같은 이메일을 예시로 살펴보겠습니다(그림 6-17). '경보가 잘 생성 되었으니까 경보가 울릴 경우 너한테 알려주겠다'는 뜻입니다. 중간에 [Confirm subscription] 버튼을 눌러 AWS에 동의합니다.

그림 6-17 경보 생성 후 AWS로부터 이메일 받은 화면

경보 생성을 마쳤고 이제 경보를 울려보겠습니다. 다시 EC2 인스턴스에 접속해서 앞서 업로드했던 파일을 삭제하고 다시 업로드해보겠습니다. 파일이 업로드될 때 경보가 울리는지 테스트해봅시다. 인스턴스에 접속한 다음 명령어를 실행하여 파일을 삭제합니다.

```
$ rm datagrip.dmg
```

scp 명령어를 사용하여 파일을 인스턴스에 다시 업로드합니다. 업로드를 완료할 때까지 기다릴 필요 없고 대략 50% 정도 업로드가 완료되었을 때 CloudWatch 경보 대시보드를 살펴봅시다. 필자는 '경보' 메시지를 받았습니다(그림 6-18). 경보에 대한 정보를 확인하기 위해 경보 이름을 클릭합니다.

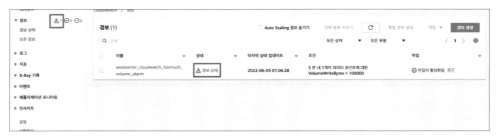

그림 6-18 경보가 울렸음을 확인하는 화면

경보에 대한 그래프를 볼 수 있으며 빨간줄은 앞서 지정한 100KB 임계점입니다(그림 6-19).
시간이 흐르면서 VolumeWriteBytes에 대한 정보가 들어오다가 어느 순간 임계점을 넘어서
는 시점에 들어서면 CloudWatch는 경보를 울립니다. 그리고 앞서 경보를 이메일로 전달받는
것에 동의했기 때문에 이메일로도 경보에 대한 내용을 전달받을 것입니다.[1]

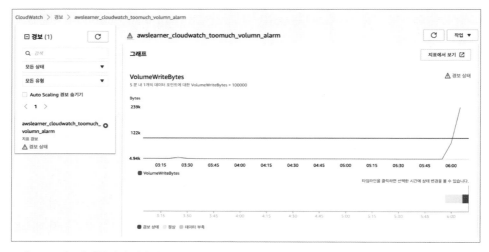

그림 6-19 경보에 대한 상세 설명 화면

---

1 CloudWatch에서 이메일을 보낼 때에는 아주 소량의 비용을 부과합니다. 요금에 대한 자세한 정보는 다음 링크를 참고해주세요
(https://aws.amazon.com/sns/pricing).

7장 Lambda

7장에서는 서버리스^{serverless}의 핵심 리소스 Lambda에 대해서 배웁니다. Lambda를 살펴보기 전 '서버리스'라는 단어를 먼저 이해하는 것이 중요합니다. 따라서 서버리스의 정의를 먼저 살펴보겠습니다.

7.1 서버리스란?

단어 그대로 해석해보면 서버리스는 '서버가 없다'고 생각할 수 있으나 서버가 없다는 뜻이 아닙니다. 서버리스는 클라우드에서 AWS 리소스를 돌릴 때 개발자가 직접 간섭할 필요가 없고 개발자가 구현한 애플리케이션을 클라우드에서 돌릴 수 있게 도와주는 클라우드 기반 개발 모델입니다(그림 7-1). 다시 말해 서버리스는 리소스를 자동으로 관리합니다. 클라우드가 존재하기 전에는 개발자가 맡아야 하는 일이 너무 많았으나 이제는 그 부담을 서버리스가 덜어줍니다. 예를 들면 EC2 인스턴스를 생성한 후 네트워크 트래픽에 따라 오토스케일링을 적용하여 서버의 크기를 늘렸다 줄였다 합니다. 그러므로 개발자는 단순히 코드를 짜고 구현하는 부분만 신경 쓰면 됩니다. 서버를 수동으로 관리할 필요가 없는 것입니다.

그림 7-1 서버리스 프레임워크

서버리스의 장점에 대해서 알아보겠습니다. 첫 번째로 **오토스케일링**입니다. 오토스케일링은 네트워크 트래픽에 따라 단순히 크기를 늘렸다 줄였다 해줍니다. 개발자가 임계점을 정해놓고 그 선을 넘으면 리소스 자원을 더 쓰고 그렇지 않으면 덜 쓰면서 지출을 관리해주는 중추적인 역할을 담당합니다. 오토스케일링은 서버리스 모델의 큰 장점입니다. 두 번째로 **패칭**^{patching}입니다. EC2 인스턴스 내에서 운영체제를 돌리거나 RDS에서 새로운 데이터베이스를 구축할 때 필요한 업데이트가 있다면 자동으로 합니다. 게임을 하다가 버그를 발견할 경우 게임 개발자는 버그 수정을 위해 패치를 내놓고 플레이어는 패치를 깔아서 버전을 업그레이드한다고 하죠? 서버리스는 이를 자동으로 관리합니다. 세 번째로 **빠른 배포**를 가능하게 합니다. 개발자는 서버의 관리 및 유지보수가 아닌 코드 구현만 신경 쓰면 되기 때문에 자연스럽게 프로덕션 배포 속도가 빨라집니다. 속도가 중요한 세상인 만큼 경쟁력에 있어 유리한 고지에 설 수 있게 됩니다. 마지막으로 **비용 절감**입니다. 서버리스를 구축하게 되면 서버는 항상 돌아가는 것이 아니라 특정 이벤트에 근거하여 실행되기 때문에 지출을 줄일 수 있습니다.

7.2 Lambda란?

서버리스를 의논할 때 절대 빠지지 않는 AWS 리소스 Lambda에 대해서 배웁니다. 이번 절에서는 Lambda가 무엇인지, 주된 특징은 무엇인지, 비용은 어떻게 책정되는지, Lambda는 어떻게 사용되는지에 대한 사례를 살펴보겠습니다.

7.2.1 Lambda의 정의

서버리스를 잘 이해했다면 Lambda를 이해하는 것은 어렵지 않습니다. Lambda는 서버리스의 특징과 장점을 모두 가지고 있습니다. Lambda는 이벤트를 통해 실행됩니다. 이벤트는 문장의 '주어 + 동사' 기본 형태에서 '동사'라고 생각하면 쉽습니다. 다음을 살펴보겠습니다.

- S3 버킷에 파일을 <u>업로드한다.</u>
- 데이터베이스에서 특정 레코드를 <u>삭제한다.</u>
- CloudWatch에서 경보가 울렸으며 Amazon SNS로 메시지가 <u>전송된다.</u>
- HTTP에서 API PUT 요청이 <u>발생했다.</u>

밑줄친 부분이 이벤트입니다. 이런 이벤트가 발생하면 Lambda가 실행됩니다. Lambda는 Lambda 함수라고도 불립니다. 개발자가 Lambda에서 코드를 작성한 후 배포하면 이벤트가 발생할 경우 Lambda 함수가 호출됩니다(그림 7-2). Lambda 함수가 호출되면 코드로 원하는 로직을 실행시킬 수 있을 뿐만 아니라 또다른 AWS 리소스를 불러올 수도 있습니다. Lambda 함수는 Java, Python, Node.js, Go 등 다양한 언어를 지원합니다.

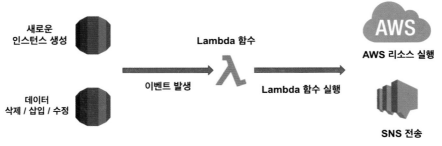

그림 7-2 Lambda 함수는 이벤트에 의해 실행된다.

7.2.2 Lambda 비용 책정

Lambda 함수를 만들고 사용할 때 얼마의 비용이 드는지 알아보겠습니다. Lambda 함수를 생성하고 배포했으나 실행되지 않는다면 어떠한 비용도 들지 않습니다. 이벤트가 발생하고 Lambda 함수가 호출될 때만 비용이 발생합니다. AWS에서는 매달 1000000개의 Lambda 함수 호출까지 무료이며, 그 이상부터 비용을 지불합니다. 비용은 많이 드는 편이 아니며, 매 1000000번의 Lambda 호출 시 드는 비용은 약 0.20달러입니다. 이는 스타트업이나 개인 프로젝트에서 사용할 경우 거의 무료나 다름 없습니다.

앞서 Lambda 함수는 다른 AWS 리소스를 호출한다고 설명했습니다. 만약 Lambda 함수로 인해 다른 리소스가 사용된다면 이렇게 발생한 비용은 따로 지불해야 합니다. [그림 7-2]에서 첫 Lambda 함수 호출로 Amazon SNS 메시지를 전송한다고 가정해보겠습니다. Lambda 함수 호출 비용은 없으나 Amazon SNS 메시지를 전송할 때 유료 기능을 사용하고 있다면 비용이 발생하기 때문에 이점을 유의하며 Lambda 함수를 사용해야 합니다.

7.2.3 Lambda의 특징

로컬에서 코딩하고 구동했을 때 런타임이 얼마나 오래 걸리든 주어진 일을 마칠 때까지 컴퓨터는 계속 돌아갑니다. 하지만 Lambda는 오래 기다려주지 않습니다. 최대 300초(5분)의 런타임만 허용합니다. 이는 Lambda 함수를 사용하는 데 걸림돌이 될 수도 있습니다. 시간이 지나면서 더 방대한 양의 데이터를 처리할 때 타임아웃 에러가 발생할 수 있는데 그건 Lambda 함수가 5분 이상 돌아가게 되는 경우입니다. 그러므로 Lambda 함수를 사용할 때 이 점을 유의해야 합니다.

Lambda 함수는 최대 512MB의 가상 디스크 공간을 제공합니다. 도커 컨테이너를 사용한 경험이 있다면 이 개념이 쉽게 이해가 될 겁니다. Lambda 함수가 구동할 때 가상 컨테이너를 통해 가상 공간이 만들어지며 여기서 Lambda 함수를 실행하면서 일시적으로 파일을 보관할 수 있습니다(그림 7-3). Lambda 함수 실행이 종료되면 모두 사라지지만, 임시 저장소에 보관된 파일을 다른 AWS 리소스에 써서 콘텐츠를 안전하게 옮기면 됩니다. 주로 데이터 전처리 시 거치는 중간 단계 과정을 디스크에 임의로 보관하고 다시 꺼내서 사용하는 데 활용됩니다. 다음 파일 경로를 활용하여 Lambda 함수를 통해 파일을 읽고 쓸 수 있습니다.

```
/tmp/
```

---

tmp 폴더에 쓰인 정보는 Lambda 함수 실행이 종료되면 모두 삭제되고 똑같은 Lambda 함수를 돌려도 새로운 컨테이너가 생성되어 돌아가기 때문에 기존에 만들어진 정보는 존재하지 않습니다.

그림 7-3 Lambda 함수는 도커 컨테이너처럼 일시적인 스토리지를 제공한다.

마지막으로 Lambda 함수는 최대 50MB 배포 패키지를 허용합니다. AWS 콘솔에서 원하는 언어를 선택한 후 Lambda 함수를 만들 수 있으며 로컬에서 다수의 파일을 하나의 압축 파일로 만든 후 배포 과정을 통해 Lambda 함수를 만들 수도 있습니다. 만약 패키지 크기가 50MB

를 초과할 시 배포는 이루어지지 않습니다. 이럴 땐 S3 버킷에 업로드한 후 AWS 콘솔에서 직접 명시해줘야 합니다.

7.2.4 Lambda 사용 사례

지금까지 Lambda 함수가 무엇이며 어떤 특징이 있는지 전반적으로 살펴봤습니다. 이제 Lambda 함수가 실제로 어떻게 사용되는지 몇 가지 사용 사례를 알아보겠습니다. 사례는 모두 경험과 주관에 근거한 것이기 때문에 100% 맞다고 할 순 없지만, Lambda 함수를 사용하며 큰 혜택을 보았으며 이런 경험을 공유하도록 하겠습니다. 두 가지 사례를 살펴보고 Lambda 함수가 어떻게 쓰이는지, 공통점은 무엇인지 생각해보길 권장합니다.

사례 1

첫 번째 사례는 [그림 7-4]와 같습니다. S3 버킷에 파일을 업로드합니다. 파일 업로드는 사람이 직접 업로드하거나 파이프라인을 거쳐 업로드되는 두 가지 방법이 있습니다. 이때 'PutObject'라는 이벤트가 발생되며 즉시 Lambda 함수를 실행합니다. Lambda 함수는 어떤 파일이, 어디에 업로드되었는지 살펴보고 필요하다면 전처리기를 실행합니다. 전처리기를 사용하면 불필요한 데이터를 삭제하거나 수정할 수 있습니다. Lambda 함수는 가공된 데이터를 데이터베이스에 업로드합니다. 이러한 일련의 과정을 가능하게 해주는 것이 Lambda 함수입니다.

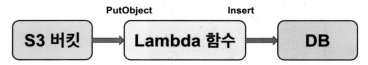

그림 7-4 Lambda 함수 첫 번째 사례

실제 구축했던 데이터 파이프라인 예시를 들어보겠습니다. 데이터의 종류는 크게 '주행 데이터'와 '사고 데이터' 두 가지로 분류됩니다(그림 7-5). 주행 데이터는 운전할 때 생성되는 데이터고, 사고 데이터는 급정거나 충돌 사고가 발생했을 때 생성되는 데이터입니다. 모든 데이터는 S3 버킷으로 업로드되며 데이터 유형에 따라 다른 버킷으로 업로드됩니다. 평소에는 비어있던 버킷에 갑자기 사고 데이터가 업로드되었습니다. 여기서 이벤트가 감지되어 Lambda 함수가 실행됩니다. 사고 데이터가 정말 사고가 발생해서 생긴 데이터인지 아니면 기계의 오작동으로 불량 데이터가 생성된 것인지 판독하는 로직을 거칩니다. 만약 정말 사고가 일어난 것이라면 사고 데이터를 정리해서 데이터베이스에 업로드하고, 다른 AWS 리소스를 호출하여 주행 대시보드를 업데이트하고, Amazon SNS를 거쳐 사고 조치를 취합니다. S3 버킷은 데이터 레이크 data lake라고 불리며 가공되지 않은 방대한 양의 로데이터 raw data를 보관하는 데 사용되고, 데이터베이스는 전처리 과정을 거친 가공된 데이터를 보관합니다.

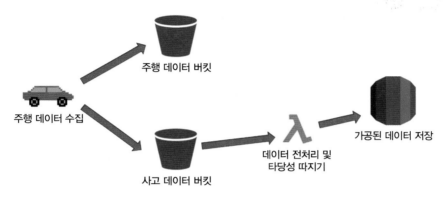

그림 7-5 S3 버킷과 데이터베이스만으로도 간단한 서버리스를 구축할 수 있다.

사례 2

두 번째 사례에 대해 소개하겠습니다. 사물인터넷에서 데이터가 실시간으로 들어옵니다(그림 7-6). 사물인터넷은 '토픽'이라 불리는 개념이 다양한 이벤트를 처리합니다. 아두이노 사례를 통해 설명해보겠습니다.

초당 온도를 감지하는 센서를 아두이노에 설치한다. 그리고 세 개의 다른 전구를 설치한다. 전구 색은 파란색, 초록색, 빨간색으로 나눈다. 섭씨 10도 이상 30도 미만은 '적정 온도'라 판단하고 아두이노에서 읽어오는 온도 데이터가 10도 이상 30도 미만이면 초록색 전구가 켜지게 한다. 온도가 10도 미만이면 춥기 때문에 실내를 따뜻하게 유지하거나 따뜻한 옷을 입기를 권장한다는 Amazon SNS 메시지를 전송하는 로직을 구현하며, 동시에 파란색 전구가 켜지게 한다. 만약 온도가 30도 이상이면 너무 덥기 때문에 에어컨을 켜고 더위 조심을 알려주는 메시지를 전송하며, 동시에 빨간색 전구가 켜지게 한다.

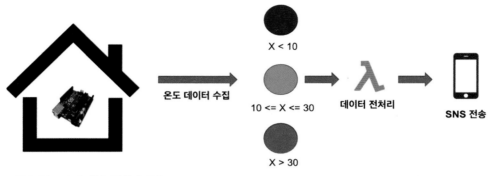

그림 7-6 Lambda 함수 두 번째 사례

매초 온도 데이터가 들어오며 온도의 범위에 근거하여 다른 토픽으로 데이터가 전송됩니다. Lambda 함수는 온도 데이터를 전달받으며 전처리를 실행합니다. 만약 온도가 너무 춥거나 덥다면 데이터 전처리뿐만 아니라 Amazon SNS 기능까지 사용해야 하는 로직을 따로 구현해줘야 합니다. 그러므로 사용자에게 경고 메시지를 보낼 수 있습니다. 이는 기본적인 서버리스 모델을 갖추고 있다 할 수 있겠습니다.

데이터 전처리라고 해서 무조건 불량 데이터만 걸러내는 것은 아닙니다. 아두이노를 미국에서 사용하게 된다면 온도 단위가 섭씨가 아닌 화씨(F)로 변환해야 합니다. 섭씨를 화씨로 변환하는 것 역시 전처리 과정에 포함됩니다.

지금까지 Lambda 함수의 두 가지 사용 사례를 살펴보았습니다. Lambda 함수가 어떻게 사용되는지 공통점을 혹시 눈치채셨나요? 바로 Lambda 함수는 중간에서 다리 역할을 담당하고 있습니다. 이벤트에 의해서 실행되기 때문에 자기 스스로 돌아가는 것이 아니라 반드시 전제 조건이 성립되어야만 합니다. 첫 번째 사례는 데이터가 특정 버킷에 업로드될 경우, 두 번째 사례는 사물데이터에서 온도 데이터가 업로드될 때 해당됩니다.

7.3 Lambda 실습

Lambda 함수의 정의와 사용 사례를 살펴보면서 Lambda 함수가 어디서 어떻게 쓰이는지 감이 왔으리라 생각합니다. 실습을 통해 Lambda 함수를 직접 만들어보고, 함수를 실행시켜보면서 6장에서 배운 CloudWatch의 상세한 로그파일까지 살펴보겠습니다.

7.3.1 Lambda 함수 만들기

AWS 메인 콘솔에서 Lambda를 찾아 들어갑니다. 과거에 Lambda 함수를 만든 적이 없다면
필자처럼 '표시할 데이터가 없습니다'라는 메시지가 뜹니다(그림 7-7). Lambda 인터페이스
를 간단히 살펴보겠습니다. 우측 메뉴 [대시보드]를 클릭하면 현재 생성되거나, 돌아가고 있는
Lambda 함수에 대한 모든 정보를 확인할 수 있습니다(그림 7-8). 여기서 '전체 계정 동시성'
에서 동시성^{concurrency}은 같은 요청이 들어왔을 때 얼마나 많은 Lambda 함수를 동시에 실행할
수 있는지에 대한 숫자입니다. Lambda 함수가 같은 요청에 1000개 이상 호출이 될 경우 모든
함수가 정상적으로 작동되지 않을 수 있기 때문에 애플리케이션에 맞게 함수 호출 로직을 구현
해야 합니다.

그림 7-7 Lambda 함수 섹션 화면

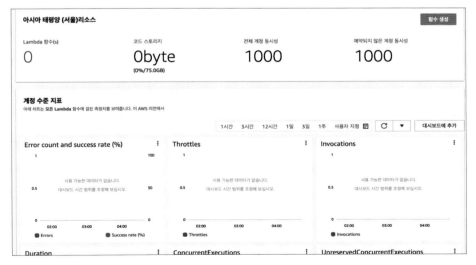

그림 7-8 Lambda 대시보드 화면

Lambda 함수를 새로 만들어보겠습니다. 우측 상단에 [함수 생성] 버튼을 누릅니다. Lambda 함수 생성을 위한 정보를 설정하는 창이 뜹니다(그림 7-9). Lambda 함수를 생성하는 방법은 집필하는 시점을 기준으로 네 가지로 나뉩니다. 첫 번째 **'새로 작성'**을 보면 간단한 'Hello World' 예제로 시작하라고 되어 있습니다. 이는 `Hello World`를 출력하는 간단한 로직이 구현된 코드가 제공되며 처음부터 모든 것을 개발자가 구현해야 합니다. 무언가를 새로 테스트해보거나 연습 삼아 돌려보고 싶은 코드가 있을 때 종종 사용됩니다. 두 번째로 **'블루프린트 사용'**이 있으며 AWS에서 자주 사용되는 기능을 고려하여 개발자를 위해 블루프린트를 만들어서 제공하고 있습니다. 직접 클릭해보면 수많은 리스트가 나열됩니다(그림 7-10). 예를 들면 's3-get-object-python'은 S3 버킷에 파일을 업로드할 때 그에 해당하는 메타데이터를 가져오는 Lambda 함수를 직접 구현할 필요 없이 블루프린트를 가져다 쓸 수 있습니다. 블루프린트를 사용할 때 주의할 점은 프로그래밍 언어와 버전을 잘 확인해서 써야 합니다.[1]

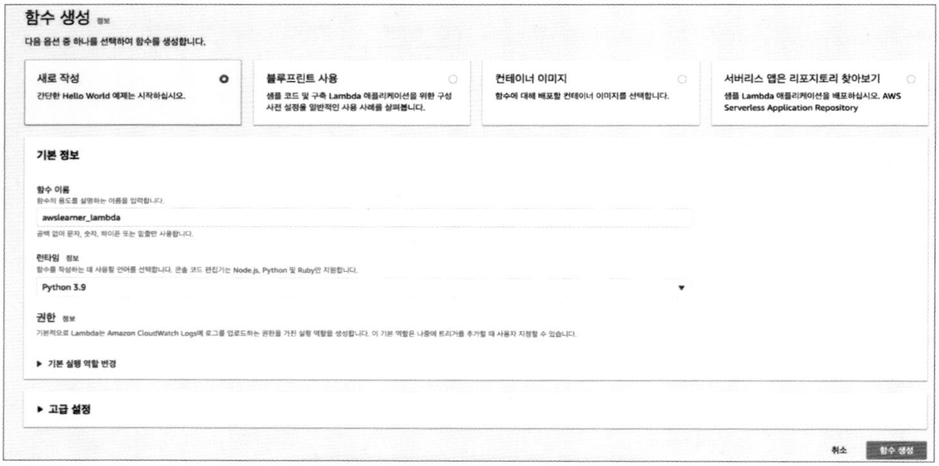

그림 7-9 Lambda 함수 생성 다양한 방법 소개 화면

---

1 이 책에서는 Python 3.X 버전을 사용합니다.

그림 7-10 Lambda 함수가 제공하는 블루프린트 목록 화면

세 번째는 '**컨테이너 이미지**'입니다. 컨테이너는 간략히 설명하면 도커 컨테이너^{docker container}처럼 AWS에서 운영되는 가상 컨테이너 이미지 저장소 경로를 요구합니다. ECR^{Elastic Container Registry}은 컨테이너 리포지토리이며, Lambda 함수가 내포된 컨테이너 이미지를 찾아 Lambda를 통해 배포 과정을 거쳐 사용할 수 있습니다. 마지막으로 '**서버리스 앱은 리포지토리 찾아보기**'가 있습니다. 블루프린트처럼 이미 골격이 갖춰진 함수를 찾아서 쓸 수 있는 공통점이 있으나 이 옵션은 다른 개발자가 함수를 구현해서 공개 저장소에 오픈소스처럼 공개하는 과정을 거칩니다. 간단한 Lambda 함수를 블루프린트로 불러오겠습니다(그림 7-11). [블루프린트 사용]을 클릭후 [블루프린트 필터링] 텍스트 박스에 'hello-world-python'을 검색하고 결괏값을 선택한후 [구성] 버튼을 누릅니다.

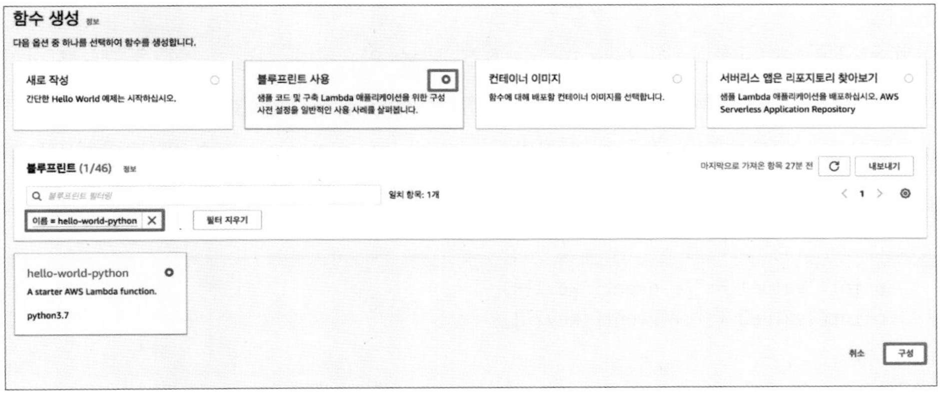

그림 7-11 블루프린트를 사용하여 Lambda 함수 생성 화면 – 1

함수 이름을 지어야 합니다(그림 7-12). 'awslearner_lambda_function'으로 짓겠습니다. 다음 '실행 역할'은 Lambda에서 제공하는 최소 역할을 가져다 사용할 수도 있고, IAM에서 새로운 역할을 만들지, 이미 존재하는 역할을 사용할지를 선택할 수 있습니다. 만약 기본 Lambda 권한을 가진 새 역할을 생성할 경우 'Lambda가 이름이 awslearner_lambda_function-role-ycyqhvkw이고 Amazon CloudWatch Logs에 로그를 업로드할 수 있는 권한이 포함된 실행 역할을 생성합니다.'라는 메시지를 볼 수 있습니다(여러분의 역할 이름은 다를 수 있으니 참고하세요).

따라서 역할을 만들면 CloudWatch로 Lambda 함수가 실행되었을 때 일어나는 이벤트를 로그로 보내는 권한을 가지고 있습니다.

그림 7-12 블루프린트를 사용하여 Lambda 함수 생성 화면 – 2

그리고 파이썬으로 작성된 Lambda 함수 코드를 볼 수 있습니다(그림 7-13).[2] 코드를 살펴보면 'lambda_handler' 함수에서 event 안에 있는 key1, key2, key3에 접근하여 출력한 다음 key1 값만 반환하고 있습니다. 아주 간단한 코드입니다. 이제 아래 [함수 생성] 버튼을 눌러 Lambda 함수를 만들겠습니다.

```
print("value1 = " + event['key1'])
print("value2 = " + event['key2'])
```

---

2 런타임에 'Python 3.7'로 되어 있는지 확인합니다. Lambda 함수는 Python 3.7 버전 미만을 호환하지 않습니다.

```
        print("value3 = " + event['key3'])
        return event['key1']
```

그림 7-13 블루프린트를 사용하여 Lambda 함수 생성 화면 – 3

7.3.2 Lambda 함수 실행하기

Lambda 함수가 성공적으로 생성되면 '함수 개요', '코드 소스', '코드 속성', '런타임 설정' 등 다양한 창이 뜹니다(그림 7-14). Lambda 함수를 만들었으니 잘 돌아가는지 확인해야 합니다. 중간에 '코드 소스'에서 [Test]를 누릅니다.

그림 7-14 생성된 Lambda 함수 대시보드 화면

'테스트 이벤트 구성'이 뜹니다(그림 7-15). 함수 구동에 앞서 인숫값을 제공해야 합니다. 인숫값이 함수에 들어와서 원하는 결괏값을 볼 수 있는지 확인해야 합니다. 현재 아무런 이벤트가 없기 때문에 새로운 이벤트를 생성합니다. '이벤트 작업 테스트'에서 [새 이벤트 생성]을 선택하고, 이벤트 이름을 'awslearnerLambdaTest'라고 하겠습니다. 이벤트는 다른 사용자에게 비공개로 진행할 수도 있고, 공개할 수도 있습니다. 디폴트는 [프라이빗]으로 되어 있으며 프라이빗으로 사용하겠습니다. 이제 '이벤트 JSON'에서 함수로 보낼 인숫값을 설정해야 합니다. JSON을 다음과 같이 바꿔줍니다(값^{value}은 여러분이 넣고 싶은 것으로 대체해도 됩니다). 모두 마쳤으면 [저장] 버튼을 눌러 진행 과정을 저장합니다.

```
{
    "key1": "Apple",
    "key2": "Banana",
    "key3": "Lemon"
}
```

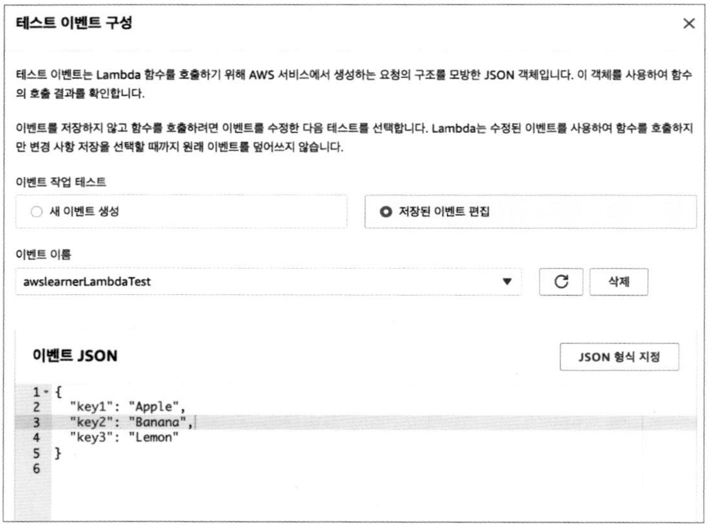

그림 7-15 테스트 이벤트 구성 화면

이제 인숫값을 통한 이벤트 생성 준비는 모두 마쳤습니다. 이제 실제로 Lambda 함수를 실행해보겠습니다. 앞서 언급한 [Test] 버튼을 누르면 우리가 만들었던 인숫값을 전달받아 Lambda 함수가 실행됩니다(그림 7-16). 그리고 무언가가 화면에 출력되었습니다. Response에 Apple이 출력되었으며 이는 다음 코드 때문입니다.

```
return event['key1']
```

Function Logs는 print 구문에 의해 출력되었습니다. 맨 아래 'REPORT'는 Lambda 함수의 메타데이터로 Lambda 함수가 실행되는 데 걸린 총 시간과 얼마나 많은 메모리가 사용되었는지 출력됩니다. 이런 정보를 통해 Lambda 함수를 모니터링할 수 있습니다. 이렇게 Lambda 함수가 잘 실행되는지 확인했습니다. 만약 Lambda 함수가 구동되는 중에 에러가 발생한다면 어떤 일이 생길까요?

그림 7-16 Lambda 함수 실행 결과 화면

Lambda 함수 return 구문을 다음과 같이 수정하여 고의로 에러를 발생시켜보겠습니다(그림 7-17). 전달하는 인숫값은 세 개이지만 Lambda 함수에서 네 번째 인숫값을 받아오려 합니다.

```
return event['key4']
```

Lambda 함수를 구동하기 전 배포를 해야 합니다. [Test] 버튼 오른쪽에 있는 [Deploy] 버튼을 눌러 변경 사항을 반영합니다. 'Lambda 함수를 업데이트 중입니다'라는 메시지가 상단에 뜨며 배포가 끝나면 Lambda 함수를 다시 구동합니다.

그림 7-17 Lambda 함수 수정 및 배포 화면

이전과는 달리 에러 메시지가 뜹니다(그림 7–18). Response를 보면 errorType에서 KeyError가 보입니다. key4를 찾을 수 없다고 합니다. 이렇게 Lambda 함수 실행이 실패했을 경우 에러 메시지를 통해 디버깅할 수 있습니다. 그런데 Lambda 함수를 만들고 로그를 확인하기 위해 매번 Lambda를 통해서만 확인해야 할까요? 너무 번거로운 작업은 아닐까요? CloudWatch를 활용할 수는 없을까요?

```
A function update is still in progress so the invocation went to the previously deployed code and configuration.

Test Event Name
awslearnerLambdaTest

Response
{
  "errorMessage": "'key4'",
  "errorType": "KeyError",
  "stackTrace": [
    " File \"/var/task/lambda_function.py\", line 11, in lambda_handler\n    return event['key4'] # Echo back the first key value\n"
  ]
}

Function Logs
START RequestId: af036fc8-16ce-458a-85dd-14ba5e7a78a9 Version: $LATEST
Loading function
value1 = Apple
value2 = Banana
value3 = Lemon
[ERROR] KeyError: 'key4'
Traceback (most recent call last):
··File "/var/task/lambda_function.py", line 11, in lambda_handler
····return event['key4']  # Echo back the first key value
END RequestId: af036fc8-16ce-458a-85dd-14ba5e7a78a9
REPORT RequestId: af036fc8-16ce-458a-85dd-14ba5e7a78a9  Duration: 9.15 ms   Billed Duration: 10 ms  Memory Size: 128 MB Max Memory Used: 34 MB  Init Dur
```

그림 7-18 Lambda 함수 에러 메시지 화면

7.3.3 Lambda 함수 로그 CloudWatch에서 확인하기

Lambda 함수를 실행시켜 생성된 로그파일을 CloudWatch에서 확인해보겠습니다. '코드 소스' 화면에서 [모니터링] 탭을 선택합니다(그림 7–19). 'CloudWatch 지표'가 뜨는데 6장에

서 살펴본 것과 마찬가지로 다양한 그래프를 볼 수 있습니다. [CloudWatch에서 로그 보기] 버튼을 누르면 새 탭이 생성됨과 동시에 CloudWatch가 열립니다.

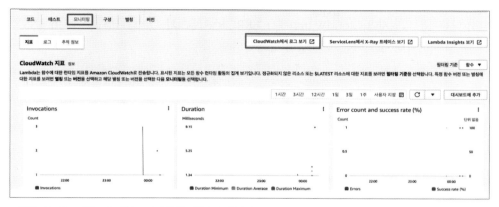

그림 7-19 CloudWatch에서 모니터링하는 방법 소개 화면

윗부분에 로그 그룹명 '/aws/lambda/awslearner_lambda_function'이 보입니다(그림 7-20). CloudWatch는 다양한 AWS 리소스를 이벤트에 근거하여 그룹명을 나눠서 관리합니다. '로그 스트림$^{Log\ stream}$'은 Lambda 함수가 실행된 시간에 따라 개별로 생성된 로그파일입니다. 가장 최근에 생성된 로그 스트림(맨 위)을 열어보겠습니다.

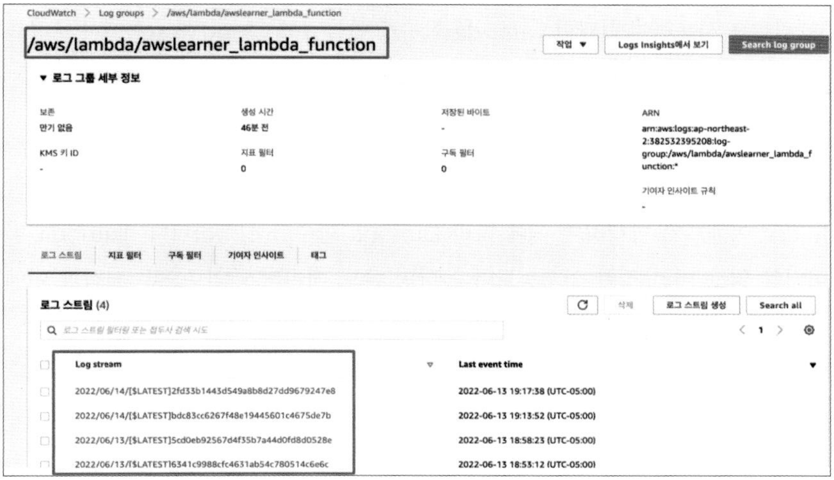

그림 7-20 CloudWatch Lambda 함수 로그 화면

Lambda 함수 로그 창에서 봤던 에러 메시지를 클라우드에서도 똑같이 확인할 수 있습니다 (그림 7-21). 이렇게 CloudWatch에서 시간별, 이벤트별로 다양한 로그파일을 확인할 수 있고 Lambda 함수 실행에 문제가 발생했을 경우 에러의 원인이 무엇인지 알아낼 수 있습니다. 앞서 다루지는 않았지만 CloudWatch에서 'ERROR' 이벤트가 일어난다면 Amazon SNS를 사용하여 이메일로 로그파일을 전송할 수도 있습니다.

그림 7-21 CloudWatch Lambda 함수 로그파일 화면

7.3.4 S3 버킷 이벤트를 통해 Lambda 함수 실행하기

지금까지 블루프린트를 사용하여 간단한 Lambda 함수를 만들었고 CloudWatch에서 로그를 확인해봤습니다. 이번에는 앞서 배운 S3 버킷을 사용하여 Lambda 함수 이벤트를 발생시키는 실습을 해보겠습니다.

파이프라인을 하나 구축해보겠습니다. S3 버킷에 온도 데이터(JSON 형태)가 일정 시간 업로드되면 'PutObject' 이벤트가 발생하며 이에 따라 Lambda 함수가 실행됩니다. Lambda 함수는 온도 데이터를 읽고 미리 정한 임계점보다 높다면 온도 데이터가 업로드된 시점과 이에 따른 주의 메시지를 출력할 것입니다(그림 7-22).

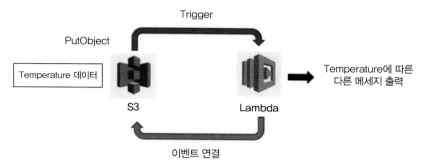

그림 7-22 S3 버킷 이벤트를 통한 Lambda 함수 실행 파이프라인 화면

Lambda 함수를 새로 만들겠습니다. 이번에는 블루프린트가 아닌 [새로 생성]을 누릅니다. 그리고 다음과 같이 함수를 만듭니다. 눈여겨볼 부분은 역할 생성 시 정책 템플릿에서 역할을 생성하는 것인데, Lambda 함수는 S3 버킷 오브젝트에 접근하는 권한을 가지고 있어야 하며 이는 이미 AWS에서 만든 것을 사용하면 됩니다.

- **함수 이름**: high_temperature_detector_lambda
- **런타임**: Python 3.9(파이썬 가장 높은 버전을 선택하면 됩니다)
- **실행 역할**: 기본 실행 역할 변경 선택 후 [AWS 정책 템플릿에서 새 역할 생성]을 선택
  - **역할 이름**: awslearner_temperature_lambda_role
  - **정책 템플릿**: Amazon S3 객체 읽기 전용 권한

Lambda 함수를 만들었다면 코드를 작성해야 합니다. [코드 소스]를 다음과 같이 작성해주세요.[3]

```python
import json
import boto3
from datetime import datetime

client = boto3.client('s3')

def lambda_handler(event, context):
    what_time = datetime.now().strftime("%Y-%m-%d %H:%M:%S")
    bucket = event['Records'][0]['s3']['bucket']['name']
    key = event['Records'][0]['s3']['object']['key']
```

---

3 코드는 깃허브에서도 찾을 수 있습니다.

```
    try:
        response = client.get_object(Bucket=bucket, Key=key)

        text = response['Body'].read().decode()
        data = json.loads(text)

        if data['temperature'] > 40:
            print(f"Temperature detected : {data['temperature']}C at {what_
time}")
            print("Be careful! It's getting really hot!!")
        else:
            print("So far so good")
    except Exception as e:
        print(e)
        raise e
```

코드에서 **boto3** 라이브러리를 불러오고 있으며 client 오브젝트를 생성합니다. client 이름
은 s3이며 S3 버킷에 접근하기 위해 필요한 메서드를 사용하기 위함입니다. 메인 함수 lambda
_handler 안에서 현재 시간, 버킷, 오브젝트에 관한 메타데이터를 읽어옵니다. try-except
블록 안에서 S3 버킷 이벤트가 발생했을 시 반환될 내용을 **response**에 담아둔 다음 파일 내용
(온도 데이터)을 **data**로 읽어옵니다. data 안에는 **temperature** 키가 있으며 이 값이 **40**보다
크다면 아주 덥다는 뜻이고 감지된 온도 및 시간과 조심하라는 경고 메시지를 출력합니다. 코
드 작성을 마쳤다면 [Deploy] 버튼을 눌러 배포합니다.

이제 S3 버킷을 하나 만듭니다. 버킷은 다음과 같이 정의하겠습니다.

- **버킷 이름**: awslearner_temperature_bucket
- **리전**: Seoul(ap-northeast-2)
- **나머지 설정은 모두 디폴트**

버킷 생성을 마쳤다면 Lambda 함수와 연동할 이벤트를 정의해야 합니다. [속성] 탭에서 '이벤
트 알림' 항목을 찾은 후 [이벤트 알림 생성] 버튼을 누릅니다(그림 7-23).

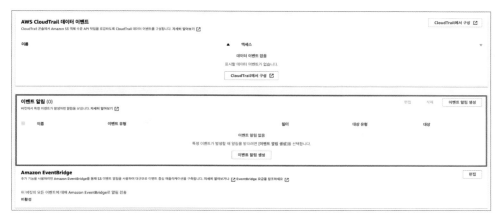

그림 7-23 S3 버킷 이벤트 알림 설정 화면

이벤트 이름은 'awslearner_temperature_event'라고 입력합니다(그림 7-24). 다음으로 '접두사'와 '접미사'가 보이는데 이는 S3 버킷에 특정 파일 및 폴더에 대한 이벤트만 정의하고 싶을 때 사용합니다. 예를 들어 접미사를 '.jpg'라 하면 이벤트 발동 조건은 .jpg 파일에 한정됩니다. 다음으로 '이벤트 유형'은 앞서 설명한 모든 이벤트입니다. 객체 생성, 객체 삭제, 객체 복원 등 다양한 이벤트가 있습니다. 먼저 객체 생성(PutObject)을 해보겠습니다. [전송]을 선택합니다. 이벤트 발생 시 연결시킬 대상은 [Lambda 함수]가 디폴트로 설정되어 있으며 앞서 만든 함수와 연결합니다(그림 7-25). 다음 [Lambda 함수 지정]에서 [Lambda 함수에서 선택]을 선택 후 'awslearner_temperature_event'를 찾아서 설정합니다. 모든 것이 만족스럽다면 [변경 사항 저장] 버튼을 누릅니다.

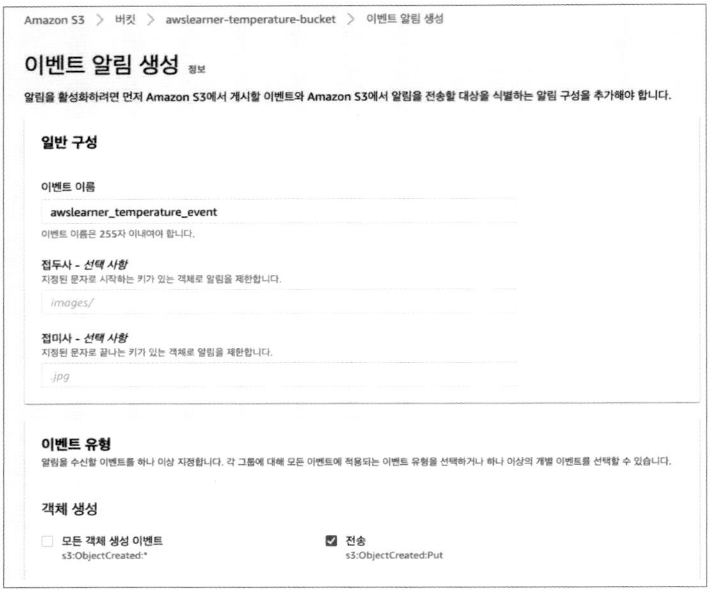

그림 7-24 이벤트 알림 생성 화면 – 1

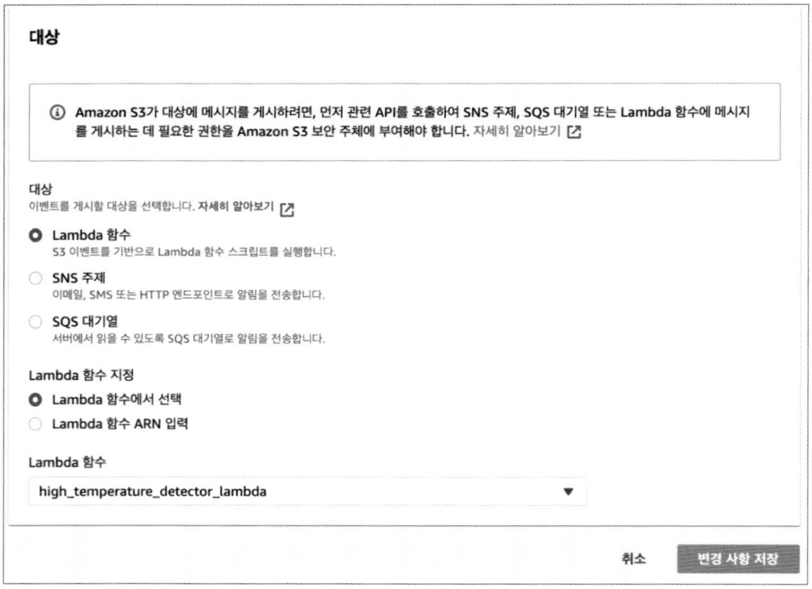

그림 7-25 이벤트 알림 생성 화면 – 2

이벤트 알림을 만들었다면 다음과 같이 '이벤트 알림'에 앞서 만든 이벤트를 볼 수 있습니다(그림 7-26). 이벤트 유형은 '전송'이며 대상 유형은 'Lambda 함수'로 설정되어 있습니다.

그림 7-26 생성된 이벤트 확인 화면

Lambda 함수 콘솔로 돌아와서 'awslearner_temperature_event'를 선택합니다. 이전과는 달리 '함수 개요'에 'S3'가 트리거로 추가된 것을 볼 수 있습니다(그림 7-27). 이제 버킷에 오브젝트가 업로드될 때 Lambda 함수가 실행됩니다.

그림 7-27 생성된 S3 버킷 트리거 화면

이제 JSON 파일을 만들어서 버킷에 업로드해보겠습니다. 새로운 JSON 파일을 만들고 다음과 같이 온도 데이터를 넣어줍니다. 필자는 `temp1.json`으로 파일명을 정했습니다.

```
{
    "temperature":45
}
```

버킷에 파일을 업로드한 후 다시 Lambda 콘솔로 돌아옵니다. [모니터링] 탭에서 [Cloud Watch에서 로그 보기] 버튼을 누릅니다. 그러면 다음과 같이 로그파일이 하나 생성됩니다(그림 7-28).

그림 7-28 CloudWatch 로그파일 확인 화면

로그파일을 클릭하면 다음과 같이 로그를 확인할 수 있습니다(그림 7-29). 'Temperature Detected: 45C at 2022-06-16 00:13:30'과 'Be careful! It's getting really hot!' 두 문장이 출력된 것을 볼 수 있으며 이는 Lambda 함수에서 구현한 로직에 근거하여 실행된 것입니다. '45C'는 S3 버킷에 업로드한 JSON 파일에서 읽은 온도 데이터입니다.

그림 7-29 CloudWatch 로그 화면

다양한 AWS 리소스를 통해 이벤트를 발생시키고 Lambda 함수를 생성하는 간단한 서버리스 아키텍처를 구현했습니다. 새로운 JSON 파일을 생성하고 'temperature' 값을 낮춰서 다시 버 킷에 업로드한 후 CloudWatch에서 로그파일이 어떻게 출력되는지 확인해보세요.[4]

---

[4] 깃허브에 임의로 생성한 `temp2.json` 파일이 있으니 파일 생성 과정을 건너뛰고 바로 테스트하기 원한다면 파일을 다운로드받아서 사용해도 됩니다.

8장 CloudFront

8장에서는 AWS 리소스 중 웹 페이지 호스트와 네트워크 서버 관련 내용을 포함하고 있는 CloudFront에 대해서 다루겠습니다.

8.1 CloudFront란?

CloudFront는 S3 버킷에 개발자가 구현한 HTML, CSS, JavaScript 등 웹 페이지를 보여주기 위해 필요한 파일을 사용자에게 정적이나 동적인 웹사이트 호스팅을 하는 데 사용되는 콘텐츠 전송 네트워크^{content delivery network}(CDN) 웹 서비스입니다. CloudFront가 무엇인지 설명하기 앞서 웹사이트가 어떻게 작동되는지 이해하는 것이 중요합니다. 먼저 CDN에 대해서 설명하고, 용어는 추후 설명하겠습니다.

8.1.1 CDN

콘텐츠 전송 네트워크(CDN)는 웹 페이지 요청이 발생했을 때 사용자가 현재 어느 나라에 거주하는지에 따라 웹 페이지 내용을 전달해주는 분산 네트워크 시스템^{distributed network system}입니다. 예를 들어 네이버 웹사이트를 사용자 A는 한국에서, 사용자 B는 호주에서 방문했다고 합시다. CDN을 통해 사용자의 거주 지역 IP 주소를 참고하여 가장 가까운 곳에 있는 엣지 로케이션^{edge location}을 근거로 이미지, 동영상, HTML을 불러오는 데 속도를 비약적으로 향상시켜줍니다. CDN의 목적은 엣지 로케이션을 통해 사용자에게 최소한의 지연 시간과 최고의 성능으로 콘텐츠를 보여주기 위함입니다. 다음의 경우를 생각해봅시다.

현재 웹사이트가 호스팅되는 곳은 한국이라 가정하겠습니다(그림 8-1). 최초로 웹사이트 호스팅이 이루어지고 있는 곳을 오리진^{origin}이라고 합니다([그림 8-1]의 빨간색 컨테이너가 오리진입니다). 이 웹사이트는 전 세계에서 다양한 사용자가 방문합니다. 어떤 지역에서 사용자가 웹사이트 요청을 하든, 전송 시간이 얼마가 걸리든 오리진에서는 사용자 요청에 응답하여 콘텐츠를 전달합니다. 여기서 문제가 발생할 수 있습니다. 사용자가 오리진에서 멀어진다면 콘텐츠를 받는 데 지연 시간^{latency}이 발생합니다. 설상가상으로 많은 사용자가 동시다발적 요청하게 된다면 지연 시간은 더 길어집니다. 이런 문제를 해결하기 위해서 CDN이 등장했습니다.

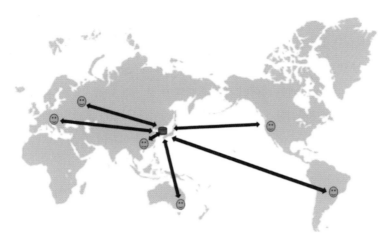

그림 8-1 전 세계 사용자가 한국에서 호스팅되고 있는 웹사이트에 방문하고 있다.

CDN은 많은 요청이 오가는 지역을 근거로 엣지 로케이션(초록색)을 생성합니다(그림 8-2). 엣지 로케이션은 오리진에서 가지고 있는 콘텐츠 복사본을 가지고 있으며 웹사이트 요청을 전달받을 때 오리진에서 콘텐츠를 전달하는 것이 아니라 사용자와 가장 가까운 엣지 로케이션을 통해 콘텐츠를 전송합니다. 마치 돈을 인출하기 위해 반드시 은행 지점으로 갈 필요 없이 집근처에 있는 ATM 기기에서 빠른 인출이 가능한 것과 유사합니다.

그림 8-2 엣지 로케이션을 통한 콘텐츠 전송 화면

8.1.2 엣지 로케이션

앞서 엣지 로케이션 정의와 이점에 대해 간략히 살펴봤습니다. 엣지 로케이션 개념을 조금 더 자세히 알아보겠습니다. 엣지 로케이션은 CloudFront CDN에 의해 전 세계 곳곳에서 생성됩니다. 각각의 엣지 로케이션은 AWS 메인 데이터 센터라 불리며 전 세계 사용자에게 최소한의 지연 시간을 발생시키기 위해 존재합니다. CloudFront에 웹사이트 서버가 호스팅되며 사용자의 요청을 받을 시 사용자가 위치한 가장 가까운 엣지 로케이션을 참조하여 콘텐츠를 전달합니다.

엣지 로케이션은 오리진에 있는 콘텐츠 원본을 캐시^{cache}에 보관합니다. 사용자가 웹사이트를 요청할 시 캐시에 요청 정보가 있지 않다면 일차적으로 오리진에서 콘텐츠를 가져온 후 캐시에 보관하여 사용자에게 전달합니다. 추후 사용자가 똑같은 요청을 할 시 오리진이 아닌 캐시로부터 콘텐츠를 전달받기 때문에 속도가 빠른 장점을 가지고 있습니다.

8.1.3 오리진

최초 웹 서버가 구현되고 돌아가고 있는 곳을 오리진이라고 합니다. 웹 페이지를 꾸미기 위해 필요한 HTML, CSS, JavaScript 파일이 있는 S3 버킷이나 EC2 인스턴스를 주로 오리진이라고 합니다. CloudFront는 오리진을 통해 콘텐츠를 전달받고, 사용자에게 전달합니다. S3 버킷 단독으로 웹사이트 호스팅을 할 수 있으나 정적^{static} 웹사이트 호스팅만 가능했던 반면 CloudFront를 사용하여 동적^{dynamic} 웹사이트 호스팅을 구현할 수 있습니다.

8.2 CloudFront 장점

지금까지 CloudFront를 설명하기 앞서 반드시 알아야 할 용어(CDN, 엣지 로케이션, 오리진)에 대해서 살펴봤습니다. 이 용어를 잘 아는 것만으로도 CloudFront에 대한 전반적인 이해도가 높아졌을 겁니다.

이번 절에서는 CloudFront를 사용하면서 얻는 이점에 대해 알아보겠습니다. 장점을 알면 CloudFront를 언제, 왜 사용하는지 알 수 있습니다.

CloudFront는 전 세계에 엣지 로케이션을 만들고 캐시에 원본 콘텐츠를 담습니다. 따라서 사용자에게 콘텐츠를 전달할 때 일처리량이 현저히 줄고, 이로 인해 발생하는 지연 시간이 거의 없습니다. 그러므로 사용자는 실시간으로 요청한 내용을 받을 수 있습니다. CloudFront는 S3 버킷, EC2 인스턴스처럼 많은 개발자가 사용하기 때문에 웹상에 매뉴얼과 참고할 다양한 사용 사례가 많습니다.

또한, CloudFront는 '콘텐츠 프라이버시'에 근거하여 뛰어난 보안성을 자랑합니다(그림 8-3). 콘텐츠 프라이버시란 개인이나 회사에서 사용자가 요청한 콘텐츠를 수집할 때 어떻게 활용되고 처리되는지에 대해 서술해야 하고, 이에 대해 사용자는 알 권리가 있다는 일종의 법률 정책입니다. 수집하는 데이터가 기밀 관련 콘텐츠인지, 제삼자에게 공유되는지에 대한 내용도 포함되어 있습니다. 뿐만 아니라 CloudFront는 'http'와 'https'를 모두 제공하며 보안이 훨씬 뛰어난 'https'가 더 많이 활용됩니다.

그림 8-3 CloudFront는 콘텐츠 프라이버시를 통해 사용자의 콘텐츠를 지켜준다.

마지막으로 CloudFront는 데이터를 전송할 때만 비용이 청구되기 때문에 웹사이트 호스팅 시 저렴하게 사용할 수 있습니다. CloudFront는 현재 필자가 집필하는 시점 기준으로 GB당 요금을 청구하고, 데이터 전송량이 40TB가 넘으면 GB당 드는 비용은 내려갑니다. 이는 지역마다 비용 책정 방식이 조금씩 차이가 있으니 AWS 공식 홈페이지에서 직접 확인하는 것이 좋습니다.

8.3 CloudFront 실습

CloudFront 실습을 통해 이론을 더 확실히 이해해보도록 하겠습니다. 실습은 크게 두 가지로 나뉩니다. 웹 페이지 콘텐츠를 담을 S3 버킷(오리진)을 생성한 후 CloudFront를 사용하여 CDN을 생성합니다.

8.3.1 S3 버킷 생성 후 콘텐츠 업로드하기

S3 버킷을 새로 생성합니다. 버킷명은 'awslearner-cloudfront-test'로 설정합니다(그림 8-4). 버킷 이름이 이미 존재한다는 에러가 발생한다면 버킷명을 임의로 정해주세요. 다음 리전은 앞선 예제와 달리 먼 곳으로 지정합니다. 필자는 미국에 거주 중이기 때문에 '서울'로 설정했습니다. 여러분이 현재 거주 중인 곳이 한국이라면 '북부 버지니아'를 선택해보세요.

그림 8-4 버킷 생성 화면 – 1

다음 '이 버킷의 퍼블릭 액세스 차단 설정' 항목에서 [모든 퍼블릭 액세스 차단] 체크를 해제합니다(그림 8-5). 이렇게 하면 콘텐츠는 전 세계에서 접근할 수 있게 됩니다. 모든 것이 만족스럽다면 버킷을 생성합니다.

이 버킷의 퍼블릭 액세스 차단 설정

퍼블릭 액세스는 ACL(액세스 제어 목록), 버킷 정책, 액세스 지점 정책 또는 모두를 통해 버킷 및 객체에 부여됩니다. 이 버킷 및 해당 객체에 대한 퍼블릭 액세스가 차단되었는지 확인하려면 모든 퍼블릭 액세스 차단을 활성화합니다. 이 설정은 이 버킷 및 해당 액세스 지점에만 적용됩니다. AWS에서는 모든 퍼블릭 액세스 차단을 활성화하도록 권장하지만, 이 설정을 적용하기 전에 퍼블릭 액세스가 없어도 애플리케이션이 올바르게 작동하는지 확인합니다. 이 버킷 또는 내부 객체에 대한 어느 정도 수준의 퍼블릭 액세스가 필요한 경우 특정 스토리지 사용 사례에 맞게 아래 개별 설정을 사용자 지정할 수 있습니다. 자세히 알아보기 ☑

☐ *모든 퍼블릭 액세스 차단*
　이 설정을 활성화하면 아래 4개의 설정을 모두 활성화한 것과 같습니다. 다음 설정 각각은 서로 독립적입니다.

　☐ *새 ACL(액세스 제어 목록)을 통해 부여된 버킷 및 객체에 대한 퍼블릭 액세스 차단*
　　S3은 새로 추가된 버킷 또는 객체에 적용되는 퍼블릭 액세스 권한을 차단하며, 기존 버킷 및 객체에 대한 새 퍼블릭 액세스 ACL 생성을 금지합니다. 이 설정은 ACL을 사용하여 S3 리소스에 대한 퍼블릭 액세스를 허용하는 기존 권한을 변경하지 않습니다.

　☐ *임의의 ACL(액세스 제어 목록)을 통해 부여된 버킷 및 객체에 대한 퍼블릭 액세스 차단*
　　S3은 버킷 및 객체에 대한 퍼블릭 액세스를 부여하는 모든 ACL을 무시합니다.

　☐ *새 퍼블릭 버킷 또는 액세스 지점 정책을 통해 부여된 버킷 및 객체에 대한 퍼블릭 액세스 차단*
　　S3은 버킷 및 객체에 대한 퍼블릭 액세스를 부여하는 새 버킷 및 액세스 지점 정책을 차단합니다. 이 설정은 S3 리소스에 대한 퍼블릭 액세스를 허용하는 기존 정책을 변경하지 않습니다.

　☐ *임의의 퍼블릭 버킷 또는 액세스 지점 정책을 통해 부여된 버킷 및 객체에 대한 퍼블릭 및 교차 계정 액세스 차단*
　　S3은 버킷 및 객체에 대한 퍼블릭 액세스를 부여하는 정책을 사용하는 버킷 또는 액세스 지점에 대한 퍼블릭 및 교차 계정 액세스를 무시합니다.

⚠ **모든 퍼블릭 액세스 차단을 비활성화하면 이 버킷과 그 안에 포함된 객체가 퍼블릭 상태가 될 수 있습니다.**
　정적 웹 사이트 호스팅과 같은 구체적으로 확인된 사용 사례에 퍼블릭 액세스가 필요한 경우가 아니면 모든 퍼블릭 액세스 차단을 활성화하는 것이 좋습니다.

　☑ 현재 설정으로 인해 이 버킷과 그 안에 포함된 객체가 퍼블릭 상태가 될 수 있음을 알고 있습니다.

그림 8-5 버킷 생성 화면 – 2

버킷 생성을 완료했다면 이미지 파일을 업로드하겠습니다. 업로드할 파일은 다음 링크에서 다운로드합니다.[1]

버킷에 파일을 업로드할 때 눈여겨볼 부분은 업로드 속도입니다. 만약 버킷 리전이 현재 거주하는 곳과 가깝다면 순식간에 업로드가 되었겠지만, 내가 요청한 지역과 실제 버킷의 지역 간 물리적 거리가 멀다면 속도 지연이 발생합니다. 뿐만 아니라 이미지 파일을 읽어올 때도 처음에는 지연이 발생합니다. 하지만 똑같은 요청이 두 번째 들어온다면 지연 시간 없이 즉시 이미지가 열립니다.

사용자가 정확하고 빠른 서비스를 원할 때 CloudFront CDN의 필요성을 느낄 수 있습니다. CDN 생성으로 사용자의 요청은 오리진을 거치지 않고 엣지 로케이션을 통해 빠른 콘텐츠 전송이 가능해집니다.

---

1 https://awslearners-bucket.s3.ap-northeast-2.amazonaws.com/image_public/bridge.jpg

8.3.2 CloudFront CDN 생성하기

AWS 콘솔에서 CloudFront를 찾아 들어가면 다음과 같은 메인 화면을 볼 수 있습니다(그림 8-6). CloudFront가 무엇인지, 앞서 언급했던 장점은 어떤 것이 있는지 설명하고 있으니 한 번 읽어보는 것을 추천합니다. 새로운 CloudFront 분산 시스템을 만들기 위해 우측 [CloudFront 배포 생성] 버튼을 누릅니다.

그림 8-6 CloudFront 메인 화면

우선 오리진(원본)[2]에 대한 기본 정보를 입력해야 합니다(그림 8-7). '원본 도메인' 텍스트 박스를 클릭하면 S3 버킷을 포함하여 ELB 등 오리진을 무엇으로 사용할지 선택해야 합니다. 앞서 만들었던 버킷을 찾아서 선택합니다(필자의 버킷 이름은 'awslearner-cloudfront-test222'입니다). 다음 '원본 경로'는 선택사항이며 버킷 안에 여러 개의 폴더가 있고, 각 폴더 안에 다른 파일이 있는 경우 특정 폴더만 오리진 경로로 지정하기를 원할 때 사용하면 됩니다. 앞서 버킷에 이미지 파일을 바로 업로드했기 때문에 원본 경로가 필요 없습니다. '원본 이름'은 AWS에서 디폴트로 '원본 도메인'을 그대로 가져와서 사용하고 있지만 다른 이름을 부여할 수도 있습니다.

....

2 '원본'이 아닌 오리진이라는 용어가 문맥상 더 잘 맞습니다. 원래의 제품이라는 뜻을 내포하고 있는 '원본', 그렇지 않은 '사본'이란 개념으로 잘못 이해할 수 있다고 생각하여 원래 시작점이라는 의미를 담고 있는 '오리진'이라는 용어를 계속 사용하겠습니다.

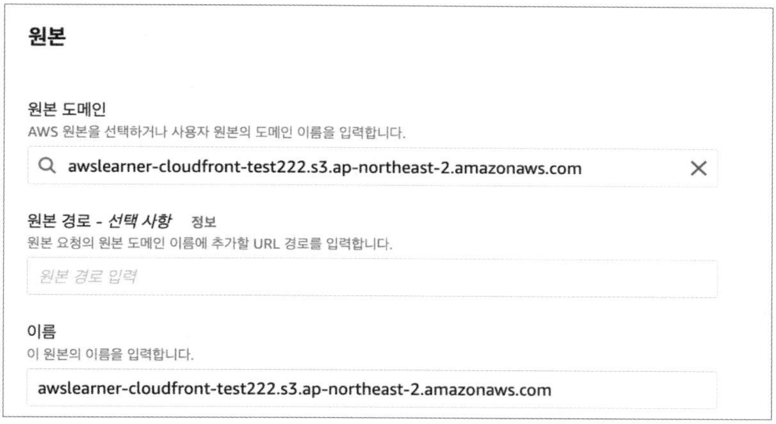

원본

원본 도메인
AWS 원본을 선택하거나 사용자 원본의 도메인 이름을 입력합니다.

🔍 awslearner-cloudfront-test222.s3.ap-northeast-2.amazonaws.com ✕

원본 경로 - 선택 사항 정보
원본 요청의 원본 도메인 이름에 추가할 URL 경로를 입력합니다.

원본 경로 입력

이름
이 원본의 이름을 입력합니다.

awslearner-cloudfront-test222.s3.ap-northeast-2.amazonaws.com

그림 8-7 CloudFront 배포 생성 화면 – 1

다음 'S3 버킷 액세스'의 디폴트는 [OAI 사용 안 함]으로 되어 있으나 만약 [예, OAI 사용]으로 바꾼다면 버킷에 있는 콘텐츠는 CloudFront를 통해서만 접근 가능합니다. OAI^{origin access} ^{identity}는 CloudFront에 존재하는 '가상 유저'이며 CloudFront 분산 네트워크 권한을 가지고 오리진으로부터 콘텐츠를 가져올 수 있게 합니다. 실습 목표는 CloudFront를 통해 CDN을 구축하는 것이기 때문에 [예, OAI 사용]으로 설정하겠습니다(그림 8-8). 이후 추가적으로 묻는 것이 생깁니다. 처음 버킷 생성 시 '퍼블릭 액세스 차단'을 유지한다면 버킷 생성자를 제외하고 아무도 버킷 안에 접근할 수 없지만, OAI를 통해 외부 사용자에게 버킷 접근 권한을 줄 수 있습니다.

이제 새로운 OAI를 만들어보겠습니다. 우측 [새 OAI 생성] 버튼을 누릅니다. '원본 액세스 ID' 버킷 이름 앞에 'access-identity-'가 접두사로 붙은 것을 확인할 수 있습니다. [생성]을 눌러 OAI를 만듭니다(그림 8-9).

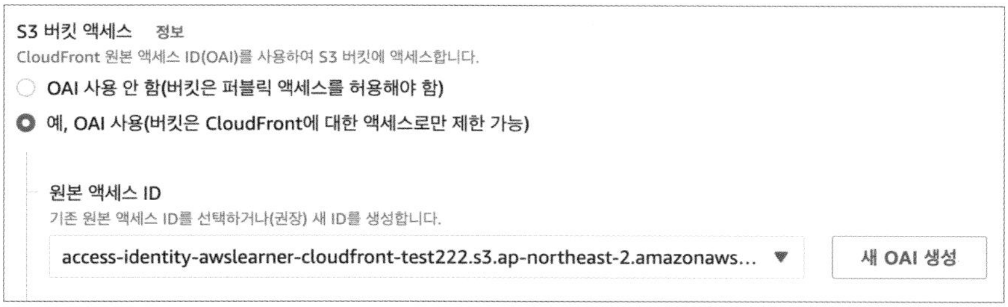

S3 버킷 액세스 정보
CloudFront 원본 액세스 ID(OAI)를 사용하여 S3 버킷에 액세스합니다.
○ **OAI 사용 안 함**(버킷은 퍼블릭 액세스를 허용해야 함)
◉ **예, OAI 사용**(버킷은 CloudFront에 대한 액세스로만 제한 가능)

　　원본 액세스 ID
　　기존 원본 액세스 ID를 선택하거나(권장) 새 ID를 생성합니다.

　　access-identity-awslearner-cloudfront-test222.s3.ap-northeast-2.amazonaws... ▼　　　新 OAI 생성

그림 8-8 CloudFront 배포 생성 화면 – 2

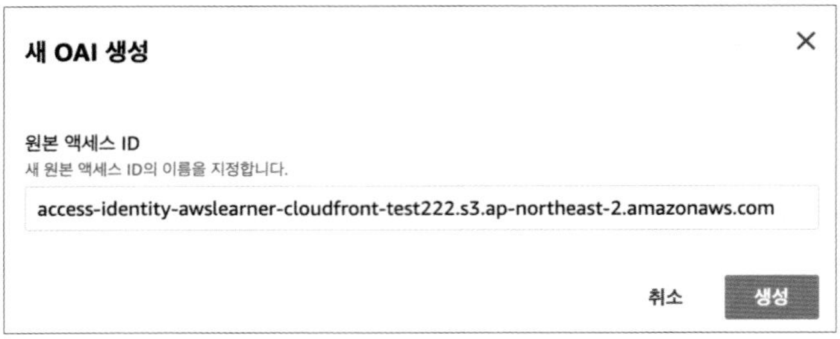

새 OAI 생성

원본 액세스 ID
새 원본 액세스 ID의 이름을 지정합니다.

access-identity-awslearner-cloudfront-test222.s3.ap-northeast-2.amazonaws.com

취소   생성

그림 8-9 새로운 OAI 생성 화면

다음 '버킷 정책' 허용 여부 선택은 버킷 읽기 권한을 새로운 사용자에게 부여할지에 대한 권한 선택입니다(그림 8-10). 반드시 [예, 버킷 정책 업데이트]로 선택합니다. 이는 버킷 정책을 자동으로 업데이트하고, 버킷을 퍼블릭 액세스에 허용하지 않아도 되기 때문입니다. 집필 시점 기준으로 새로 생긴 기능인 'Origin Shield' 활성화 여부는 [정보]를 누르면 설명이 있기 때문에 이곳에서 따로 다루지 않겠습니다. CloudFront에서 캐시를 사용하며, 적중률을 높이기 위해 계층을 추가하게 되는데 이때 비용이 발생하므로 신중히 결정해야 합니다. 여기서는 [아니요]로 두겠습니다. '추가 설정' 항목은 선택사항이며 디폴트로 두어도 지장이 없기 때문에 다루지 않겠습니다.

그림 8-10 CloudFront 배포 생성 화면 – 3

이제 캐시에 대한 부분을 설정해야 합니다(그림 8-11). 처음 등장하는 '경로 패턴'은 수정할 수 없습니다. [정보]를 클릭해서 설명을 살펴보면 캐시 동작에 적용되는 요청을 결정하며 '기본값(*)'이란 정규 표현식regular expression에 근거하여 모든 문자를 포함한다는 뜻입니다. '자동으로 객체 압축'은 콘텐츠를 오리진에서 전송 시 압축해서 보낼지에 대한 여부를 정의합니다. 압축하기 위해 필요한 항목과 조건이 있으며 이에 대한 자세한 내용은 [정보] 버튼을 눌러 확인합니다. '뷰어 프로토콜 정책'에는 HTTP와 HTTPS를 모두 허용할지, HTTP를 HTTPS로 재전송할지, HTTPS만 허용할지 총 세 가지 선택사항이 있습니다. 여기서는 모든 HTTP 요청을 HTTPS로 재전송하기 위해 [Redirect HTTP to HTTPS]를 선택합니다. 일반적으로 HTTPS가 HTTP보다 보안이 훨씬 뛰어납니다. 이는 SSLsecure socket layer 인증서를 통해 서버에서 브라우저로 정보가 안전하게 전달될 수 있습니다.

기본 캐시 동작

경로 패턴 정보
  기본값(*)

자동으로 객체 압축 정보
○ No
● Yes

뷰어

뷰어 프로토콜 정책
○ HTTP and HTTPS
● Redirect HTTP to HTTPS
○ HTTPS only

그림 8-11 CloudFront 배포 생성 화면 – 4

다음으로 GET, HEAD, PUT 등 다양한 API 요청을 전달받을 때 어떤 HTTP 방법을 허용할지 선택합니다(그림 8-12). API 요청 방법에 대한 자세한 설명은 10장에서 다루겠습니다. 지금은 디폴트 값인 [GET, HEAD]를 사용하겠습니다. GET과 HEAD는 웹사이트에서 가장 흔히 사용됩니다. GET은 문자 그대로 콘텐츠를 서버에서 가져오고, HEAD는 GET과는 사용 용도가 같으나 요청에 대한 응답 몸통response body[3]이 없습니다. 다음 '뷰어 액세스 제한'은 'No'를 선택합니다. 만약 뷰어 액세스를 제한한다면('Yes'를 선택) '신뢰할 수 있는 인증 유형'을 선택

----

3 응답 몸통은 API 요청을 받고 처리된 내용(메타데이터, 성공/실패 여부 등)을 담고 있으며 일반적으로 JSON 포맷을 지원합니다.

할 수 있습니다. AWS에서는 [Trusted Key Groups] 생성을 권장하며 이는 EC2 인스턴스에 접속할 때 사용했던 '.pem' 파일과 비슷한 개념입니다. 특정 웹사이트 사용을 위해 로그인해야 만 하듯, 뷰어 액세스 제한을 통해 오로지 권한을 부여받은 사용자만 서명된 URL$^{signed\ url}$을 통 해 CloudFront에서 호스팅하는 서버를 사용할 수 있습니다.

허용된 HTTP 방법

- ◉ **GET, HEAD**
- ○ **GET, HEAD, OPTIONS**
- ○ **GET, HEAD, OPTIONS, PUT, POST, PATCH, DELETE**

뷰어 액세스 제한
뷰어 액세스를 제한하는 경우 뷰어는 CloudFront 서명된 URL 또는 서명된 쿠키를 사용하여 사용자의 콘텐츠에 액세스해야 합니다.

- ◉ **No**
- ○ **Yes**

그림 8-12 CloudFront 배포 생성 화면 – 5

다음으로 '캐시 키 및 요청 원본'에 대해 설정해야 합니다(그림 8-13). 캐시는 일시적 저장 공 간이기 때문에 하드디스크와 달리 영구적으로 데이터가 저장될 수 없지만 데이터 접근 시 지연 시간이 거의 없습니다. S3 버킷(오리진)에 있는 콘텐츠를 CloudFront를 통해 전달받고, 엣지 로케이션을 생성하여 사용자가 서버 요청을 하면, 캐시를 거쳐 콘텐츠를 빨리 전달합니다(그 림 8-14). 디폴트 정책을 사용해 오리진으로부터 전달받은 콘텐츠가 얼마나 오랫동안 캐시에 저장되는지 TTL$^{time\ to\ live}$을 설정할 수 있습니다. AWS는 캐시 및 오리진 요청 정책을 사용하 는 것을 권장하나 더 이상 사용되지 않는 레거시^{legacy} 캐시 설정을 가져올 수도 있습니다. 여기 서는 [Cache Policy and origin request policy (recommended)]를 사용할 것이며, 캐시 정책과 오리진 요청 정책을 지정해야 합니다.

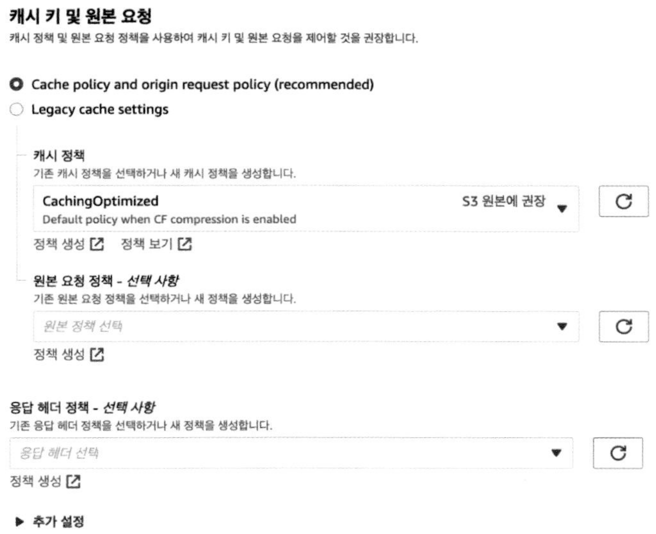

캐시 키 및 원본 요청
캐시 정책 및 원본 요청 정책을 사용하여 캐시 키 및 원본 요청을 제어할 것을 권장합니다.
Cache policy and origin request policy (recommended)
Legacy cache settings
캐시 정책
기존 캐시 정책을 선택하거나 새 캐시 정책을 생성합니다.
CachingOptimized
S3 원본에 권장
Default policy when CF compression is enabled
정책 생성
정책 보기
원본 요청 정책 - 선택 사항
기존 원본 요청 정책을 선택하거나 새 정책을 생성합니다.
원본 정책 선택
정책 생성
응답 헤더 정책 - 선택 사항
기존 응답 헤더 정책을 선택하거나 새 정책을 생성합니다.
응답 헤더 선택
정책 생성
추가 설정

그림 8-13 CloudFront 배포 생성 화면 – 6

엣지 로케이션
캐시
사용자
CloudFront
S3 버킷(오리진)

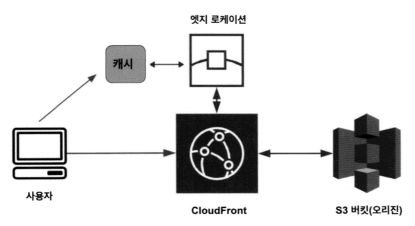

그림 8-14 오리진과 엣지 로케이션, 캐시와 사용자의 호환 과정

현재 설정된 캐시 정책에 대한 자세한 설명을 보려면 [정책 보기]를 누르세요. 캐시 정책을 변경하지 않고 [정책 보기]를 확인하면 'Managed-CachingOptimized'에 대한 상세 정보를 볼 수 있습니다(그림 8-15). 디폴트 정책이며 허용하는 TTL 범위는 최소 1초부터 최대 31536000초입니다(31536000초는 365일입니다). 디폴트는 86400초(24시간)입니다.

'Managed-CachingOptimized'는 캐싱 기능이 가장 극대화된 것입니다. 여러분이 다른 캐시 정책의 상세 정보를 직접 살펴보면서 TTL 허용 범위가 어떻게 달라지는지 확인해보세요.

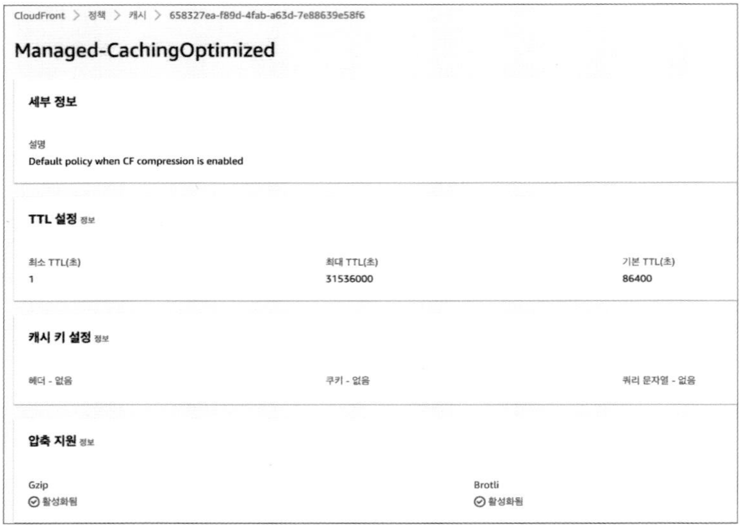

그림 8-15 캐시 정책 상세 정보 화면

다시 CloudFront 배포 생성 화면으로 돌아오겠습니다. '원본 요청 정책'은 선택사항이며 입문자에게 무거운 내용이 내포되어 있기 때문에 이 책에서는 다루지 않겠습니다.

이제 캐시 동작에 대한 설정은 마쳤습니다. 다음으로 '함수 연결'을 할 수 있고 이 설정은 선택사항입니다(그림 8-16). 이번 실습에서는 자세히 다루지 않으나 유용한 기능이기 때문에 간단히 설명하겠습니다. 총 네 가지 상황(이벤트)에 따라 특정 함수를 실행할 수 있습니다. 함수는 크게 CloudFront 함수와 Lambda 엣지[Lambda@Edge] 오리진으로 나뉩니다. Lambda 함수와 마찬가지로 개발자가 구현한 코드에 근거하여 이벤트 발생 시 함수를 실행합니다. 이는 데이터 전처리 과정에서 종종 사용됩니다. 참고로 CloudFront 함수와 Lambda 엣지 차이는 거의 없기 때문에 아무거나 사용해도 큰 문제는 없습니다.

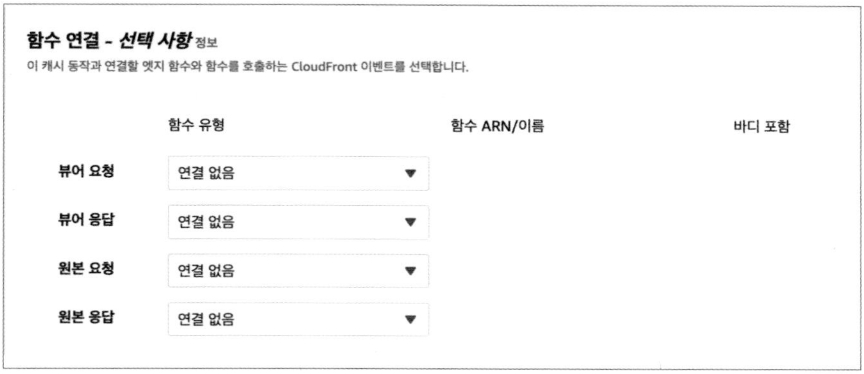

함수 연결 - *선택 사항* 정보

이 캐시 동작과 연결할 엣지 함수와 함수를 호출하는 CloudFront 이벤트를 선택합니다.

	함수 유형	함수 ARN/이름	바디 포함
뷰어 요청	연결 없음 ▼		
뷰어 응답	연결 없음 ▼		
원본 요청	연결 없음 ▼		
원본 응답	연결 없음 ▼		

그림 8-16 CloudFront 배포 생성 화면 – 7

다음으로 배포에 대한 주요 설정을 해야 합니다(그림 8–17). '가격 분류'에 따라 엣지 로케이션을 얼마나 많이 전 세계에 생성할지 정하는 옵션입니다. 물론 엣지 로케이션이 많아질수록 지출은 늘어납니다. 전 세계 사용자를 위한 엣지 로케이션 생성을 원한다면 디폴트 옵션 [모든 엣지 로케이션에서 사용(최고의 성능)]을 사용합니다. 그러나 저렴한 비용으로 특정 지역에 제한한 엣지 로케이션 생성을 원한다면 사용 사례에 따라 [북미 및 유럽만 사용] 혹은 [북미, 유럽, 아시아, 중동 및 아프리카에서 사용]으로 바꿉니다. 앞서 ACL을 만들지 않았기 때문에 'AWS WAF 웹 ACL' 항목에는 아무것도 뜨지 않습니다. 이는 선택사항이며 입문자에게 무거운 주제이기 때문에 자세한 설명은 건너뛰겠습니다. 여기서 WAF$^{\text{web application firewall}}$란 웹 페이지 사용 시 발생할 수 있는 위협(해킹, 바이러스 등) 요소로부터 지켜주는 방화벽입니다. '대체 도메인 이름(CNAME)'은 이미 홈페이지 도메인 주소를 구매했다면 이곳에서 사용할 수 있으며, [항목 추가]를 눌러 도메인 주소를 추가할 수 있습니다. 그렇지 않으면 CloudFront는 새로운 도메인 주소를 만듭니다.

그림 8-17 CloudFront 배포 생성 화면 – 8

'사용자 정의 SSL 인증서'는 SSL 인증서가 있어야 HTTP 요청을 HTTPS로 바꿀 수 있습니다 (그림 8-18). AWS에서 제공하는 디폴트 인증서뿐만 아니라 우리가 생성한 인증서를 사용할 수도 있습니다. 생성한 인증서를 사용하기 위해서는 AWS Certificate Manager에 인증서를 업로드해야 하며 반드시 북부 버지니아 지역이어야 합니다.[4] [인증서 요청]을 누르면 새 창이 뜨고, 홈페이지 URL을 입력한 후 인증서를 연결시킬 수 있습니다. 하지만 아직 URL이 없기 때문에 이 과정을 거칠 수 없습니다. 따라서 지금은 인증서 없이 진행하도록 하겠습니다.

다음 '지원되는 HTTP 버전'은 기존 버전(HTTP/1.0, HTTP/1.1)을 포함하여 새로운 버전을 허용할지에 대한 설정입니다. 집필 시점 기준으로 HTTP/2.0이 최신 버전이며 디폴트는 모든 버전을 허용하는 것입니다. HTTP/1.0에 비해 HTTP/2.0은 훨씬 안정적이고 네트워크 처리 속도가 월등히 빠릅니다. 전 세계 사용자가 사용하는 것을 고려해서 다양한 옵션을 열어두는 것으로 생각해야 하기 때문에 디폴트 옵션을 사용합니다. '기본값 루트 객체', '표준 로깅'은 건너뜁니다. 마지막 IPv6 기능은 IPv4에 비해 더 많은 IP 주소를 포함할 수 있지만 주소 체계가 훨씬 복잡합니다. 현존하는 IPv4 주소로 우후죽순 늘어나는 웹 페이지를 감당하기 힘들 것이며, 추후 IP 주소는 IPv6으로 대체될 것입니다. 이렇게 CloudFront 배포 생성에 대한 설명을 모두 마쳤습니다. [배포 생성] 버튼을 누릅니다.

---

4 북부 버지니아 지역이 아니라면 생성한 인증서를 사용할 수 없습니다.

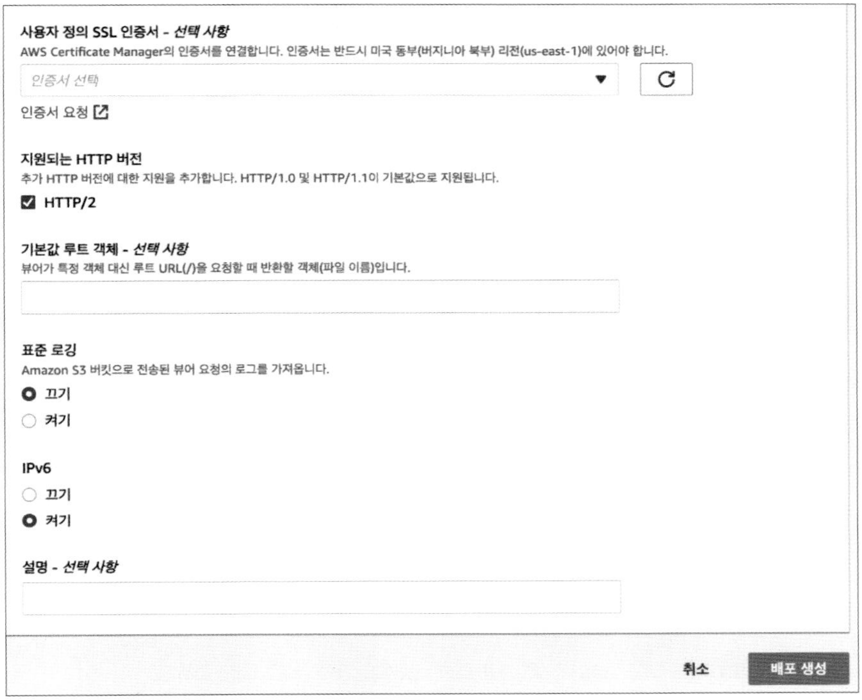

그림 8-18 CloudFront 배포 생성 화면 – 9

CloudFront 배포 생성 시간은 네트워크 상황에 따라 차이는 있고, 대략 5~10분 정도 걸립니다. 배포 시간이 오래 걸리는 이유는 다음과 같습니다. 첫 번째로 엣지 로케이션을 전 세계에 생성해야 하기 때문입니다. 두 번째로 오리진에서 설정해준 내용을 엣지 로케이션에도 적용시켜야 하기 때문입니다. 배포가 완료되었다면 [그림 8-19]와 같이 '상태'에 '활성화됨'을 확인할 수 있습니다. ID를 눌러 배포 상세 옵션을 살펴보겠습니다(필자 ID는 'EN9TM2AN4HAFO' 입니다).

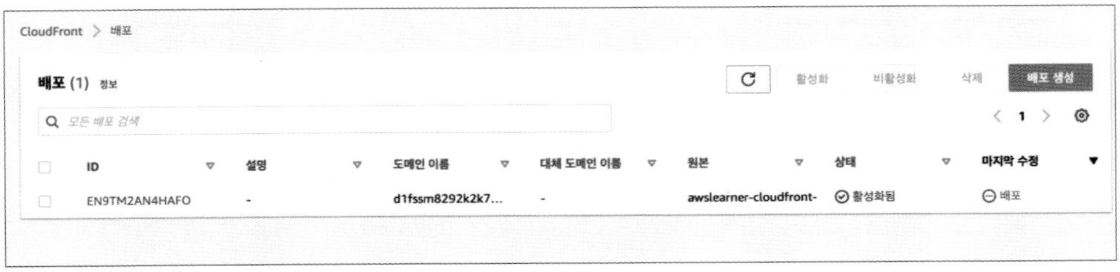

그림 8-19 CloudFront 배포 완료 화면

가장 먼저 '일반' 탭의 '배포 도메인 이름'을 봅시다. 이는 CloudFront에서 만든 웹사이트 URL 주소입니다(그림 8-20). 이 주소를 이용해서 추후 S3 버킷 콘텐츠에 접근할 것입니다. 이제 다른 탭을 클릭해서 우리가 만든 CloudFront 배포에 대한 정보를 살펴보겠습니다. [원본] 탭을 누릅니다.

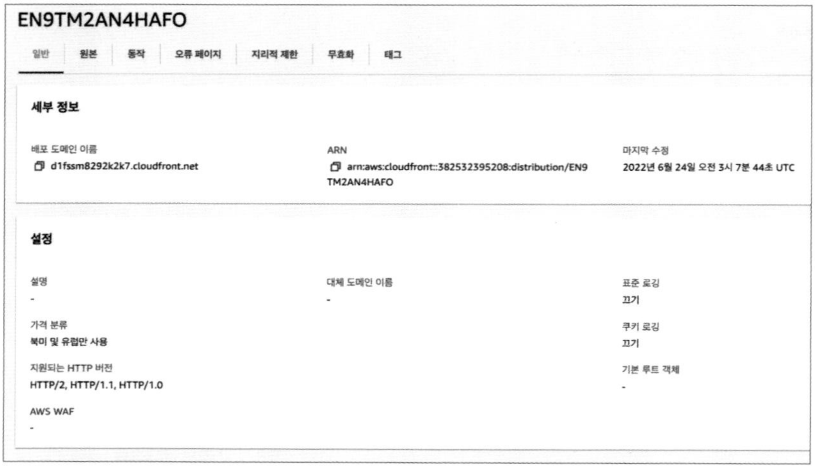

그림 8-20 CloudFront 배포 '일반' 탭 화면

원본 이름과 원본 도메인 주소가 보입니다(그림 8-21). 이는 S3 버킷 주소명과 동일합니다. 이제 [원본 생성]을 눌러 새로운 오리진을 만들 수 있습니다. S3 버킷 말고 EC2 인스턴스를 추가할 수 있는 것입니다. 참고로 오리진은 최대 세 개까지 만들 수 있습니다. 다음 [동작] 탭을 누릅니다.

그림 8-21 CloudFront 배포 '원본' 탭 화면

'경로 패턴'은 S3 버킷 폴더에 상관없이 모든 오브젝트에 접근 가능하게 합니다(그림 8-22). 앞서 패턴을 생성하지 않았기 때문에 디폴트로 '기본값(*)'이 설정되어 있습니다. '*'는 정규 표현식으로 모든 것을 포함하겠다는 뜻입니다. '뷰어 프로토콜 정책'은 모든 HTTP 요청을 HTTPS로 바꿔주는 기능으로 앞서 설정했고, '캐시 정책 이름'도 마찬가지로 앞서 설정했습니다. 다음 [오류 페이지] 탭을 누릅니다.

그림 8-22 CloudFront 배포 '동작' 탭 화면

오류 페이지는 현재 비어있습니다(그림 8-23). 오류 페이지는 사용자가 웹사이트 사용 시 각종 오류에 직면할 수 있으며 대표적으로 '404 페이지를 찾을 수 없습니다'가 있습니다. 이렇게 에러가 발생했을 때 보여주는 페이지를 [사용자 정의 오류 응답 생성]을 눌러 직접 설정할 수 있습니다. 다음 [지리적 제한] 탭을 살펴보겠습니다.

그림 8-23 CloudFront 배포 '오류 페이지' 탭 화면

특정 국가의 사용자를 차단할 수 있는 기능입니다. [편집] 버튼을 누르면 허용 목록[whitelist]과 차단 목록[blacklist]을 변경할 수 있으며 여기서 원하는 국가를 넣어줄 수 있습니다(그림 8-24). 다음으로 [무효화] 탭을 누릅니다.

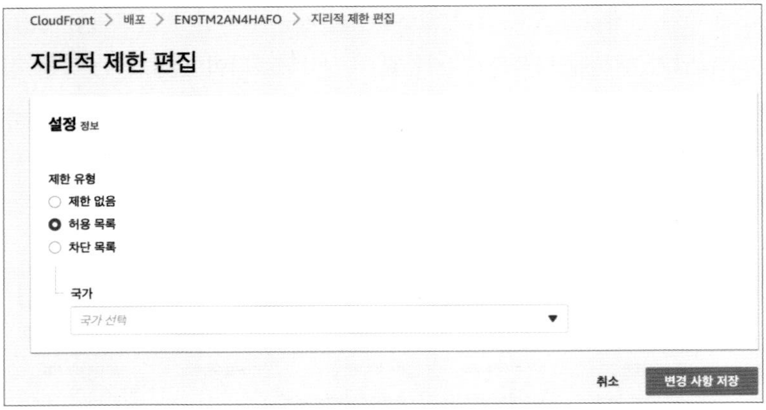

그림 8-24 CloudFront 배포 '지리적 제한' 탭 화면

엣지 로케이션 캐시에 있는 내용을 삭제할 수 있습니다(그림 8-25). 언제 삭제하면 좋을까요? 예를 들면 다음과 같습니다. S3 버킷(오리진)에 파일이 새로 업데이트되었으나 캐시에는 여전히 이전 파일이 있는 경우 사용자는 새로운 콘텐츠를 접할 수 없습니다. 캐시에 새로운 파일을 업데이트하기 위해서 캐시를 비워야 할 때 무효화 과정을 거치면 됩니다. 물론 TTL 설정 시간이 지나면 캐시의 콘텐츠는 사라지나, 마냥 기다릴 수는 없을 때 캐시를 삭제하면 됩니다. 이때 치명적인 단점으로, 무효화 과정을 거칠 시 추가 비용이 생깁니다. 따라서 TTL 설정을 애플리케이션에 맞게 올바로 설정해주는 것이 좋습니다. 버킷 콘텐츠가 자주 업데이트된다면 그만큼 TTL을 낮추면 됩니다. 마지막 [태그] 탭에 대한 설명은 생략하겠습니다.

그림 8-25 CloudFront 배포 '무효화' 탭 화면

8.3.3 CloudFront URL 접근하기

이제 CloudFront에서 생성한 URL을 접근해보겠습니다. 접근하기 전 우선적으로 해줘야 할 일이 몇 가지 있습니다. [그림 8-21]처럼 '원본 액세스 ID'가 있으며 CloudFront에서 URL

에 접근할 것이기 때문에 퍼블릭 접근이 더는 필요 없습니다. 앞서 오리진 버킷 생성 시 퍼블릭 액세스 접근 차단 기능을 해제했으나 다시 변경해야 합니다. 따라서 S3 버킷으로 돌아가서 [모든 퍼블릭 액세스 차단]을 체크합니다. 그리고 버킷에 업로드된 이미지 파일을 클릭해서 열어보겠습니다. [객체 URL]을 누르면 다음과 같이 에러 메시지가 뜹니다(그림 8-26). 이렇게 CloudFront의 도움 없이 순수 S3 버킷으로는 오브젝트에 접근할 수 없게 되었습니다.

그림 8-26 S3 버킷에서 이미지 파일 접근 시 접근 거부 메시지 뜨는 화면

이제 CloudFront를 사용해서 파일을 열어보겠습니다. 우선 객체 URL을 복사하고 새 탭을 연 후 붙여 넣습니다. 필자의 객체 URL 주소는 다음과 같습니다.

- https://awslearner-cloudfront-test222.s3.ap-northeast-2.amazonaws.com/bridge.jpg

그다음 CloudFront 콘솔로 돌아와서 '배포 도메인 이름'을 복사합니다. 필자의 배포 도메인 주소는 다음과 같습니다.

- https://d1fssm8292k2k7.cloudfront.net

배포 도메인 이름을 객체 URL 주소에서 `bridge.jpg`를 제외하고 덮어씌워줍니다. 그리고 `https`를 `http`로 바꿔줍니다. 최종 CloudFront URL 주소는 다음과 같습니다.

- http://d1fssm8292k2k7.cloudfront.net/bridge.jpg

이렇게 S3 버킷이 아닌 원본 액세스 ID를 기반으로 CloudFront를 통해 콘텐츠에 접근합니다. 위 주소를 접속하면 성공적으로 사진이 보입니다. 처음 접속 시 버퍼링이 생길 수 있으나 똑같은 웹사이트를 다시 들어간다면 엣지 로케이션 캐시에서 파일을 가져오기 때문에 즉시 이미지가 보입니다. 뿐만 아니라 뷰어 프로토콜 정책 덕분에 URL 맨 앞이 `https`로 바뀐 것을 확인할 수 있습니다.

그림 8-27 CloudFront에서 사진 불러오는 화면

다른 브라우저(사파리, 크롬 등)나 기기에서 똑같은 웹 페이지에 방문해서 얼마나 빨리 사진이 열리는지 테스트해보세요. 엣지 로케이션 캐시에 이미 'bridge.jpg' 파일이 들어있다면 즉시 사진이 보일 겁니다.

9장 DynamoDB

4장에서 배운 RDS를 기억하나요? RDS는 AWS에서 제공하는 관계형 데이터베이스 서비스입니다. DynamoDB는 NoSQL 데이터베이스입니다. 이번 장에서는 NoSQL, DynamoDB가 무엇인지, 관계형 데이터베이스와 비교했을 때 어떤 장점이 있는지 알아보겠습니다.

9.1 DynamoDB란?

DynamoDB는 NoSQL$^{Not\ Only\ SQL}$입니다. 일반적인 SQL을 이야기하면 관계형 데이터베이스를 먼저 떠올리지만 NoSQL 데이터베이스도 존재합니다. NoSQL이 무엇인지 이해한 후 DynamoDB에 대해서 이야기하겠습니다.

9.1.1 NoSQL 이해하기

NoSQL은 2000년대 후반에 등장하여 천천히 데이터베이스 세계에 자리를 잡았습니다. 특히 데이터 모델이 복잡해지고 방대한 양의 데이터를 보관할 때 드는 비용이 저렴하다는 사실을 알게 되었을 때 NoSQL은 IT 업계에서 각광을 받기 시작했습니다. NoSQL에서 'No'는 'Not Only'로 사용되어 관계형 데이터베이스뿐만 아니라 NoSQL도 존재한다는 뜻입니다.

NoSQL은 관계형 데이터베이스처럼 행과 열이 존재하는 테이블 형태가 아닙니다. 데이터 모델을 어떻게 설계하느냐에 따라 데이터베이스의 포맷이 달라집니다. 이는 크게 세 가지로 나눌 수 있습니다.

- **문서 데이터베이스**: 주로 JSON 형태의 문서를 보관합니다. 문서는 필드와 값으로 구성되어 있으며 문자열, 숫자, 배열 등 다양한 데이터 타입을 허용합니다.
- **Key-Value 데이터베이스**: 문서 데이터베이스와 비슷하나 구조가 훨씬 간단하며, 마찬가지로 Key-Value 형태의 JSON 데이터를 보관합니다.
- **그래프 데이터베이스**: 노드와 엣지를 사용하여 데이터를 보관합니다(그림 9-1). [그림 9-1]을 살펴보면 세 개의 노드와 여섯 개의 엣지가 있습니다. 노드에는 테이블의 정보(유저 아이디, 이름, 나이 등)가 있고 엣지는 하나 혹은 여러 개의 노드를 연결하고 있으며 노드의 관계를 묘사합니다.

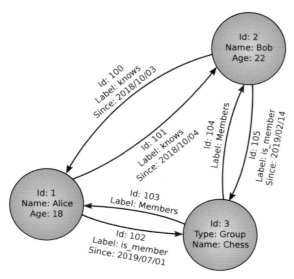

그림 9-1 그래프 데이터베이스 예시 화면

9.1.2 DynamoDB 개념 잡기

DynamoDB는 어떻게 생겼는지 알아보겠습니다. 다음 테이블(그림 9-2)로 설명해보겠습니다. 테이블 안에는 아이템^{item}이 들어있습니다. 아이템은 관계형 데이터베이스에서 행^{row}과 개념이 비슷합니다. 따라서 `{'customer_id':644, 'age':26, 'visit':True}`가 하나의 아이템입니다. 특징은 열^{column}과 개념이 비슷합니다. `{'age':[26, 31]}`이 하나의 특징입니다. DynamoDB가 키-값 쌍으로 이루어져 있다고 배웠죠? [그림 9-2]에서 키는 데이터의 이름이고 값은 데이터 자신입니다. 예를 들어 키는 `customer_id`이고 값은 '실제 고객아이디'입니다.

customer_id	age	visit
644	26	True
821	31	False

그림 9-2 DynamoDB 테이블 예제 – 1

[그림 9-2] 테이블을 JSON 형태로 표현하면 다음과 같습니다.

```
[
    {
        'customer_id': '644',
        'age': 26,
        'visit':True
    },
    {
        'customer_id': 821,
        'age': 31,
        'visit':False
    }
]
```

이렇게 JSON 형태의 데이터를 NoSQL 데이터베이스 DynamoDB에 삽입 및 수정할 수 있습니다. 이제 DynamoDB, NoSQL의 장점에 대해서 알아보겠습니다. **AWS 자격증 시험**을 준비하는 분은 이 부분을 집중해서 공부하길 권장합니다. 시험에서 관계형 데이터베이스와 NoSQL의 장단점이나 사용 사례를 구별하는 문제가 종종 출시되기 때문입니다.

9.1.3 DynamoDB 장점 알아보기

DynamoDB 쿼리 속도는 타의 추종을 불허할 만큼 아주 빠릅니다. 물론 잘 구축된 데이터베이스 디자인도 중요하나, 일반적으로 NoSQL 데이터베이스는 쿼리 속도(특히 읽기 속도)가 매우 빠릅니다. NoSQL은 테이블 비정규화 과정을 기본적으로 거치는데, 테이블 비정규화는 쓰기 퍼포먼스를 낮추는 대신 읽기 퍼포먼스를 극대화하는 것이 핵심입니다. 정규화 과정을 거친 테이블에는 중복 데이터^{duplicated data}가 존재하지 않습니다. 정규화된 테이블에는 기본키^{primary key}가 있으며 다른 테이블과 합쳐질 때 사용됩니다. 그러나 비정규화된 테이블은 이미 중복 데이터를 포함하고 있기 때문에 다른 테이블과 합치는 과정^{join}이 필요 없습니다(그림 9-3). 그러므로 쿼리 속도가 빨리지는 것입니다.

정규화(Normalized)

Products

id
name
price

Orders

id
product_id
customer_id
details

Customers

id
name
phone
email

비정규화(Denormalized)

id
product_name
product_price
order_id
order_details
customer_name
customer_phone
customer_email

그림 9-3 정규화 VS 비정규화 테이블

DynamoDB는 오토스케일링 기능이 있습니다. 처음 데이터베이스를 만들 때 크기가 정해지는데 오토스케일링 기능이 활성화된다면 들어오는 데이터 크기에 따라 테이블 크기가 자동으로 변경됩니다. EC2 인스턴스와 마찬가지로 DynamoDB 역시 데이터의 처리량에 따라 성능을 늘렸다 줄였다 합니다. 오토스케일링을 통해 불필요한 자원을 줄여 비용을 대폭 절약할 수 있습니다.

DynamoDB는 NoSQL이기 때문에 테이블 생성 시 스키마schema를 정의할 필요가 없습니다. 관계형 데이터베이스(RDS)는 가장 먼저 정의해야 하는 것이 스키마입니다. 스키마는 데이터베이스의 전반적인 구조 및 데이터 개체entity, 속성attribute 등의 정보를 포함합니다. 스키마에는 하나 혹은 여러 개의 테이블이 존재할 수 있으며 다른 스키마와 어떤 관계에 놓여있는지에 대한 무결성 제약 조건integrity constraint을 정의할 수 있습니다. [그림 9-3]을 보면 왼쪽에 정규화 과정을 거친 세 개의 테이블이 있습니다. 테이블은 하나의 스키마에 정의될 수 있으며 각 테이블마다 연결고리가 존재할 수 있습니다. Customers 테이블과 Orders 테이블이 연결되어 고객이 어떤 주문을 했는지, 어떤 물건이 팔렸는지에 대한 정보를 기본키를 통해 알 수 있습니다. 다시 본론으로 돌아오겠습니다. DynamoDB는 NoSQL이며 테이블 생성 시 기본키를 제외한 어떤 것도 미리 정의되지 않습니다. 개체와 속성을 미리 알 필요가 없습니다. JSON 형태의 데이터가 들어오면 그대로 스키마와 테이블이 생성되며 데이터 타입이 자동으로 정의됩니다. 추후 DynamoDB를 실습할 때 테이블에 데이터를 어떻게 삽입하는지 따라 해보면 쉽게 이해할 수 있습니다.

이러한 이점으로 DynamoDB는 IoT나 모바일, 웹 애플리케이션 데이터를 처리할 때 사용하면 좋습니다. 실시간으로 들어오는 데이터 양을 미리 알 수 없기 때문에 DynamoDB의 오토 스케일링 기능을 함께 사용하면 더할 나위 없이 좋습니다. 마지막으로 DynamoDB는 SSD 스토리지를 사용합니다. 따라서 데이터를 읽고 쓰는 데 속도가 정말 빠릅니다.

9.1.4 기본키의 두 가지 종류 이해하기 – 파티션키 & 복합키

DynamoDB는 다른 데이터베이스와 마찬가지로 기본키$^{primary\ key}$(PK)가 있습니다. PK는 테이블에 있는 고유키이며, PK로 쿼리하여 원하는 데이터를 가져올 수 있고, 다른 테이블과 합칠 수도 있습니다. DynamoDB는 두 가지 기본키를 지원합니다. 하나씩 자세히 살펴보겠습니다.

파티션키

첫 번째로 파티션키$^{partition\ key}$는 테이블에 있는 데이터를 파티션으로 나누고 분리시키는 데 사용되는 키입니다. 실제로 데이터가 들어가는 장소를 정해줍니다. 여기서 장소란 DynamoDB 안에서 해시 함수$^{hash\ function}$를 실행시켜 반환되는 주솟값입니다. 따라서 하나의 장소에는 같은 데이터가 두 개 이상 있을 수 없습니다. DynamoDB는 데이터를 아이템 단위로 그룹화하여 보관합니다.[1] 아이템은 여러 개의 스토리지에 분산되어 보관되는데 이를 파티션(DynamoDB 내부에 있는 물리적 스토리지)이라 부릅니다. 다른 데이터베이스와 마찬가지로 DynamoDB도 기본키에 의해 데이터를 보관하고 가져옵니다. 쉬운 예제를 통해 이해해봅시다.

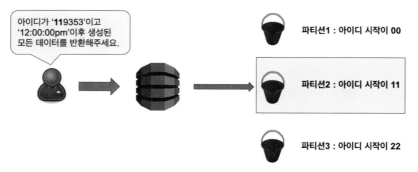

그림 9-4 파티션키는 데이터를 파티션으로 나누는 역할을 한다.

---

1 아이템이란 테이블의 행(row), 열(column)을 의미합니다. 행은 레코드(record), 튜플(tuple), 열은 속성(attribute)의 의미로 사용됩니다.

[그림 9-4]에는 총 세 개의 파티션이 있습니다. 각 파티션에는 조건이 있으며 파티션 1에는 아이디가 '00'으로 시작되는 데이터만 들어있습니다. 파티션 2에는 아이디가 '11'로 시작되는 데이터, 파티션 3에는 아이디가 '22'로 시작되는 데이터가 있습니다. 그리고 사용자는 테이블을 쿼리하며 아이디가 '119353'인 데이터를 찾으려 합니다. 사용자가 원하는 아이디는 '11'로 시작되며 DynamoDB는 파티션키에 근거하여 파티션 2에 들어있는 데이터만 찾습니다. 파티션 1과 파티션 3은 무시됩니다.

파티션키를 선택할 때 다음 사항을 고려합니다. 주로 높은 카디널리티^{high cardinality}가 파티션키로 사용되며 주로 아이디 필드(예: customer_id, order_id, employee_id)가 파티션키로 사용됩니다. 높은 카디널리티란 중복되는 데이터가 많지 않는 것을 의미합니다. [그림 9-5]는 [그림 9-2] 테이블에서 더 추가된 데이터를 보여주며 customer_id는 일곱 개의 고유한 값을 가지고 있습니다. age는 다섯 개(25, 26, 28, 31, 42), visit은 두 개(True, False)의 고유한 값을 가집니다. 따라서 customer_id가 제일 높은 카디널리티이며 파티션키로 가장 적합합니다. 높은 카디널리티일수록 테이블 쿼리 시 초반에 많은 데이터가 필터링되며 전반적인 쿼리 속도가 빨라집니다.

customer_id	age	visit
644	26	True
821	31	False
923	25	True
723	31	True
102	42	True
253	28	False
812	42	True

그림 9-5 DynamoDB 테이블 예제 – 2

복합키

두 번째로 살펴볼 DynamoDB 기본키는 복합키^{composite key}입니다. 여러 개의 키를 합쳐놨다는 뜻이며 위에서 살펴본 파티션키와 정렬키^{sort key}를 합쳐놓은 것입니다. 정렬키는 파티션키로 데이터가 다른 장소로 분리된 다음 그 안에서 정렬키에 의해 데이터가 정렬될 때 사용되는 기준점입니다. [그림 9-6]을 보면 세 명의 고객이 각각 다른 시간에 물건을 구매한 데이터가 들어있습니다. 여기서 파티션키는 customer_id, 정렬키는 purchased_date입니다. 비록 파티션키는 중복 데이터이지만 정렬키는 중복되지 않습니다. 기본키를 복합키로 고를 시 같은 파티션키의 데이터는 같은 장소에 보관되며 정렬키에 의해 데이터가 정렬됩니다. 데이터를 쿼리할 때 customer_id가 xyc94이며 구매 날짜 2022-05-01 이전 모든 데이터를 가져오려고 할 때 우선 파티션키에 의해 xyc94만 스캔한 다음 정렬키에 의해 2022-05-01 이후 데이터는 모두 무시되고 그 이전 데이터만 찾게 됩니다.

customer_id	order_id	purchased_date
xyc94	83753	2022-06-22
xyc94	92456	2022-05-31
xyc94	12953	2022-03-12
irb26	24937	2022-01-30
irb26	87544	2021-12-24
pqw88	75831	2022-06-30
pqw88	29584	2022-06-29

그림 9-6 DynamoDB 테이블 복합키 예제

DynamoDB 기본키는 파티션키 혹은 복합키 둘 중 하나를 반드시 선택해야 하며 정렬키만 기본키로 지정할 수 없습니다. 정렬키는 시간별로 데이터를 정렬하여 원하는 시간대에 포함되어 있는 데이터만 쿼리해서 가져올 때 사용되며 따라서 시간 정보가 들어있는 열이 주로 선택됩니다.

9.1.5 DynamoDB 데이터 접근 관리

DynamoDB에 있는 테이블과 데이터는 AWS 사용자 모두에게 공개될 수 있지만 특정 부서와 유저에게만 필요한 테이블을 쿼리할 수 있는 권한을 부여할 수도 있습니다. DynamoDB는 이런 권한 설정을 어떻게 할 수 있을까요? 2장에서 배운 IAM을 사용하면 됩니다. 사용자에게

테이블 생성과 접근 권한을 부여할 수 있으며, 특정 테이블과 특정 데이터에만 접근을 가능하게 해주는 IAM 역할도 존재합니다. 그렇다면 언제 이러한 IAM 역할을 사용하면 좋을까요? 다음의 예를 하나 살펴보겠습니다.

[그림 9-7]은 전 세계의 게이머 정보가 들어있는 테이블입니다. 게이머 아이디(gamer_id), 지금까지 누적된 점수(score), 그리고 랭킹(ranking) 이렇게 세 개의 열로 구성되어 있습니다. 여기서 게이머 아이디 sk125가 나의 정보이며 쿼리를 통해 현재 본인 기록을 확인하고 싶다고 가정해봅니다. 다른 게이머의 정보가 공개되어서는 안 됩니다. 여기서 아이디가 sk125인 게이머에게는 하나의 레코드만 볼 수 있는 IAM 역할을 할당해주면 됩니다. 이는 다른 게이머들도 마찬가지입니다.

gamer_id	score	ranking
wefx923	99524	1
aweg4225	92125	2
iowetc	91052	3
..	..	..
sk125	58234	106
..	..	..

그림 9-7 DynamoDB 테이블 예제 – 3

9.2 좋은 DB 디자인을 하기 위해 알아야 하는 인덱스는 무엇인가?

앞서 학습한 파티션키와 복합키를 올바르게 골랐다면 아무리 방대한 양의 데이터가 있어도 쿼리 속도는 빠릅니다. 그러나 여기서 쿼리 성능을 더 끌어올릴 수 있는 방법이 있습니다. DynamoDB에는 인덱스index라는 개념이 있습니다.

인덱스란 데이터 쿼리 시 테이블 전체를 스캔하는 것이 아니라 선택한 특정 열을 기준으로 쿼리가 진행됩니다. 인덱스에는 크게 로컬 보조 인덱스local secondary index(LSI)와 글로벌 보조 인덱스global secondary index(GSI) 두 가지가 있습니다.

9.2.1 로컬 보조 인덱스

LSI는 DynamoDB 테이블 생성 시에만 정의할 수 있습니다. 테이블을 만든 후 LSI는 변경 또는 삭제가 불가능합니다. LSI를 잘못 정의했을 경우 테이블을 다시 만들어야 하기 때문에 테이블 생성 시 주의해서 LSI를 정의하세요.

LSI는 파티션키를 사용해야 하지만 정렬키는 다른 것을 사용할 수 있습니다. 즉, 똑같은 파티션키를 사용하더라도 정렬키가 다르기 때문에 전혀 다른 뷰를 생성할 수 있습니다. 파티션키와 정렬키를 같이 사용하기 때문에 LSI는 앞서 배운 복합키를 사용한다고 말할 수 있습니다. LSI가 어떻게 사용되는지 간단한 예를 살펴보겠습니다. [그림 9-8]에서 왼쪽에 메인 테이블이 있고, 이 테이블로부터 두 가지 뷰가 생성되었으며 X는 2019년도 데이터만, Y는 2020년도 데이터만 들어있습니다. LSI는 파티션키와 정렬키를 기반으로 만들어지기 때문에 정렬키를 가지고 쿼리를 실행할 때 훨씬 좋은 성능을 기대할 수 있습니다. 2020년도 데이터만 가져오고 싶은데 정렬키가 없다면 테이블 전체를 스캔해야 하기 때문에 비효율적입니다. 그러나 시간 데이터를 정렬키로 정의할 경우 2020년도 이외의 것은 처음부터 걸러지기 때문에 쿼리 속도가 빨라집니다.

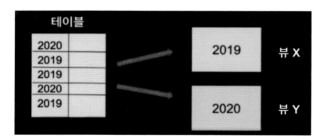

그림 9-8 LSI 예제 화면

'뷰를 만든다'는 개념을 살펴보고 넘어가겠습니다. 여러분은 뷰와 테이블의 차이점을 알고 있나요? 테이블은 데이터가 들어가기 위해 만들어지는 컨테이너이며 실제로 데이터가 존재하는 곳입니다. 뷰는 테이블과 마찬가지로 행과 열이 있으며 테이블과 구조가 똑같으나 뷰는 테이블에서 파생된 것이며 데이터가 들어있지 않습니다. 일반적으로 뷰에서 데이터 수정을 할 수 없습니다. 테이블에서 데이터가 변경되면 뷰는 이를 인식하고 즉시 반영합니다. 인덱스를 정의한다는 의미는 테이블에서 어떤 변화를 주는 것이 아니라 기존 테이블에서 새로운 뷰를 만드는 것입니다.

9.2.2 글로벌 보조 인덱스

LSI와 달리 GSI는 테이블 생성 후에도 추가, 변경, 삭제가 가능합니다. 뿐만 아니라 파티션키와 정렬키를 원래 테이블과 다르게 정의할 수 있습니다. 심지어 정렬키는 필수가 아닌 선택사항입니다. 따라서 완전히 다른 뷰를 만들 수 있습니다. 이번에는 GSI의 쉬운 이해를 돕기 위해 [그림 9-8]에서 살펴본 예제를 확장시켰습니다. [그림 9-9]를 보면 왼쪽 테이블에는 다양한 의류물품 판매 내역에 관한 데이터(고객 아이디, 구매 물품 카테고리, 브랜드, 구매 일자)가 들어있으며 파티션키는 고객 아이디로 정의했다고 합시다. 두 개의 뷰를 생성했고, 뷰 X는 구매 물품 카테고리(스웨터, 카디건, 티셔츠 등)가 파티션키이며, 정렬키는 구매 날짜입니다. 따라서 언제 어떤 카테고리가 많이 팔렸는지에 대한 정보를 담고 있습니다. 뷰 Y는 구매 물품 브랜드(아디다스, 나이키 등)가 파티션키입니다. 언제 어떤 브랜드가 많이 팔렸는지에 대한 정보를 담고 있습니다. 이렇게 GSI를 사용하여 다른 파티션키를 이용해 다른 뷰를 만들 수 있습니다. LSI와는 달리 파티션키와 정렬키를 가지고 쿼리를 사용한다면 쿼리 성능을 대폭 끌어올릴 수 있습니다.

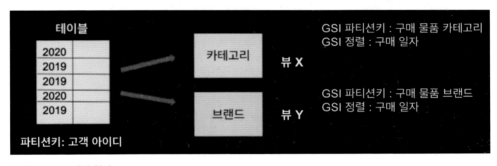

그림 9-9 GSI 예제 화면

언제 LSI 혹은 GSI를 사용해야 할까요? 둘 다 훌륭한 선택입니다. 무엇이 옳고 그른 건 없습니다. 다만 정렬키를 사용해 정렬된 데이터에서 하나의 파티션키가 들어있는 테이블을 주로 쿼리하는 상황이 발생할 경우 LSI를 권장합니다. GSI에서 정렬키는 선택사항이기 때문에 정렬키의 중요성에 따라 LSI와 GSI의 선택이 갈릴 수 있습니다.

9.3 데이터를 가져오는 두 가지 방법(쿼리 vs 스캔)

DynamoDB 테이블에 있는 데이터를 가져오는 방법은 크게 쿼리^{query}와 스캔^{scan} 두 가지가 있습니다.

9.3.1 쿼리

쿼리는 테이블을 만들 때 정의한 기본키를 가지고 데이터를 가져오는 방법입니다. 다음 예를 살펴보겠습니다. 슈퍼마켓에 가서 물건을 살 때 물건을 스캔하면 그 물건에 대한 가격 및 거래 아이디와 거래 시간이 기록된다고 가정하겠습니다. 이에 대한 정보를 다음과 같이 테이블에 저장해놓습니다(그림 9-10). 테이블의 기본키를 '거래 아이디'라 정의했다고 합시다. 여기서 거래 아이디가 AAA인 모든 데이터만 쿼리를 통해 가져온다면 총 세 개의 모든 데이터가 반환됩니다. 여기서 모든 데이터란 모든 열(가격, 거래 아이디, 거래 시간)을 의미합니다.

가격	거래 아이디	거래 시간
2500	AAA	2020-10-30 17:30:00
3000	BBB	2020-10-31 14:00:00
1000	AAA	2020-11-02 11:00:00
2000	AAA	2020-11-04 15:25:00

그림 9-10 쿼리 예제 화면

만약 쿼리를 하고 반환되는 데이터 양이 너무 많다면 정렬키를 제공하고 추가로 필터링하여 원하는 데이터를 가져올 수 있습니다. 거래 아이디 AAA로 가장 최근에 진행된 거래가 무엇인지 알고 싶다면 거래 시간을 정렬키로 설정하여 쿼리를 수행하면 됩니다.

기본적으로 쿼리는 모든 열을 가져오는데 'ProjectionExpression'이라는 파라미터를 추가로 제공하여 우리가 원하는 열만 가져올 수도 있습니다. [그림 9-10]에서 쿼리 결과로 거래 아이디와 거래 시간만 보고 싶다면 ProjectionExpression에 저 둘을 넣으면 됩니다. DynamoDB를 실습하면서 간단히 다루겠습니다.

9.3.2 스캔

기본키를 사용하여 쿼리를 진행하는 것과 달리 스캔은 기본키를 사용하지 않고 테이블 안에 있는 모든 데이터를 불러옵니다. 스캔은 모든 데이터를 불러온 다음 필터를 따로 추가하여 원하는 데이터만 볼 수 있는 기능을 제공합니다. 스캔도 쿼리와 마찬가지로 Projection Expression 파라미터를 제공합니다. 따라서 스캔을 통해 원하는 열만 볼 수 있습니다.

스캔을 하면 테이블에서 한 번에 모든 데이터를 가져오는 것이 아니라 첫 1MB에 해당하는 데이터를 반환합니다. 그다음 1MB에 해당하는 배치batch 데이터를 반환합니다. 이것을 순차적 스캔sequential scan이라 합니다(그림 9-11). 작은 테이블을 스캔할 경우 첫 배치 데이터 크기가 1MB 미만이라면 한 번에 반환되지만, 테이블의 크기가 100MB가 넘는다면 총 100번의 배치 데이터가 반환되며 그만큼 속도가 저하될 것입니다.

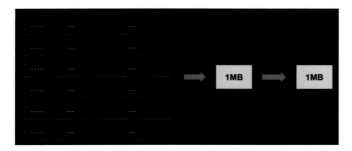

그림 9-11 스캔 – 순차적 스캔

시간이 지나면서 스캔의 성능을 향상시키기 위해서 많은 개발자가 다양한 방법을 고안했습니다. 스캔을 실행할 때 수많은 스캔 일꾼을 여러 군데 분산시켜 병행하는 기능이 있으며 이를 통해 스캔의 성능을 비약적으로 향상시킬 수 있습니다. 이를 병렬 스캔parallel scan이라 합니다(그림 9-12). 테이블 전체를 N등분한 후 스캔 일꾼을 N등분된 조각으로 보내 동시다발적으로 스캔을 진행하는 것입니다.

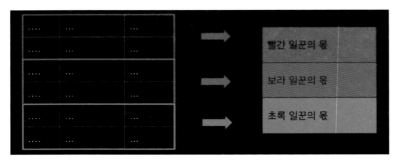

그림 9-12 스캔 – 병렬 스캔

스캔과 쿼리에는 큰 차이점이 있습니다. 쿼리는 초반에 테이블의 일부만 검색하여 데이터를 가져오는 반면 스캔은 일단 테이블 전체를 한 번 살펴본 후 필터링 작업이 이루어집니다. 따라서 방대한 양의 데이터가 있는 테이블을 사용할 시 쿼리가 스캔보다 훨씬 효율적입니다. 시간이 지나면서 데이터가 테이블에 계속 쌓이고 테이블의 크기는 계속 늘어날 텐데, 그럼 스캔을 사용할 필요가 전혀 없을까요?

AWS에서는 가급적이면 쿼리를 사용하라고 권장하며 필자 또한 그렇게 생각합니다. 그렇다면 스캔은 언제 사용하면 좋을까요? [그림 9-13]처럼 상품명과 상품코드로 이루어진 테이블을 Lookup 테이블이라 합니다. 이 테이블처럼 참고용이 존재하며, 아이디 필드가 없고, 기본키가 정의되어 있지 않고, 테이블의 크기가 크지 않다면 스캔을 사용해도 무방합니다. 상품 고유 코드를 담고 있는 테이블은 크기가 크지 않고 기본키도 없습니다. Lookup 테이블의 특징은 실시간으로 데이터가 자주 업데이트되지 않고 데이터 중복이 없습니다.

상품명	상품코드
바나나	AB4K
체리	I42W
...	...
딸기	PJ29

그림 9-13 Lookup 테이블 예시

9.4 DynamoDB 실습

지금까지 배운 DynamoDB 개념을 기반으로 테이블을 만들고, 데이터를 넣고, 쿼리하는 다양한 실습을 해봅시다. 또한 쿼리와 스캔의 차이점을 실습을 통해 익혀봅시다. 먼저 AWS 콘솔에서 DynamoDB를 찾아서 들어갑니다.

9.4.1 DynamoDB 테이블 생성

메인 화면에서는 DynamoDB를 '모든 규모에 적합한 빠르고 유연한 NoSQL 데이터베이스 서비스'라고 설명합니다(그림 9-14). 이제 여러분은 NoSQL이 무엇이며 DynamoDB가 왜 빠른지 그 이유를 잘 알고 있을 겁니다. DynamoDB 테이블을 생성하겠습니다. 우측 '시작하기' 항목 아래 [테이블 생성] 버튼을 누릅니다.

그림 9-14 DynamoDB 메인 화면

우선 실습에 필요한 테이블에 대한 스키마를 살펴보겠습니다.

고객 아이디 (customer_id)	아이템 카테고리 (item_category)	가격 (price)	구매 일자 (transaction_date)
String	String	Integer	String

총 네 개의 열이 있고, 실제 열 이름은 customer_id, item_category, price, transaction_date로 정의합니다. 고객 아이디, 아이템 카테고리와 구매 일자는 문자열^{string}이고, 가격은

정수형^{integer} 타입입니다. DynamoDB는 다른 데이터베이스와 마찬가지로 다양한 데이터 타입을 지원하며, DynamoDB에서 제공하는 모든 데이터 타입을 확인하고 싶다면 다음 웹사이트를 참고해주세요.

- https://docs.aws.amazon.com/amazondynamodb/latest/developerguide/DynamoDB Mapper.DataTypes.html

테이블을 만들기에 앞서 파티션키를 무엇으로 선택할지 고민해봅시다. 파티션키란 테이블 내에서 고유키이며 어떻게 파티션을 나눠야 할지에 대한 기준점입니다. 지금 실습에서는 고객 아이디(`customer_id`)가 파티션키로 가장 적합하다고 생각합니다. 우선 [테이블 이름]을 정해야 합니다. 테이블 이름은 여러분이 원하는 이름을 넣어주시면 됩니다. 필자는 다음과 같이 테이블 이름을 정의했습니다.

- **테이블 이름**: aws-learner-customer-transaction-table

[파티션키]에 'customer_id'를 입력합니다. 데이터 타입은 '문자열'로 합니다. 다음 선택사항으로 정렬키를 선택할 수 있습니다. 테이블 스키마에서 '구매 일자'가 정렬키로 가장 적합하네요. [정렬키]에 'transaction_date'를 입력합니다. 마찬가지로 데이터 타입은 문자열로 합니다(그림 9-15).

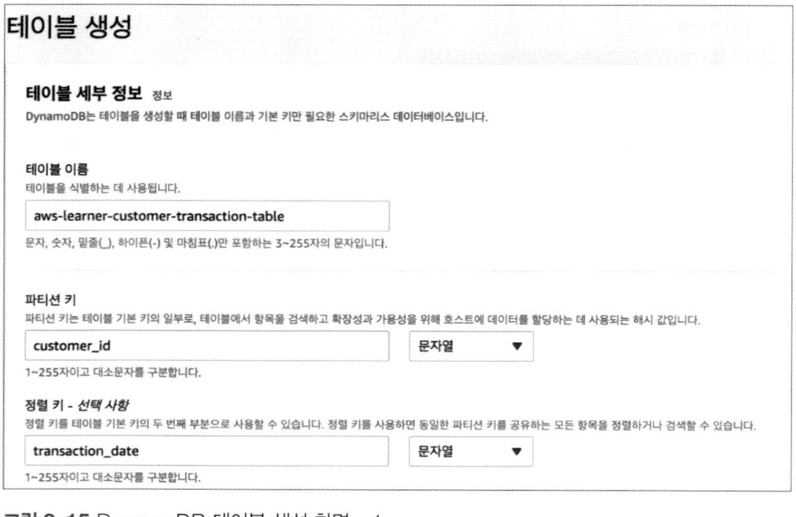

테이블 생성

테이블 세부 정보 정보
DynamoDB는 테이블을 생성할 때 테이블 이름과 기본 키만 필요한 스키마리스 데이터베이스입니다.

테이블 이름
테이블을 식별하는 데 사용됩니다.

> aws-learner-customer-transaction-table

문자, 숫자, 밑줄(_), 하이픈(-) 및 마침표(.)만 포함하는 3~255자의 문자입니다.

파티션 키
파티션 키는 테이블 기본 키의 일부로, 테이블에서 항목을 검색하고 확장성과 가용성을 위해 호스트에 데이터를 할당하는 데 사용되는 해시 값입니다.

> customer_id   문자열 ▼

1~255자이고 대소문자를 구분합니다.

정렬 키 - 선택 사항
정렬 키를 테이블 기본 키의 두 번째 부분으로 사용할 수 있습니다. 정렬 키를 사용하면 동일한 파티션 키를 공유하는 모든 항목을 정렬하거나 검색할 수 있습니다.

> transaction_date   문자열 ▼

1~255자이고 대소문자를 구분합니다.

그림 9-15 DynamoDB 테이블 생성 화면 - 1

다음 '설정' 항목을 살펴봅시다(그림 9-16). 현재 진행하는 실습에서는 [기본 설정]을 사용하지만 만약 다양한 테이블 클래스 사용을 원한다면 [설정 사용자 지정]을 선택하여 'DynamoDB Standard' 혹은 'DynamoDB Standard-IA'를 사용할 수 있습니다. IA$^{Infrequent\ Access}$는 5장 S3 버킷 스토리지 유형인 IA와 같은 개념입니다. 'View default table settings'는 변경할 수 있는 항목은 아니고 테이블 생성 후 편집 가능한 옵션이 무엇인지 알려줍니다. 마지막 [태그]를 정의하면 만든 DynamoDB 테이블을 다른 서비스에서 쉽게 찾을 수 있게 해줍니다. 지금은 태그를 건너뜁니다. 모든 것이 만족스럽다면 [테이블 생성] 버튼을 누릅니다.

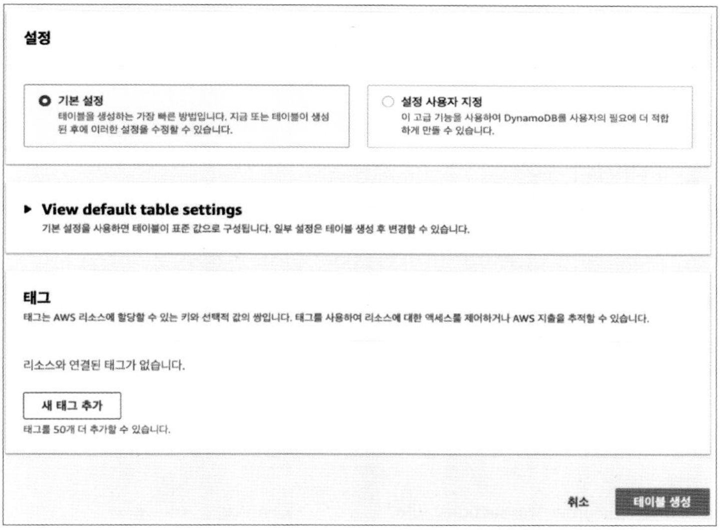

그림 9-16 DynamoDB 테이블 생성 화면 – 2

테이블이 만들어졌으면 다음과 같이 테이블에 대한 메인 대시보드를 확인할 수 있습니다(그림 9-17). 테이블을 만들 때 정의했던 파티션키와 정렬키를 확인할 수 있으며 테이블 이름도 볼 수 있습니다. 테이블 상태는 '활성'이며 이는 데이터를 삽입, 수정, 삭제가 가능하다는 뜻입니다. 지금 만든 테이블은 빈 테이블이기 때문에 '항목 요약'에서 '항목 수'와 '테이블 크기'가 모두 0으로 표시됩니다.

그림 9-17 DynamoDB 테이블 메인 대시보드 화면

9.4.2 콘솔에서 테이블에 데이터 추가

이제 테이블에 데이터를 추가해봅시다. [그림 9-17]에서 우측 상단에 [표 항목 탐색] 버튼을 클릭하면 다음과 같이 '스캔/쿼리 항목' 및 '반환된 항목' 창을 확인할 수 있습니다(그림 9-18). 참고로 '항목'은 '데이터'와 동의어로 이해하면 됩니다. '스캔/쿼리 항목'은 앞서 DynamoDB에서 데이터를 가져오는 두 가지 방법이며 이는 데이터를 추가한 후 실행해보겠습니다. 콘솔에서 테이블에 데이터를 추가하기 위해 [항목 생성] 버튼을 누릅니다.

그림 9-18 표 항목 탐색 화면

'속성 이름'을 보면 파티션키와 정렬키는 디폴트로 보입니다(그림 9-19). 여기서 수동으로 값을 정의할 수 있습니다. 테이블 생성 시 파티션키와 정렬키를 정의했기 때문에 `customer_id`와 `transaction_date`는 빈 값(Null)이 될 수 없습니다. 그밖에 두 개의 열을 더 추가해야 합니다. 우측 [새 속성 추가] 버튼을 눌러 'item_category'와 'price'를 넣어줍니다. 한 가지 주의할 것은 'price' 유형은 테이블 스키마와 똑같이 맞추기 위해 '숫자'로 해줍니다.

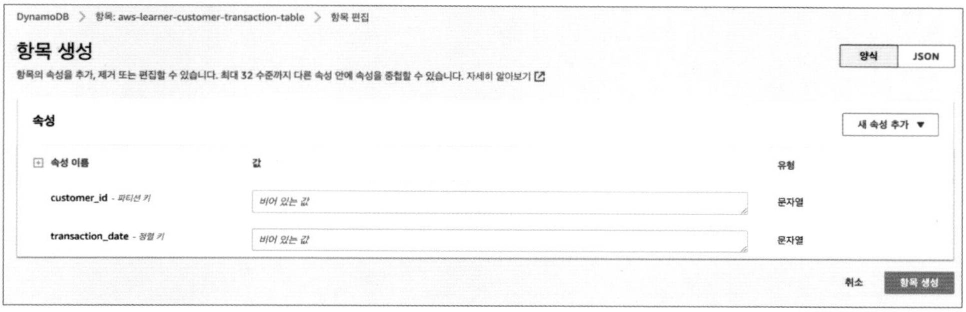

그림 9-19 항목 생성 화면

그리고 다음과 같이 값을 정의합니다.

- **customer_id**: 28DWZ
- **transaction_date**: 2022-07-15
- **item_category**: Drawer
- **price**: 600000

모든 값을 다 기입했다면 다음 그림과 비교해보세요(그림 9-20).

그림 9-20 속성 이름 및 값 설정 화면

모든 것이 만족스럽다면 [항목 생성] 버튼을 누릅니다. 다음과 같이 '반환된 항목'에 하나의 레코드가 테이블에 추가된 것을 확인할 수 있습니다(그림 9-21).

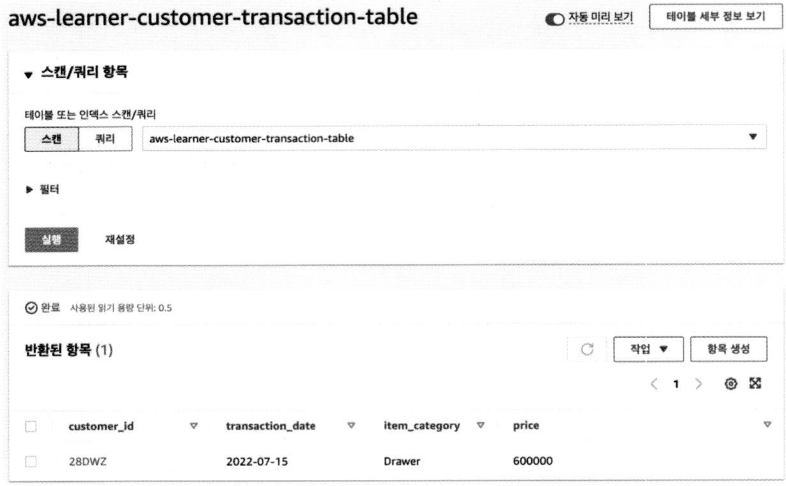

그림 9-21 추가된 레코드 화면

9.4.3 Lambda 함수를 사용하여 테이블에 데이터 추가

앞서 DynamoDB에 데이터를 추가하는 방법을 배웠습니다. 여기서 한 가지 문제에 직면하게 되는데, [항목 생성] 버튼을 눌러 레코드를 삽입할 경우 하나의 레코드만 넣을 수 있습니다. 여러 개의 데이터를 한 번에 삽입할 수 없습니다. 이렇게 데이터를 삽입하는 경우는 주로 테스트하기 위한 용도로 사용되며 실제 프로덕션에서는 다른 방법으로 데이터를 가져옵니다. 예를 들면 IoT를 통해 실시간으로 데이터를 받아오며 배치 형태로 모아뒀다 한꺼번에 DynamoDB로 보내는 방법이 있습니다. 다른 방법으로 S3 버킷에 데이터가 업로드되면 이벤트에 의해 Lambda 함수가 실행되어 S3 버킷의 데이터를 DynamoDB로 보내는 방법이 있습니다. 이제 Lambda 함수를 하나 생성해 DynamoDB에 데이터를 추가하는 방법을 알아보겠습니다. AWS 콘솔에서 Lambda 함수를 찾아 들어간 다음 [함수 생성] 버튼을 누릅니다.

Lambda 함수에 대한 설정은 다음과 같이 정의합니다.

- **옵션**: 새로 작성
- **함수 이름**: aws-learner-dynamodb-data-insertion
- **런타임**: Python 최신 버전(필자는 Python 3.9입니다)

다음으로 '권한'을 설정해야 합니다. 생성할 Lambda 함수는 DynamoDB 테이블에 데이터를 넣는 권한을 가지고 있어야 합니다. 그러므로 이에 대한 권한을 추가해야 합니다. '실행 역할'에서 [IAM 콘솔] 하이퍼링크가 보입니다. 이를 클릭하면 '역할 만들기' 새로운 창을 확인할 수 있습니다(그림 9-22).

그림 9-22 DynamoDB 권한 설정 화면

'사용 사례 선택'에서 [Lambda]를 선택한 후 우측 하단 [다음: 권한] 버튼을 누릅니다(그림 9-23). [그림 9-22]는 다시 방문해야 하니 창을 닫지 말아주세요.

그림 9-23 역할 만들기 화면 − 1

새로운 역할에 연결할 정책을 선택해야 합니다. 새로운 정책을 만들기 위해 [정책 생성] 버튼을 누릅니다(그림 9-24).

그림 9-24 역할 만들기 화면 − 2

'정책 생성'이라는 새로운 창이 뜹니다. 첫 번째로 정책에 연결시킬 '서비스'로 'DynamoDB'를 찾습니다. 다음 '액세스 레벨'에서 우리의 관심사는 DynamoDB 테이블에 데이터를 삽입하는 것이니 [쓰기]를 선택합니다. '29개 선택'이라는 메시지가 뜨며 좌측 드롭다운 버튼을 누르면 쓰기와 관련된 모든 항목을 확인할 수 있습니다. 모든 것을 다 선택해도 상관없지만 여기서 만들 Lambda 함수는 오로지 테이블에 쓰는 권한만 부여해야 합니다. 모든 선택을 해제하고 'PutItem'만 선택합니다.[2] 지금까지 잘 따라왔다면 다음과 같은 화면을 확인할 수 있습니다(그림 9-25).

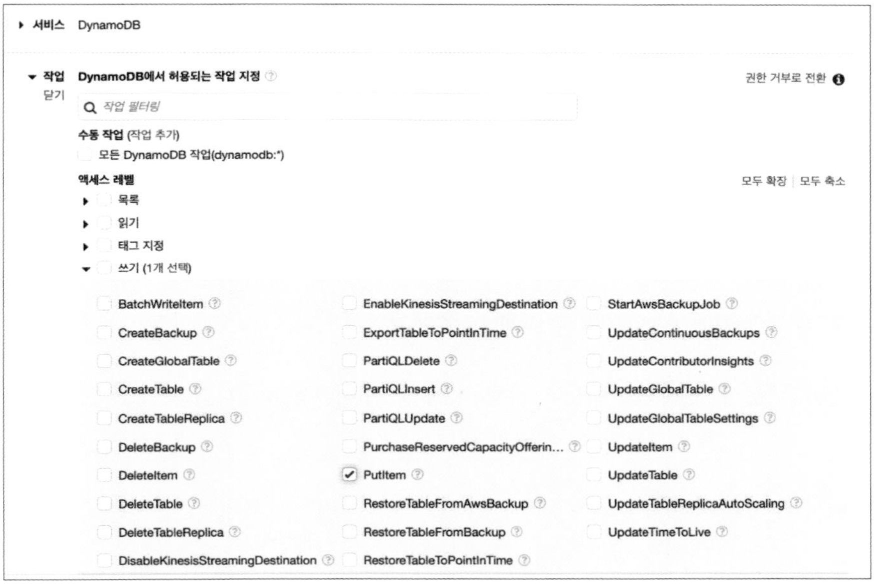

그림 9-25 정책 생성 화면 – 1

다음 '리소스'는 [모든 리소스]를 선택하겠습니다(그림 9-26). 리소스에 대해 간단히 설명하고 다시 진행하겠습니다. DynamoDB에 여러 개의 테이블이 있다면 각 테이블에 지금 만들고 있는 권한을 적용시킬지 아닐지에 대해 제어할 수 있습니다. 테이블도 고유 ARN이 존재하며 이는 테이블 식별자로 사용됩니다. 테이블 ARN을 넣어 특정 테이블만 권한을 부여할 수 있습니다. 우리의 경우는 한 개의 테이블만 존재하기 때문에 [모든 리소스]를 선택해도 무방합니다. 모든 것이 만족스럽다면 [다음: 태그] 버튼을 누릅니다.

---

2 하나씩 선택하여 해제하지 않고 '쓰기' 왼쪽 체크를 누르면 한 번에 모두 해제됩니다.

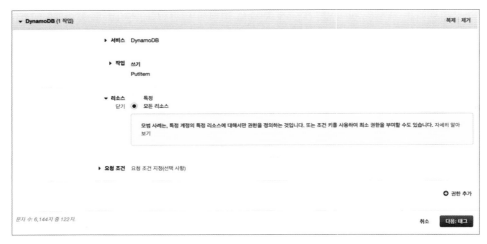

그림 9-26 정책 생성 화면 – 2

태그는 중요하지 않기 때문에 [다음: 검토] 버튼을 누릅니다. 이제 정책 이름을 만들어야 합니다(그림 9-27). 다음과 같은 정책 이름을 넣어줍니다.

- **정책 이름**: aws-learner-dynamodb-putitem-policy

나머지는 모두 그대로 두고 정책을 만들기 위해 [정책 생성] 버튼을 누릅니다.

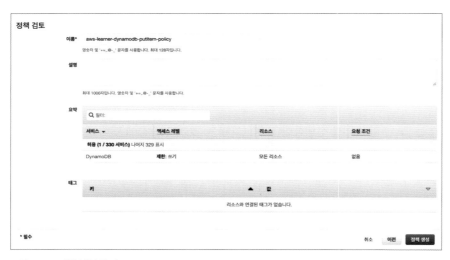

그림 9-27 정책 생성 화면 – 3

정책이 만들어졌다면 이제 새로 만들 역할에 정책을 연결시켜야 합니다. [그림 9-24]과 같이 새로운 창에서 앞서 만든 정책을 검색합니다. 다음과 같이 한 개의 검색 결과가 확인되어야 합니다(그림 9-28). 체크를 한 후 [다음: 태그] 버튼을 누릅니다.

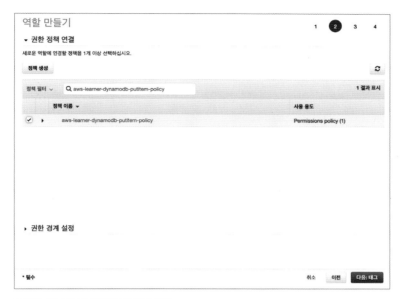

그림 9-28 생성한 정책 검색 결과 화면

태그는 건너뜁니다. [다음: 검토] 버튼을 누른 후 역할 이름을 만듭니다.

- **역할 이름**: aws-learner-dynamodb-putitem-policy

모든 것이 만족스럽다면 [역할 만들기] 버튼을 누릅니다. 역할이 성공적으로 생성되었다면 '역할' 탭에서 앞서 만든 역할을 볼 수 있습니다(그림 9-29).

그림 9-29 생성된 역할 확인 화면

'aws-learner-dynamodb-role' 역할은 DynamoDB 테이블에 데이터를 추가하는 기능 외에는 아무런 권한도 없습니다. 궁극적으로 이 역할은 Lambda 함수가 DynamoDB 테이블에 데이터를 추가하는 권한을 부여하는 것인데, Lambda 함수를 제대로 사용하기 위해 필요한 기본적인 권한은 'aws-learner-dynamodb-role' 역할에 없습니다. 따라서 한 가지 작업을 추가해야 합니다. 앞서 만든 역할을 선택한 후 '권한' 탭의 [권한 추가] 드롭다운 버튼에서 [정책 연결]을 누릅니다(그림 9-30).

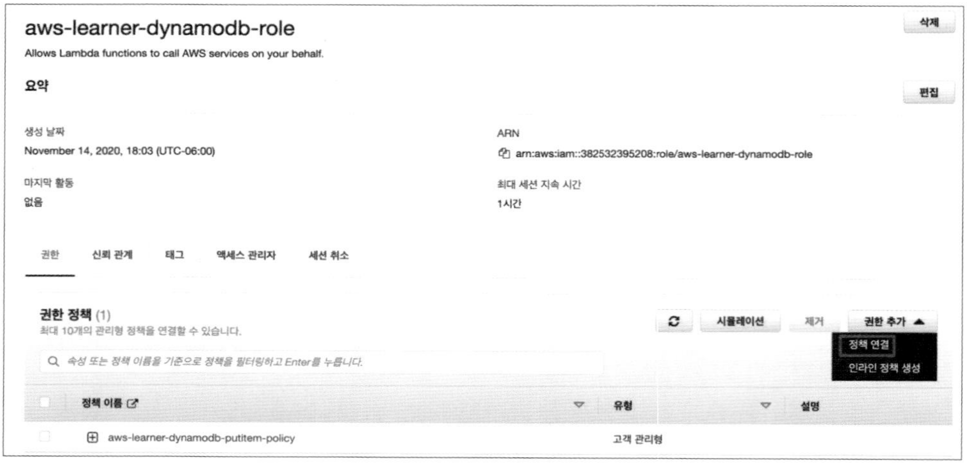

그림 9-30 정책 연결 화면

검색 창에서 'AWSLambdaBasicExecutionRole'를 입력해보세요. 만약 필자처럼 고객 관리형 유형이 여러 개 반환된다면 AWS 관리형을 찾아서 선택합니다(그림 9-31). 참고로 '고객 관리형'이란 AWS에서 만든 것이 아니라 개발자가 직접 만든 정책입니다. [정책 연결] 버튼을 누르면 다음과 같이 두 개의 정책이 역할에 추가된 것을 확인할 수 있습니다(그림 9-32).

그림 9-31 AWS 관리형 AWSLambdaBasicExecutionRole 검색 화면

이렇게 해서 IAM에서 해야 할 일은 모두 끝났습니다. [그림 9-22]의 창을 다시 열고, 역할을 선택해야 합니다. 앞서 새로운 역할을 만들었기 때문에 [기존 역할 사용]을 선택하고 역할 이름을 입력한 후 역할을 Lambda 함수에 연결시킵니다.

그림 9-32 정책이 역할에 잘 연결되었는지 확인하는 화면

이제 Lambda 함수를 생성할 차례입니다. [함수 생성] 버튼을 누릅니다(그림 9-33).

그림 9-33 Lambda 함수 생성 화면

Lambda 함수 코드를 변경해야 합니다. 다음 소스 코드를 보고 Lambda 함수를 업데이트합니다.[3]

```python
import boto3

def lambda_handler(event, context):
    client = boto3.resource('dynamodb')
    table = client.Table('aws-learner-customer-transaction-table')

    table.put_item(
        Item={
            'customer_id': '12MCX',
            'transaction_date': '2020-08-02',
            'item_category': 'Book',
            'price': 18000
        }
    )
```

코드를 간략히 설명하면 다음과 같습니다. 첫 줄에서 boto3 라이브러리를 불러옵니다. 'boto3'는 모든 AWS 리소스를 코드를 통해 사용 가능하게 해주는 SDK입니다. 다음 client 오브젝트와 dynamodb 리소스를 정의합니다. client는 데이터 추가, 읽기, 삭제 등 DynamoDB의 모든 기능을 포함합니다. client.Table 함수를 사용하여 새로운 DynamoDB 테이블 포인터

---

3 소스 코드는 깃허브 9장 폴더 안에 있는 dynamodb_single_item_upload.py 파일을 참고해도 됩니다.

를 생성하고, `put_item` 함수를 사용하여 테이블 안에 레코드를 삽입합니다. `put_item`은 Item 오브젝트를 매개변수로 받으며 이는 JSON 포맷입니다. 키와 값은 각각 테이블의 열과 열에 해당하는 데이터입니다.

이제 [Deploy] 버튼을 눌러 함수를 배포합니다. Lambda 함수를 실행하기 위해 [Test] 버튼을 누릅니다. '테스트 이벤트 구성' 창은 크게 중요한 부분이 아니니 이벤트 이름을 임의로 정의한 후 [저장] 버튼을 누르고 [Test]를 다시 누릅니다. 몇 초 후 Lambda 함수 실행이 끝나며 다음과 같은 짧은 로그 메시지를 확인할 수 있습니다(그림 9-34). 에러 메시지가 없다면 이는 Lambda 함수가 잘 실행됐다는 뜻입니다. DynamoDB에 데이터가 잘 추가됐는지 확인해봅시다. 콘솔에서 DynamoDB를 찾아 들어갑니다.

그림 9-34 Lambda 함수 실행 결과 화면

테이블에 두 개의 레코드가 들어있습니다(그림 9-35). 하나는 수동으로 생성한 것이고, 하나는 Lambda 함수에 의해 생성된 것입니다(검증을 위해 Lambda 함수 코드에서 정의했던 데이터와 DynamoDB 데이터를 비교해보세요).

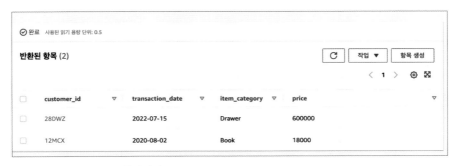

그림 9-35 두 개의 레코드 확인 화면

아직 실습해보지 못한 것이 남아있습니다. 여러 개의 데이터를 한 번에 추가하는 방법을 알아봅시다.

DynamoDB는 배치 쓰기 기능을 제공하며 boto3 라이브러리를 통해 사용할 수 있습니다. 따라서 Lambda 함수 코드를 다시 업데이트해야 합니다. 다음 소스 코드를 참고해서 코드를 수정합니다.[4]

```python
import boto3

def lambda_handler(event, context):
    client = boto3.resource('dynamodb')
    table = client.Table('aws-learner-customer-transaction-table')

    with table.batch_writer() as batch:
        batch.put_item(
            Item={
                'customer_id': '95IUZ',
                'transaction_date': '2020-10-24',
                'item_category': 'Desk',
                'price': 120000
            }
        )

        batch.put_item(
            Item={
                'customer_id': '72MUE',
                'transaction_date': '2020-10-28',
                'item_category': 'Chair',
                'price': 250000
            }
        )

        batch.put_item(
            Item={
                'customer_id': '28POR',
                'transaction_date': '2020-11-05',
                'item_category': 'Shampoo',
                'price': 50000
            }
```

----

4 소스 코드는 깃허브 9장 폴더 안에 있는 dynamodb_bulk_upload.py 파일을 참고해도 됩니다.

```
    )

    batch.put_item(
        Item={
            'customer_id': '43NCH',
            'transaction_date': '2020-10-12',
            'item_category': 'Pulse',
            'price': 320000
        }
    )
```

이 코드에서는 batch_writer 함수를 사용하며 네 개의 put_item 함수를 한꺼번에 구동하고 있습니다. put_item이 네 번 호출되며 네 개의 레코드가 한 번에 테이블에 추가됩니다. 코드를 업데이트했다면 [Deploy]를 누르고 [Test] 버튼을 눌러 함수를 구동합니다. 에러가 발생하지 않았다면 DynamoDB 테이블로 돌아가서 네 개의 새로운 데이터가 추가됐는지 확인합니다. [그림 9–36]과 같이 여섯 개의 레코드가 있어야 합니다.

	customer_id	transaction_date	item_category	price
	72MUE	2020-10-28	Chair	250000
	28DWZ	2022-07-15	Drawer	600000
	28POR	2020-11-05	Shampoo	50000
	43NCH	2020-10-12	Pulse	320000
	95IUZ	2020-10-24	Desk	120000
	12MCX	2020-08-02	Book	18000

반환된 항목 (6)

그림 9-36 batch_writer를 사용하여 네 개의 레코드가 한 번에 추가된 화면

TIP_   만약 batch_writer 실행 시 AccessDeniedException 에러가 발생한다면 다음 과정을 진행 해주세요.

1. IAM에서 aws–learner–dynamodb–putitem–policy 정책을 찾습니다.
2. [정책 편집]을 눌러 '작업' 탭 아래 '쓰기'를 확장하고, PutItem과 BatchWriteItem을 함께 선택합니다.
3. 변경 내용을 저장 후 Lambda 함수를 다시 실행합니다.

9.4.4 DynamoDB 레코드 가져오기

이번 절에서는 쿼리와 스캔을 직접 사용해보겠습니다. 배운 내용을 간략히 정리하면 쿼리는 파티션키를 기준으로 테이블을 빠르게 검색하고, 스캔은 테이블 전체를 살핀 후 데이터 필터링을 진행합니다. 참고로 앞서 만든 테이블에는 총 여섯 개의 데이터만 들어있으며 양이 많지 않기 때문에 쿼리와 스캔의 성능을 비교하기는 어렵습니다. 지금은 사용 방법의 차이를 이해하는 게 더 중요합니다.

테이블 대시보드를 보면 현재 [스캔]으로 선택되어 있습니다(그림 9-37). 우측에는 테이블 이름이 선택되어 있습니다(aws-learner-customer-transaction-table). 다른 테이블에 대한 데이터를 검색하고 싶다면 드롭다운을 눌러 테이블을 변경하면 됩니다. 아래에는 [필터] 드롭다운 메뉴가 있습니다. 스캔은 테이블을 전체 검색한 다음 필터에 근거하여 데이터를 필터링합니다. [필터]를 선택하면 다음과 같은 옵션을 볼 수 있습니다(그림 9-38).

그림 9-37 스캔/쿼리 항목 화면

첫 번째로 [속성 입력]이 보이며 열 이름을 넣을 수 있습니다. 가격이 100000원 이상인 데이터만 보고 싶다면 [속성 입력]에 데이터 타입을 번호로 정의한 'price'를 넣고 [유형]은 '번호'로 바꿔줍니다. [조건]은 100000원을 포함한 큰 값을 가져오기 위해 '보다 크거나 같음'을 선택합니다. 마지막으로 [값]에 '100000'을 넣습니다. 필터 정의 후 적용시켜 스캔을 진행하기 위해 [실행] 버튼을 누릅니다.

그림 9-38 필터 정의 화면

여섯 개의 데이터에서 필터가 적용된 스캔을 돌려 총 네 개의 결과가 반환됐습니다(그림 9-39). 'price'가 '100000' 이상인지 확인합니다. 테이블이 크지 않기 때문에 스캔을 돌려도 속도가 매우 빠릅니다.

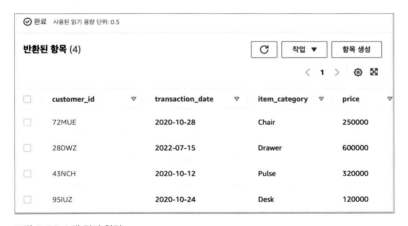

그림 9-39 스캔 결과 화면

이번에는 쿼리를 통해 데이터를 가져오겠습니다. 앞서 정의한 필터를 제거하고 스캔해서 여섯 개의 데이터를 다시 반환합니다. 그 후 [쿼리] 버튼을 누르면 다음과 같이 파티션키와 정렬키를 묻습니다(그림 9-40). 스캔과는 달리 쿼리는 필수로 파티션키를 제공하여 미리 테이블을 필터링합니다. 'customer_id(파티션키)'에 '95IUZ'를 넣습니다. 다음은 정렬키를 넣어야 합니다.

파티션키로 데이터를 필터링하고 정렬키에 근거하여 데이터를 정렬한 다음 조건에 맞는 데이터를 가져옵니다. 실습하는 테이블은 transaction_date가 정렬키로 정의되어 있습니다. 정렬키에 '2020-12-31'을 넣습니다. 이는 고객 아이디 '95IUZ'가 2020년 12월 31일 이전에 구매한 적이 있는지 검색하는 과정입니다. [실행]을 눌러 쿼리를 시작합니다.

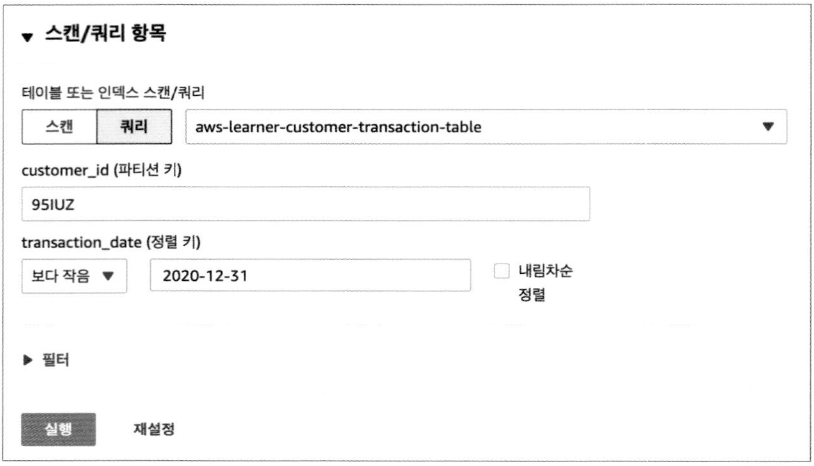

그림 9-40 쿼리 정의 화면

다행이도 하나의 결과가 반환됐습니다(그림 9-41). 고객 아이디 '95IUZ'의 transaction_date는 '2020-10-24'입니다. 이는 2020년 12월 31일보다 작기 때문에 반환됩니다. 만약 정렬키를 '2020-01-01'로 바꾸고 다시 구동하면 이에 해당하는 데이터가 없기 때문에 아무런 결과가 반환되지 않습니다.

그림 9-41 쿼리 결과 화면

10장 API Gateway

7장에서 배운 Lambda 함수와 마찬가지로 API Gateway는 서버리스 파이프라인을 구축하는 데 중요한 역할을 담당합니다. API Gateway를 배우기 앞서 API가 무엇인지 알아야 합니다. 일반적으로 API 앞에 RESTful을 붙여 RESTful API라고 합니다. 따라서 API를 먼저 배우고 RESTful이 무엇인지 살펴보겠습니다.

10.1 RESTful API

RESTful API를 배우기 앞서 API가 무엇인지 먼저 보겠습니다.

10.1.1 API란?

'API를 요청해라', '이럴 때 API를 사용해라', '지금 API 콜을 해라'. 이런 표현 한 번쯤 들어보셨나요? 도대체 API는 무엇일까요? API$^{\text{application programming interface}}$는 두 개 혹은 그 이상의 컴퓨터 프로그램이 서로 소통할 수 있게 해주는 매개체 역할을 합니다. API를 검색하면 많은 결과가 나오지만 쉽게 설명해주지 않습니다. 따라서 간단한 예를 몇 가지 들어 API를 쉽게 이해해봅시다.

모처럼 맞는 주말에 가족이 외식을 하기 위해 식당을 방문했습니다. 평소에 가고 싶던 식당을 방문하여 기분 좋게 메뉴를 살펴봅니다. 노심초사끝에 무엇을 주문할지 결정했습니다. 식당에는 주방에서 분주히 음식을 만드는 요리사가 있습니다. 여기서 문제가 발생합니다. 가족은 무엇을 주문할지에 대해 직접 요리사를 찾지 않습니다. 심지어 요리사 역시 주방 밖으로 나와 손님이 무엇을 먹고 싶어 하는지 알려고 하지 않습니다. 다른 손님의 음식을 준비해야 하기 때문에 요리사는 주방에서 음식 만드는 일에만 몰두해야 합니다. 이 상황을 어떻게 해결하면 좋을까요? 방법은 간단합니다. 손님과 요리사 사이에 있는 서버가 활동하면 됩니다. 손님이 무엇을 주문할지 적으면 서버는 이 주문을 요리사에게 전달합니다. 음식이 완성되면 서버는 직접 음식을 손님에게 갖다줍니다. 여기서 서버가 API 역할을 합니다(그림 10-1).

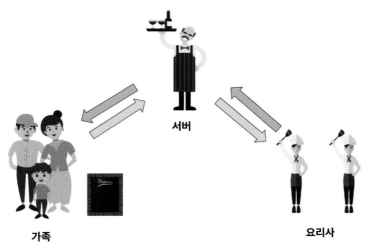

가족

서버

요리사

그림 10-1 서버는 식당에서 API 역할을 담당한다.

쇼핑몰 웹사이트를 방문하면 물건을 구매할 때 발생하는 이벤트, 장바구니에 물건을 추가하는 이벤트, 다음 화면으로 넘어가기 위해 필요한 이벤트 등 다양한 이벤트가 발생합니다. 물건 A를 장바구니에 넣는다고 가정해봅시다. API는 '장바구니에 넣는다'라는 요청을 전달받고, '아해! 손님이 장바구니에 넣으려 하는 물건이 A구나!'라고 생각하며 장바구니에 넣는 작업을 진행하는 서버로 요청을 보냅니다. 그리고 서버 측에서 업데이트를 마치면 이 사실을 API에게 전달하고, API는 고객에게 장바구니에 물건 A가 잘 들어간 것을 확인하는 화면을 보여줍니다. 이때 API 관할 구역이 존재하는데, 이 구역은 쇼핑몰 웹사이트에서 장바구니 추가 기능을 담당하는 곳까지 요청을 전달하고 결과를 받는 영역입니다(그림 10-2).

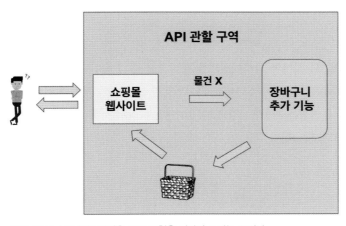

API 관할 구역

쇼핑몰 웹사이트 **물건 X** **장바구니 추가 기능**

그림 10-2 API 관할 구역은 모든 요청을 전달하고 받는 곳이다.

[그림 10-1]에서 설명한 예제와 [그림 10-2]에서 설명한 예제에서 공통점이 있지 않나요? API란 중간에서 요청을 받고 요청을 다른 곳으로 보내거나 처리하는 일을 합니다. 웹프로그래밍을 다룬다면 API는 매우 중요합니다. 서버 요청과 전달의 반복이 끊임없기 때문입니다.

10.1.2 RESTful API

API 종류는 다양합니다. 여기서는 API Gateway를 배우기 위해 꼭 알아야 하는 RESTful API에 대해서만 다루도록 하겠습니다. RESTful에서 REST^{representational state transfer}는 상태 변화를 주기 위해 서버와 클라이언트 간 소통하는 데 사용됩니다. 즉, 두 개 혹은 여러 개의 시스템이 서로 용이한 대화를 할 수 있게 해주는 역할을 담당합니다. RESTful API는 무언가를 새로 만들 때(**CREATE**), 어떤 정보를 불러올 때(**READ**), 이미 존재하는 데이터를 수정할 때(**UPDATE**), 마지막으로 존재하는 데이터를 삭제할 때(**DELETE**) 총 네 가지 요청을 사용합니다. 네 가지 요청을 줄여 '**CRUD**'라고 하며, 이는 사용자와 시스템 간 소통을 위해 필요한 최소한의 인터페이스를 의미합니다.

RESTful API는 JSON 포맷으로 요청을 전달하며 요청받는 내용 역시 JSON 포맷입니다. 다음과 같은 JSON 데이터를 특정 요청에 근거하여 서버로 전송하는데 이를 RESTful API가 담당합니다.

```
{
    'customer_id': 'simon',
    'category': 'car',
}
```

RESTful API는 웹사이트 개발 시 서버와 클라이언트를 분리시킬 수 있습니다. 이를 모델-뷰-컨트롤러^{model-view-controller}(MVC) 패턴이라 하며 클라이언트가 보는 뷰와 서버의 컨트롤러를 독립적으로 개발할 수 있는 유연성을 제공합니다(그림 10-3). 따라서 서버 개발 및 업데이트는 클라이언트에 영향을 미치지 않습니다.

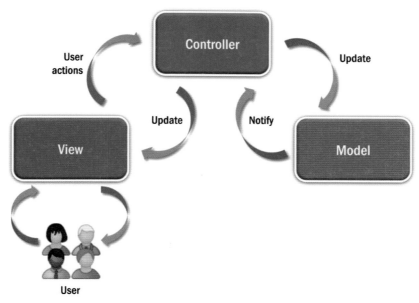

그림 10-3 RESTful API가 지향하는 MVC 패턴은 서버와 클라이언트를 완전히 분리시킨다.

10.2 API Gateway

API Gateway를 배우기 전 함께 생각해볼 것이 있습니다. 대부분의 애플리케이션은 앞서 배운 RESTful API 기반으로 운영됩니다. 몇 가지 예시를 들어 API Gateway가 없을 때 어떤 일이 벌어지는지 생각해봅시다. 웹 페이지 X가 있다고 가정합시다. 여기에 사람들이 몰려 수많은 API 요청이 발생했습니다. 하지만 모든 사람의 API 요청을 허용해선 안 됩니다. 회원 인증을 받은 고객에게만 주어지는 혜택을 비회원도 받게 되면 안 되고, 로그인 과정을 거친 회원만 볼 수 있는 화면을 비회원도 볼 수 있게 해서는 안 됩니다. 이처럼 사용자 인증 및 권한 부여 작업은 애플리케이션을 운영하는 데 반드시 회원 인증 작업을 거쳐야 합니다. 하지만 개발자가 이런 작업을 모두 처리해야 한다면 부담감이 매우 커지게 됩니다.

뿐만 아니라 API 요청을 모니터링하는 일도 생각해야 합니다. API 요청이 잘 들어왔는지, 요청 정보가 타당한지, API가 응답을 잘하는지 검사가 필요합니다. 다시 웹 페이지 X를 예로 들면, 어떤 고객이 장바구니에 물건을 열 개 넣으려 하는데 현재 재고는 세 개밖에 없다면 '고객

님이 장바구니에 넣으려 하는 물건의 개수는 현재 재고보다 많습니다'라는 에러 메시지가 뜨며 API 요청을 거절하는지 검증해야 합니다.

마지막으로 API는 캐싱 시스템이 존재합니다. 과거에 사용했던 API 요청을 캐시에서 불러와 더 빠른 API 요청을 할 수 있습니다. 이러한 캐싱 시스템을 개발자가 구현하는 것은 엄청난 노동력을 요구합니다.

이렇게 API Gateway는 앞서 언급한 예시의 문제를 해결하는 기능을 제공합니다.

API Gateway는 뛰어난 확장성을 제공하며 직접 API를 만들고 이를 CloudWatch에서 모니터링하는 기능이 있습니다. 또한 EC2 인스턴스에서 돌아가는 서버 및 웹 애플리케이션에 접근하여 API 기능을 추가할 수 있습니다. [그림 10-1]에서 손님과 요리사 중간에서 서버가 하는 일과 고객과 애플리케이션 서버 중간에서 API Gateway가 하는 일은 동일합니다. 손님을 고객으로, 요리사를 API 요청을 받고 수행하는 애플리케이션 서버라 생각하면 이해가 쉽습니다. 중간에서 손님의 주문을 접수받고 요리사에게 요청을 건네준 후 손님이 원하는 음식을 전달하는 서버가 바로 API Gateway입니다.

API Gateway는 페이고 원칙을 따릅니다. API Gateway를 사용한다고 비용을 지불하는 것이 아니라 서버에서 API 요청을 받을 때 API 요청 처리 시간에 따라 비용을 지불합니다. 이는 대부분 서버리스 애플리케이션의 장점입니다.

API Gateway는 사용 사례에 따라 API 요청 결과를 다른 목적지로 안전하게 보낼 수 있습니다(그림 10-4). API Gateway는 AWS로부터 추가적인 보안층security layer을 전달받아 DoS 공격, SQL 주입 공격SQL injection 같은 것으로부터 보호를 받습니다. API Gateway의 목적지는 크게 네 가지로 생각할 수 있습니다. 전 세계 모든 사람에게 공개된 API, 특정 사람에게만 접근 가능한 비공개 API, 그밖에 다른 사용 사례를 지닌 API 또는 다른 AWS 리소스로 요청 결과를 전달하는 서비스형 함수function as a service(FaaS)입니다. 이곳으로 안전하게 요청 결과를 보냅니다.

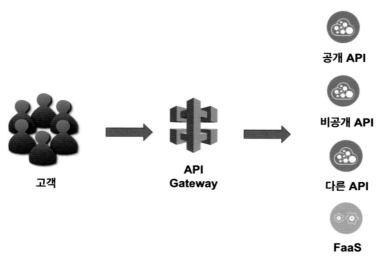

그림 10-4 API Gateway는 안전하게 요청 결과를 다양한 곳으로 보낼 수 있다.

10.3 API Gateway 실습

이제부터 직접 API를 만들고 실행시켜 요청 결과가 전달되는 과정을 알아봅시다. [그림 10-5] 는 실습에 구현할 아키텍처 구조입니다. 9장의 DynamoDB와 7장의 Lambda 함수를 사용하 므로 기억이 잘 나지 않는다면 복습 후 진행하는 것을 권장합니다.

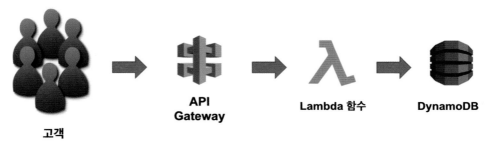

그림 10-5 API Gateway 실습 아키텍처 구조

실습하기에 앞서 [그림 10-5]를 간단히 살펴봅시다. API Gateway는 고객으로부터 CREATE, UPDATE와 같은 다양한 API 요청을 받습니다. 이러한 요청은 Lambda 함수로 전달됩니다.

또한 Lambda 함수는 사용자 요청에 따라 DynamoDB 테이블에 있는 데이터를 새로 넣을지, 업데이트할지, 삭제할지 결정합니다.

10.3.1 DynamoDB 테이블 생성하기

Lambda 함수에서 데이터가 삽입, 수정, 삭제될 DynamoDB 테이블을 만들어야 합니다. DynamoDB 테이블을 생성하기 위해 AWS 콘솔에서 DynamoDB를 찾아 들어갑니다. 테이블 생성 방법은 9장을 참고해주세요. 다음의 정보를 근거로 테이블을 만들어봅시다.

- **지역**: 서울(ap-northeast-2)
- **테이블 이름**: customers
- **기본키(파티션키)**: customer_id(문자열)
- **정렬키**: 생략
- **테이블 설정**: 기본 설정 사용

테이블을 만들었다면 다음과 같이 `customer_id`가 기본키로 설정된 빈 테이블이 만들어졌는지 확인합니다(그림 10-6).

그림 10-6 생성된 DynamoDB 테이블 정보 화면

10.3.2 API Gateway를 사용해 API 생성하기

DynamoDB 테이블을 만들었다면 AWS 콘솔에서 API Gateway를 찾아 들어갑니다. [그림 10-7]은 API Gateway 메인 화면입니다.

그림 10-7 API Gateway 메인 화면

첫 번째로 API 유형을 선택합니다. 퍼블릭 REST API를 만들 것이기 때문에 'REST API'를 찾은 후 [구축] 버튼을 누릅니다(그림 10-8). 참고로 REST API 프라이빗은 'VPC^{virtual private cloud} 내에서만 액세스할 수 있는 REST API를 생성합니다'라고 되어 있습니다. 이는 VPC 접근 권한이 없는 외부인이 API 요청을 할 수 없다는 뜻입니다. 쉬운 예로, 회사 AAA에 취직해서 근무할 때 AAA에서 사용하는 VPC가 있는데 이곳에 접속하면 회사 내에서만 접근할 수 있는 데이터 및 리소스가 있습니다. 회사를 떠나면 사용할 수 없으며 VPC에 접근하기 위해 VPN^{virtual private network}을 연결해야 합니다. VPN 연결은 회사 직원만 가능하며 외부인은 VPC에 들어갈 수 없습니다.

그림 10-8 REST API 퍼블릭 구축 선택 화면

'첫 번째 API 생성' 팝업창이 뜹니다. [확인] 버튼을 눌러 팝업창을 닫습니다. 첫 번째로 프로토콜을 선택해야 하며 여기서는 'REST'를 선택합니다. 다음으로 '새 API 생성' 옵션을 선택합니다. API를 만드는 방법은 직접 API를 만드는 방법, 오픈소스 스웨거^{Swagger}를 사용해서 만드는 방법, AWS에서 이미 만든 템플릿을 가지고 만드는 방법 총 세 가지가 있습니다. 이는 Lambda 함수를 만드는 방법과 비슷합니다. Lambda 함수는 처음부터 직접 만들 수도 있고 템플릿을 가져와서 만들 수 있습니다. 여기서는 처음부터 직접 API를 만들기 위해 '새 API'를 선택합니다.

'API 이름'은 'customer-api'로 넣습니다. '엔드포인트 유형'은 '지역'을 선택합니다. '최적화된 엣지'는 8장에서 배운 CloudFront의 엣지 로케이션과 의미가 같습니다. 이를 통해 전 세계 사용자는 다른 지역에서 API 요청을 할 것이며 제일 가까운 엣지 로케이션을 통해 신속한 API 요청 및 응답을 받을 수 있습니다. '프라이빗'은 REST API 프라이빗 사용 시 VPC 안에서만 엔드포인트를 정의할 때 사용합니다. 서울 지역 내에서만 API 엔드포인트를 정의할 것이기 때문에 '지역'을 선택합니다. [그림 10-9]는 모든 설정을 마친 화면입니다. 모든 것이 만족스럽다면 [API 생성] 버튼을 누릅니다.

그림 10-9 API 생성 화면

API가 만들어졌다면 다음과 같이 API 이름을 확인합니다(그림 10-10). 좌측 하단에 'API: customer-api'를 체크합니다. 이제부터 API를 사용해 DynamoDB에 데이터를 넣을 수 있습니다.

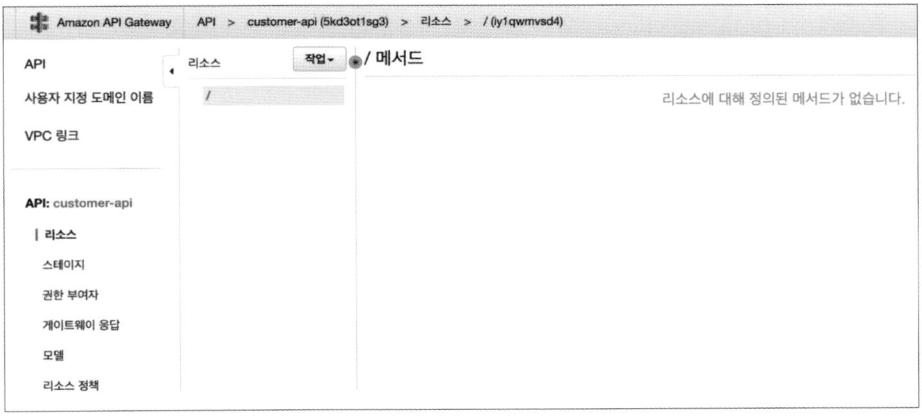

그림 10-10 생성된 API 화면

API를 실행하기 전 API 머리에 해당하는 '리소스'를 만들어야 합니다. [작업] 버튼을 누른 후 '리소스 생성'을 누릅니다(그림 10-11). 리소스 이름은 'customer'로 정의합니다. 리소스 경로는 임의로 설정할 수 있으나 'customer'로 두어도 무방합니다. 리소스 경로에 대한 설명은 자세히 적혀있으니 참고하세요. 이제 [리소스 생성] 버튼을 눌러 리소스를 만듭니다.

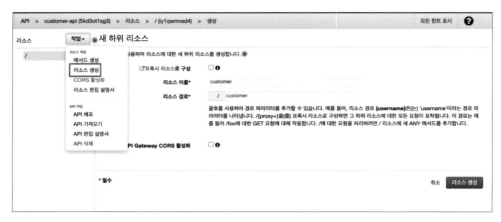

그림 10-11 API 리소스 생성 화면

리소스를 생성한 후 다양한 메서드(CREATE, UPDATE, DELETE 등)를 만들어야 합니다.
메서드를 만들기 위해 [작업] 버튼을 누른 후 '메서드 생성'을 클릭합니다(그림 10-12).

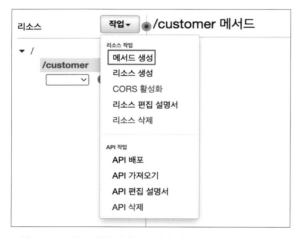

그림 10-12 리소스 안에서 메서드 생성 화면

그럼 'customer' 리소스 아래 드롭다운 상자를 볼 수 있습니다. 첫 번째로 만들 메서드는
'POST'입니다. 이를 통해 DynamoDB에 데이터를 넣을 수 있습니다. 드롭다운 상자를 눌러
'POST'를 선택하고, 우측 체크박스를 클릭합니다(그림 10-13).

그림 10-13 POST 메서드 생성 화면

POST 메서드 설정 화면이 뜹니다(그림 10-14). 첫 번째로 '통합 유형'을 물어보는데 사용자가 POST 요청을 할 경우 어떻게 처리할지에 대한 항목입니다. 디폴트로 'Lambda 함수'가 선택되어 있으며 HTTP, Mock 등 다양한 방법이 존재합니다. [그림 10-5]에서 살펴본 파이프라인에 따르면 API Gateway와 DynamoDB는 Lambda 함수를 통해 연결될 것이므로 Lambda 함수를 사용합니다. 다만 아직 Lambda 함수를 만들지 않았기 때문에 새로운 탭을 열어 AWS 콘솔에서 Lambda 함수를 찾아 들어갑니다.

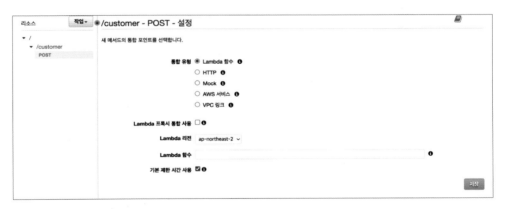

그림 10-14 POST 메서드 설정 화면

10.3.3 Lambda 함수 생성하기

다음의 정보를 근거로 Lambda 함수를 만듭니다. 함수를 만드는 방법은 [새로 작성]을 선택합니다. [그림 10-15]와 비교합니다. 모든 것이 만족스럽다면 [함수 생성] 버튼을 누릅니다.

- **지역**: 서울(ap-northeast-2)
- **함수 이름**: addCustomer
- **런타임**: Python 3.9
- **권한**: 기존 역할 사용(9장 실습 때 만든 역할)
  - aws-learner-dynamodb-role

그림 10-15 Lambda 함수 생성 화면

생성된 Lambda 함수는 API Gateway로부터 API를 전달받고 아무런 일을 하지 않습니다. API 요청을 받고 실행하는 코드를 짜야 합니다. 다음 코드를 Lambda 함수에 넣습니다.

```python
import boto3

resource = boto3.resource('dynamodb')
table = resource.Table('customers')
def lambda_handler(event, context):
    table.put_item(Item=event)
    return {"code":200, "message": "Data Successfully Inserted!"}
```

코드를 짧게 설명하겠습니다. 첫 줄에서 `boto3` 라이브러리를 불러오고 'dynamodb' 리소스를 정의합니다. 테이블 이름은 'customers'로 정의합니다. 그 후 Lambda 함수 'lambda_handler'를 정의하며 몸통의 'event'에서 받은 값을 테이블에 넣습니다. 'event'는 API Gateway로부터 전달받는 API 요청입니다. 테이블에 데이터를 성공적으로 넣었다면 200이라는 코드와 함께 데이터가 성공적으로 삽입됐다는 메시지가 반환됩니다. [Deploy]를 눌러 Lambda 함수를 배포합니다.

10.3.4 API 요청 및 결과 확인하기

Lambda 함수를 생성했다면 10.3.2절에서 잠시 중단했던 곳으로 돌아갑니다. 'Lambda 함수'에서 앞서 생성한 Lambda 함수를 찾고 [저장] 버튼을 누릅니다. 'Lambda 함수에 대한 권한 추가' 팝업창이 뜨는데 사용자가 POST 요청을 할 때 데이터를 Lambda 함수로 보내고 실행하는 권한을 부여한다는 뜻입니다(그림 10-16). [확인] 버튼을 눌러 팝업창을 닫습니다.

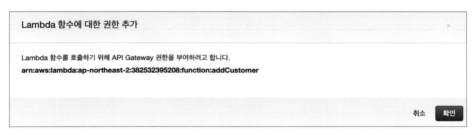

그림 10-16 Lambda 함수에 대한 권한 추가 화면

API Gateway에서 API 요청을 할 경우 발생하는 일련의 이벤트를 이해하기 쉽게 대시보드 형태로 보여줍니다(그림 10-17). 좌측 '클라이언트'는 API 요청을 하는 고객입니다. API 요청을 하면 화살표를 따라 '메서드 요청'에 도달하며 POST 요청인지 확인합니다. 우측 '통합 요청'으로 Lambda 함수가 보이며 지역은 '서울'입니다. 그리고 가장 우측 'addCustomer' Lambda 함수가 호출됩니다. Lambda 함수가 실행되면 다시 고객에게 API 요청에 대한 결과를 반환해야 하는데 '통합 응답'과 '메서드 응답'을 순서대로 볼 수 있습니다. 'HTTP 상태 패턴, HTTP 상태' 및 '모델'은 현재 비어있으며 이는 아직 고객이 API 요청을 하지 않았기 때문입니다.

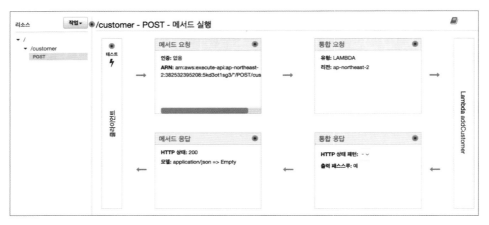

그림 10-17 API Gateway POST 요청 대시보드 화면

좌측 '클라이언트'에서 [테스트]를 클릭하면 다음과 같이 API 요청을 테스트하는 화면을 확인할 수 있습니다(그림 10-18). '쿼리 문자열'과 '헤더'는 중요하지 않으므로 건너뜁니다. 가장 아래 '요청 본문'이 바로 API 몸통입니다. 여기서 고객의 API 요청 내용을 다음과 같이 넣습니다.

```
{
    "customer_id": "38NME",
    "customer_name": "Simon",
    "product_name": "chair",
    "price": 250000
}
```

파티션키 'customer_id'를 포함하여 세 개의 필드를 넣었습니다. 파티션키는 10.3.1절에서 DynamoDB 테이블 생성 시 정의한 것이며 나머지 필드는 API 요청을 통해 자동으로 생성됩니다. DynamoDB는 데이터 포맷에 근거하여 스스로 포맷을 정의합니다. 테스트를 진행하기 위해 [테스트] 버튼을 누릅니다.

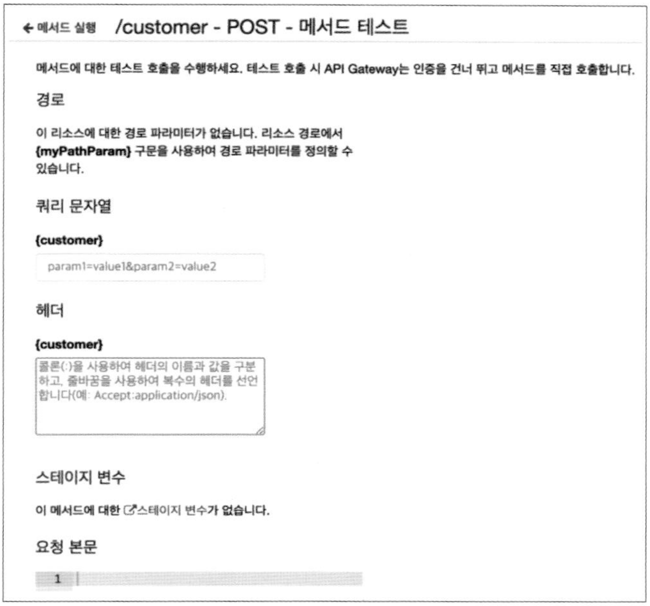

그림 10-18 API Gateway POST 요청 테스트 화면

우측에 로그가 뜹니다(그림 10-19). 요청은 '/customer'이며 이는 리소스 이름입니다. 상태는 200이며 이는 성공을 뜻합니다. 만약 상태가 400, 500으로 나온다면 API 요청 응답 및 처리 오류 혹은 실패를 의미합니다. 응답 본문은 Lambda 함수에서 'return' 키워드가 반환하는 내용입니다. 마지막으로 로그는 Lambda 함수가 실행되면서 발생한 모든 이벤트를 나열합니다. 이는 Lambda 함수를 디버깅하는 데 중요한 역할을 합니다.

요청: /customer

상태: 200

지연 시간: 695ms

응답 본문

```
{
    "code": 200,
    "message": "Data Successfully Inserted!"
}
```

응답 헤더

```
{"Content-Type":["application/json"],"X-Amzn-Trace-Id":["Ro
ot=1-62e8b7a5-da348c8a4ec716fc17f92214;Sampled=0"]}
```

로그

```
Execution log for request 91d00b62-acdb-4b84-a3ea-fe9228424
fa0
Tue Aug 02 05:35:33 UTC 2022 : Starting execution for reque
st: 91d00b62-acdb-4b84-a3ea-fe9228424fa0
Tue Aug 02 05:35:33 UTC 2022 : HTTP Method: POST, Resource
Path: /customer
Tue Aug 02 05:35:33 UTC 2022 : Method request path: {}
Tue Aug 02 05:35:33 UTC 2022 : Method request query string:
```

그림 10-19 API Gateway POST 요청 테스트 결과 화면

addCustomer가 정말 DynamoDB에 데이터를 삽입했는지 확인하기 위해 DynamoDB로 가서 'customers' 테이블을 찾아 들어갑니다. [표 항목 탐색] 버튼을 누른 후 '반환된 항목'을 보면 API 몸통에 있는 JSON 데이터가 성공적으로 삽입된 것을 확인할 수 있습니다(그림 10-20). 이렇게 해서 API 요청을 통해 Lambda 함수를 실행시키고 DynamoDB에 데이터를 넣는 과정을 실습했습니다.

그림 10-20 DynamoDB 데이터 확인 화면

지금은 데이터를 DynamoDB에 삽입하는 API밖에 정의하지 않았습니다. POST 요청을 통해 테이블에 들어있는 데이터를 수정하고 삭제하려면 어떻게 해야 할까요? 이에 대한 Lambda 함수를 생성하고 API Gateway에서 알맞은 리소스 및 메서드를 정의해야 합니다. 이 과정은 앞서 배운 내용을 참고하여 직접 실습해보세요![1]

---

[1] 힌트: DynamoDB 라이브러리를 검색해서 레코드를 삭제하는 기능을 담고 있는 새로운 Lambda 함수(예: deleteCustomer)를 생성합니다. 그리고 새로운 API POST 메서드를 생성할 때 앞서 만든 Lambda 함수를 연결시킵니다.

11장 CI/CD 파이프라인

이번 장에서는 소프트웨어 개발의 효율성을 높이는 CI/CD에 대해서 배웁니다. CI/CD를 배운 후 AWS에서 제공하는 세 가지 리소스인 코드 커밋, 코드 배포, 코드 파이프라인은 무엇이며, 어떤 역할을 하는지, 어떻게 소프트웨어 워크플로 효율성을 높이는지 이해해봅시다.

11.1 코드 통합, 테스트, 배포를 한 번에! CI/CD란?

먼저 CI/CD를 분리해서 설명하겠습니다. **지속적 통합**continuous integration(CI)을 먼저 살펴보겠습니다. 회사에는 많은 개발자가 있고, 하나의 소프트웨어를 개발하는 데 본인만의 개발 코드가 있습니다. 이 코드를 중앙 리포지토리에 올려 다른 개발자가 개발하는 코드에 지장 없이 테스트하여 코드가 원하는 결과물을 만들어내는지, 잘 돌아가는지 검증합니다. 하지만 사람은 늘 실수하기 마련입니다. 만약 에러가 발생한다면 CI를 통해 손쉽게 해결하여 불필요하게 발생하는 에러를 줄일 수 있습니다. 개발자는 CI를 통해 코드 충돌을 피하고, 본인 코드에만 집중할 수 있습니다.

지속적 배포continuous deployment(CD)에 대해 살펴봅시다. 개발자는 하루에 수십 개의 버그를 고치고 프로덕션에 배포하여 서버의 다운 및 소프트웨어 셧다운 현상을 피해 사용자가 불편함을 느끼지 못하도록 해야 합니다. 개발자는 개발 일지와 함께 소프트웨어 버전을 공개하여 언제, 어떤 버그가 고쳐졌다고 플레이어에게 알립니다. 배포 과정은 복잡하며 잦은 실수가 나올 수 있으나 CD 덕분에 그 부담을 덜 수 있습니다.

CI와 CD는 함께 공존합니다. [그림 11-1]을 보면 소프트웨어 개발은 무한 루프처럼 끝없는 반복 과정을 거치면서 이루어집니다. 개발자가 모든 과정을 관리하는 것은 어려우며, 잦은 실수를 범할 수도 있습니다. CI/CD는 자동화 개념을 도입하여 소프트웨어 개발 과정을 편하게 해줍니다.

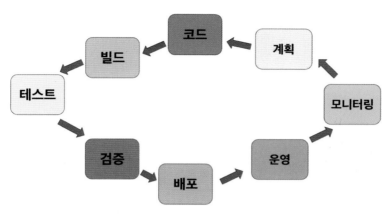

그림 11-1 CI/CD는 소프트웨어 개발 과정을 용이하게 해준다.

CI/CD의 장점을 알아봅시다. 첫 번째로 앞서 언급했듯 CI/CD는 소프트웨어 개발 시 반복적 작업을 모두 자동화합니다. 그래서 소프트웨어 개발이 빨라지고, 운영되고 있는 프로덕션에서 패치 또는 새로운 기능을 배포할 수 있습니다. 또한 개발자는 중앙 리포지토리에 새로운 코드를 반영시키기 전 테스트를 돌려 프로덕션에 배포하는 데 문제가 없는지 점검해야 합니다. 이러한 테스트를 개발자가 수동으로 하는 것이 아니라 CI/CD에서 자동으로 해줍니다.

두 번째는 점진적 변화^{incremental change}를 추구할 수 있습니다. 예를 들어 살펴봅니다. [그림 11-2]는 쇼핑몰 웹사이트입니다. 유저가 아이템 가격을 보려고 했는데 가격 정보가 없습니다. 따라서 가격을 알 수 없다는 문의사항이 접수될 것입니다. 이에 따라 개발자는 버그를 수정해야 합니다. 한 번에 모든 버그를 고칠 수 있다면 더할 나위 없이 좋지만 이는 실제로 불가능합니다.

가격이 보이게 위해 X, Y, Z 기능을 개발해야 한다고 가정합시다. 우선 X를 구현하고 X에 대한 테스트를 거친 후 Y로 넘어갑니다. 그 후 Y에 대한 테스트를 거친 후 Z를 구현합니다. 이런 과정을 '점진적 변화'라 합니다. CI/CD는 점진적 변화를 가능하게 해줍니다. CI/CD를 쓰지 않는다고 상상해봅시다. 개발자가 작성한 코드에 에러가 발생할 경우 이전 버전으로 롤백해야 할 때 어떻게 해야 할까요? 개발자는 매번 백업을 만들어야 할 텐데, 백업은 어디에 보관해야 할까요? 테스트는 또 어떻게 해야 할까요? 만약 코드 충돌이 일어나면 이 문제는 어떻게 해결해야 할까요? CI/CD가 없다면 이러한 다양한 어려움이 발생합니다.

잔고 2개 남음

그림 11-2 점진적 변화 설명 화면

11.1.1 리포지토리 개념 이해하기

앞서 CI/CD를 설명하면서 '코드를 중앙 리포지토리^{repository}에 올린다'는 표현을 사용했습니다. 이번 장에서는 리포지토리에 대해 짧게 설명하겠습니다. 리포지토리는 코드를 보관하며, 회사나 단체에서 수많은 개발자가 코드를 공유하고 수정하는 곳입니다. 가장 유명한 리포지토리는 깃허브^{Github}입니다(그림 11-3). 깃허브를 사용해서 코드를 업로드하고, 다른 개발자 코드에 영향이 가지 않게 하면서 코드를 관리하고 통합하는 것이 가능합니다.

그림 11-3 깃허브 메인 화면

깃허브는 단순히 코드를 업로드하고 보관하는 용도로만 사용되지 않습니다. 웹사이트를 호스팅할 수 있고, AWS의 힘을 빌려 CI/CD 기능을 깃허브와 함께 사용하여 테스트를 자동화할 수 있습니다. 깃허브에 있는 파일 중 어떤 파일의 변화가 감지됐을 때 그에 대한 테스트를 자동으로 돌려 문제가 없는지 검증합니다. 만약 테스트가 실패하면 개발자는 왜 테스트가 실패했는지 디버깅해야 합니다.

11.1.2 깃허브 브랜치 개념 이해하기

이 책은 AWS 리소스를 다루는 데 중점을 두기 때문에 깃허브는 자세히 다루지 않습니다. 다만, 기본적인 깃허브 브랜치 개념을 알아야 CI/CD를 이해할 수 있기 때문에 간단히 짚고 넘어가겠습니다.

브랜치는 크게 **로컬 브랜치**local branch와 **마스터 브랜치**master branch로 분류됩니다. 로컬 브랜치는 개발자가 프로그램을 개발하고 테스트하는 곳이며, 마스터 브랜치는 실제 프로덕션에서 사용되는 코드를 담고 있는 곳입니다. 로컬 브랜치에서 모든 테스트가 성공하면 마스터 브랜치로 코드가 합쳐집니다. 아직 검증되지 않은, 테스트를 거치지 않은 코드를 바로 마스터 브랜치로 옮기면 문제가 발생할 수 있으니 권장하지 않습니다.

리포지토리도 **로컬 리포지토리**와 **원격 리포지토리**로 나뉩니다. 로컬 리포지토리에서 개발자는 브랜치를 만들고 코드를 구현합니다. 원격 리포지토리는 깃허브 웹사이트에서 생성한 리포지토리이며 마스터 브랜치 하나가 존재합니다(그림 11-4). 이를 클론해서 리포지토리에 있는 내용을 그대로 로컬에 가져옵니다. 이렇게 하면 원격과 로컬 리포지토리의 파일은 동일해집니다. 두 개의 로컬 브랜치가 있는데 이들은 가장 최근에 업데이트된 마스터 브랜치로부터 만들어집니다.

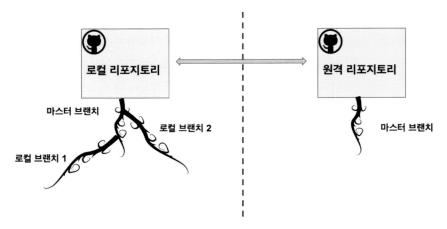

그림 11-4 로컬 리포지토리와 원격 리포지토리

로컬 브랜치에서 개발 및 테스트 과정을 마치면 원격 리포지토리로 푸시해야 합니다. 여기서 로컬 브랜치는 아직 마스터 브랜치와 합쳐지지 않습니다. 다른 개발자의 승인 및 검증 과정을 성공적으로 거치면 비로소 로컬 브랜치는 마스터 브랜치와 합쳐지며 마스터 브랜치에 있는 내용물에 변화가 생깁니다(그림 11-5). 이때 원격 리포지토리와 로컬 리포지토리의 마스터 브랜치는 싱크가 되어 있지 않습니다. 따라서 새로운 로컬 브랜치를 만들기 전 로컬 리포지토리의 마스터 브랜치를 항상 업데이트해야 합니다.

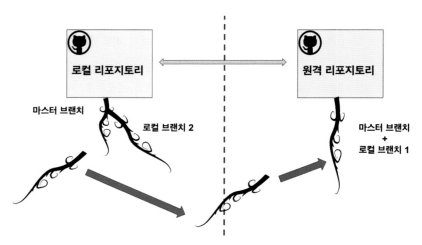

그림 11-5 로컬브랜치가 원격 리포지토리의 마스터 브랜치와 합쳐지는 화면

11.1.3 배포 과정과 배포 이해하기

개발자가 구현한 기능에 대한 테스트가 성공적이고 다른 개발자의 검토를 마친 코드는 중앙 리포지토리에 합쳐집니다. 그럼 바로 프로덕션으로 반영될까요? 그렇지 않습니다. 우선 배포 준비를 해야 합니다. 프로덕션에 적용시키기 위해 패키지를 만들거나 코드를 병합하는 과정을 의미합니다. CI/CD 덕분에 배포 준비는 자동으로 진행됩니다. CI/CD는 현재 프로덕션에서 돌아가는 코드와 최근에 변경된 코드에 차이가 감지된다면 자동으로 배포를 준비합니다. 물론 개발자가 개입해야 하는 부분도 있습니다. 배포 후 예상치 못한 버그가 발견됐을 때 재빨리 버그를 수정하거나 기존 버전으로 롤백하는 작업은 개발자의 몫입니다. 배포 준비를 마쳤다면 바로 배포하여 중앙 리포지토리에 있는 최신 코드를 프로덕션에 적용시킵니다.

소프트웨어 개발과 배포 과정을 그림을 통해 한 번에 이해해봅시다. 중앙 리포지토리가 있고 네 명의 개발자는 중앙 리포지토리를 통해 독립적으로 코드를 구현하고 공유합니다(그림 11-6).

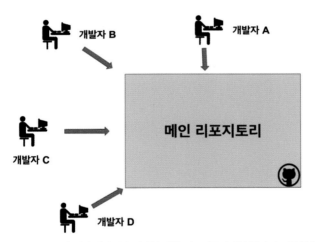

그림 11-6 네 명의 개발자가 하나의 메인 리포지토리에서 각자 코드를 구현하고 있다.

고객이 서비스를 사용하며 많은 불편을 겪고 있고, 개발자는 버그를 수정하기 위해 바쁘게 일하는 모습을 상상해봅시다. 개발자는 서로 다른 기능을 구현하고 있으며 비로소 첫 번째 개발자가 테스트를 마치고 마스터 브랜치에 본인의 코드를 합칩니다(그림 11-7). 메인 리포지토리에서 파란색 부분은 개발자 A에 의해 코드 수정이 반영된 영역입니다. 상당히 많은 비중을 차지하지만, 개발자 A의 코드 구현은 다른 개발자의 코드 구현이나 테스트에 전혀 영향을 미치지 않습니다.

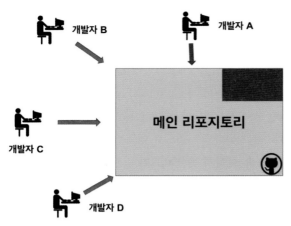

그림 11-7 개발자 A가 첫 번째로 메인 리포지토리에 코드를 합친 화면

개발자 A가 구현한 코드는 고객의 불편함을 없애는 데 중추적인 기능을 하고 있다고 가정해봅시다. 이제 마스터 브랜치로 합쳐진 코드를 배포하기 위해 준비해야 합니다. 배포 준비가 완료됐다면 배포하여 실제 프로덕션에 변경된 사항을 적용시킵니다. 배포 후에도 [그림 11-4]처럼 끊임없이 버그 수정과 소프트웨어 개발을 해야 합니다.

11.2 코드 커밋

AWS에서 CI/CD 파이프라인을 구축하기 위해 필요한 첫 번째 리소스인 코드 커밋^{CodeCommit}에 대해서 알아보겠습니다. 깃허브를 이미 사용해봤다면 코드 커밋은 이해하기 매우 쉽습니다. 하지만 여기서는 깃허브를 한 번도 사용해보지 않았다는 전제로 코드 커밋을 설명하겠습니다. 코드 커밋은 파일(코드, 이미지, 동영상, 문서, 애플리케이션을 돌리기 위해 필요한 다양한 라이브러리 등)을 보관하는 저장 장소로 사용됩니다. 또한 많은 개발자가 동시에 코드 커밋에 접근하여 하나 혹은 여러 개의 파일을 업데이트하고 업로드합니다. 그렇다면 리포지토리에는 하나의 파일만 있는데 어떻게 많은 사람이 같은 파일을 작업하고 업로드할 수 있을까요? 개발자 A의 코드 수정은 개발자 B의 코드에 영향이 가지 않을까요?

리포지토리에 있는 파일은 원격 리포지토리이며 마스터 브랜치입니다. 이는 아무나 건드릴 수 없습니다. 개발자는 원격 리포지토리를 컴퓨터로 복제^{clone}하여 리포지토리에 있는 파일을 로컬로 가져옵니다. 이때 컴퓨터에는 마스터 브랜치만 존재합니다. 이 마스터 브랜치로부터 로컬 브랜치를 생성하여 자신의 컴퓨터에서 코드를 수정합니다. 그래서 개발자 A와 개발자 B는 충돌할 일이 전혀 없습니다. 개발자 A가 원격 리포지토리 마스터 브랜치에 본인의 코드를 업로드했다면 개발자 B가 할 일은 자신의 로컬 리포지토리와 원격 리포지토리를 싱크해주는 것입니다.

원격 리포지토리를 컴퓨터로 복제하는 방법은 다음과 같습니다.

```
$ git clone <ssh-path> // ssh 사용 시
ex) git clone git@github.com:kimx3129/Simon_Data-Science.git
```

[그림 11-8]은 필자의 깃허브 원격 리포지토리 화면입니다. 로컬 리포지토리에서 [Code]를 클릭하면 세 가지 복제 방법이 나오는데 일반적으로 'SSH'가 많이 사용됩니다. 우측 [복사하기] 아이콘을 누른 후 <ssh-path>를 복사한 주소로 변경하여 돌리면 됩니다.[1]

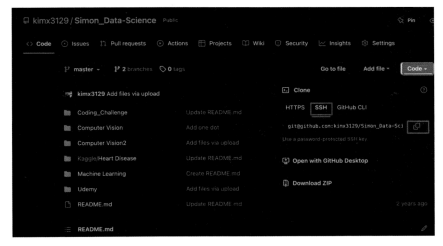

그림 11-8 깃허브 원격 리포지토리를 로컬 리포지토리로 복제하는 화면

코드 커밋은 언제, 누가, 무슨 파일을 수정했는지에 대한 정보를 알 수 있는 버전 컨트롤 기능을 제공합니다. 마스터 브랜치에 언제 어떤 변화가 있었는지 아는 것은 매우 중요합니다. 언제

---

1 깃허브에서 로컬 리포지토리로 복제하기 위해서는 SSH 키를 생성하고 깃허브와 연동해야 합니다. 코드 커밋은 이 과정이 필요 없기 때문에 이 책에서 자세히 다루지 않겠습니다.

어떤 기능이 수정됐고, 추가됐고, 삭제됐는지를 다른 팀이나 사용자에게 공유해야 합니다. 만약 최근 업데이트로 프로그램에 오류가 생기면 버전 컨트롤 기능을 사용해 마스터 브랜치를 이전 버전으로 롤백할 수 있습니다.

실제로 코드 커밋이 어떻게 사용되는지, 개발자가 어떻게 로컬 리포지토리에서 개발하여 마스터 브랜치로 업데이트하는지에 대한 전반적인 과정을 예제를 통해 알아보겠습니다. [그림 11-9]는 마스터 브랜치에 다양한 파일(다른 모양과 색은 다양한 파일 포맷을 의미)이 들어있음을 뜻합니다.

그림 11-9 마스터 브랜치에는 다양한 파일이 있다.

개발자 A는 이미 로컬 리포지토리로 복제했다고 가정합니다. 마스터 브랜치로부터 로컬 브랜치를 생성합니다. [그림 11-10]처럼 마스터 브랜치와 로컬 브랜치의 파일은 동일합니다.

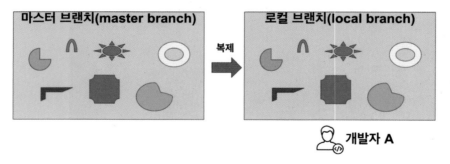

그림 11-10 마스터 브랜치로부터 로컬 브랜치를 생성하여 둘 다 동일한 콘텐츠를 지니고 있다.

개발자 A는 태양 모양의 색이 마음에 들지 않아 이를 변경합니다(여기서 색 변경은 특정 파일을 수정한다는 뜻입니다). [그림 11-11]에서 확인할 수 있듯 마스터 브랜치와 로컬 브랜치는 더 이상 동일하지 않습니다. 한 가지 중요한 사실은 개발자가 코드를 수정한다고 해서 마스터 브랜치에 영향이 가지 않는 다는 것입니다. 다시 말해 독립적인 개발이 가능합니다.

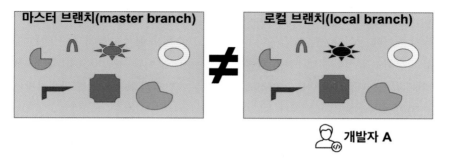

그림 11-11 개발자 A의 코드 수정으로 마스터 브랜치와 로컬 브랜치의 내용은 달라진다.

같은 시각 개발자 B가 마스터 브랜치로부터 로컬 브랜치를 생성합니다. 개발자 B 역시 태양 모양의 색이 마음에 들지 않아 이를 변경합니다(그림 11-12). 여기서 다른 개발자가 같은 코드를 수정하여 충돌이 생기는 문제가 발생하는데, 이를 이해하기 전에 코드 커밋에서 제공하는 주요 기능을 알아봅시다.

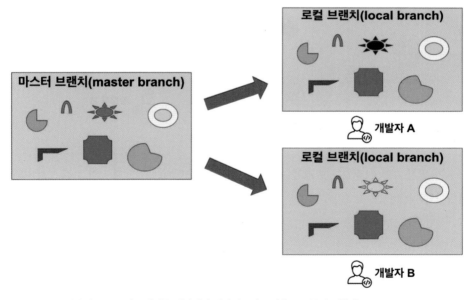

그림 11-12 개발자 B도 로컬 브랜치를 생성하여 개발자 A와 똑같은 코드를 수정한다.

코드 커밋에는 개발 브랜치^{develop branch}가 있습니다. 개발 브랜치는 주로 최신 마스터 브랜치[2]로부터 복제되기 때문에 동일한 콘텐츠를 지니고 있으며, 마스터 브랜치로 합치기 전 많은 개발자가 코드를 공유하고 푸시하며 테스트와 검증을 거치는 장소입니다. 개발자 A와 개발자 B가 개발 브랜치에서 테스트를 진행한다고 가정해봅시다. 두 개발자는 자신의 로컬 브랜치에서 개발 브랜치로 합칠 것입니다(그림 11-13).

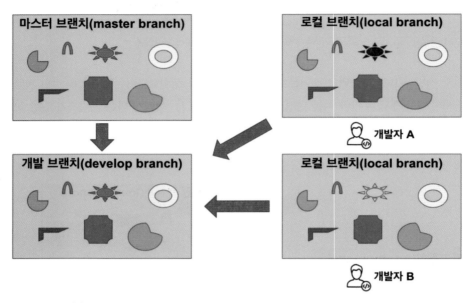

그림 11-13 개발자 A와 B가 개발 브랜치로 코드를 합치는 화면

개발자 A가 먼저 개발 브랜치를 변경했습니다. 이제 개발 브랜치는 개발자 A의 로컬 브랜치와 동일합니다(그림 11-14).

---

2 최신 마스터 브랜치란 로컬 리포지토리에서 `git pull` 명령어를 실행하여 원격 리포지토리로부터 마스터 브랜치가 싱크된 것을 의미합니다.

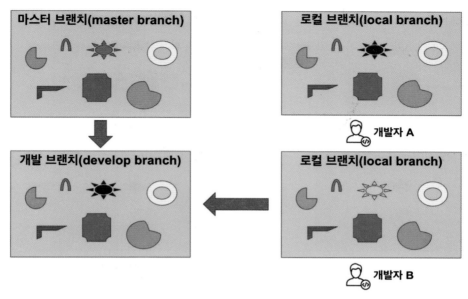

그림 11-14 개발자 A에 의해 개발 브랜치가 변경되었다.

개발자 B 역시 본인의 코드를 개발 브랜치에서 테스트해야 합니다. 개발자 B가 개발 브랜치에 푸시할 때 개발 브랜치는 개발자 B가 마스터 브랜치로부터 복제했을 때의 개발 브랜치와 다릅니다. 그러므로 푸시할 때 충돌이 발생합니다. 개발자 B는 개발 브랜치 코드를 본인의 것으로 사용할지, 개발자 A의 것을 사용할지 두 가지 선택사항이 있습니다. 개발자 A의 코드가 문제 해결과 버그 수정에 더 좋은 코드라고 판단되어 개발자 A의 코드를 사용하기 원한다면 충돌 시 본인의 코드를 지우고 개발자 A의 코드를 살린 후 테스트하면 됩니다. 만약 개발자 A 코드 테스트가 모두 성공적이고 다른 개발자의 동의를 거쳤다면 로컬 브랜치에 있는 개발자 A의 코드는 마스터 브랜치로 합쳐지게 됩니다(그림 11-15).

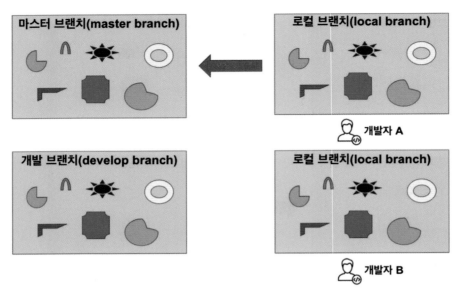

그림 11-15 개발자 A의 코드가 마스터 브랜치로 합쳐지는 화면

지금까지 하나의 리포지토리에서 다수의 개발자가 코드를 푸시하고 수정하고 테스트하는 과정을 살펴보았습니다. 한 가지 팁은, 개발 브랜치는 마스터 브랜치가 누군가에 의해 변경되었다면 자주 `git pull` 명령어를 돌려 로컬 리포지토리에서 수시로 싱크해주세요. 그래야 로컬 브랜치에서 작업할 때 발생하는 충돌을 최소화할 수 있습니다.

11.3 코드 커밋 실습

코드 커밋을 사용해 새로운 리포지토리를 생성하고 파일을 업로드해봅시다. 또한 로컬 브랜치를 하나 생성한 후 마스터 브랜치에 합치는 실습도 진행해봅시다. AWS 콘솔에서 코드 커밋을 찾아 들어갑니다.[3]

[그림 11-16]은 코드 커밋을 들어가면 보이는 화면입니다. 현재 생성한 리포지토리가 없기 때문에 '표시할 결과가 없습니다'라는 메시지가 뜹니다. 리포지토리를 만들기 위해 [리포지토리 생성] 버튼을 누릅니다.

---

3 AWS 콘솔 검색 창에서 'CodeCommit'을 입력하여 찾을 수 있습니다.

그림 11-16 코드 커밋 메인 화면

리포지토리를 만드는 방법은 매우 간단합니다(그림 11-17). 리포지토리 이름을 넣고 생성하면 끝입니다. 여기서는 리포지토리 이름을 'aws-learner-repo'로 넣고 [생성] 버튼을 누릅니다.

그림 11-17 리포지토리 생성 화면

리포지토리를 만들면 리포지토리에 연결하는 방법을 보여줍니다(그림 11-18). 루트 계정으로 리포지토리를 생성했기 때문에 'SSH' 연결 방법은 제공되지 않습니다. HTTPS(GRC)는 이미 깃허브를 사용하고 있다면 사용자 개인정보를 가져와서 코드 커밋과 연동할 수 있습니다. 깃허브와 연동하지 않고 콘솔에서 직접 리포지토리에 파일을 업로드할 것이기 때문에 건너뛰겠습니다.

그림 11-18 리포지토리 연결 방법 화면

스크롤을 아래로 내리면 '빈 리포지토리'가 보이고, 파일을 업로드하거나 생성할 수 있습니다. [파일 추가] 드롭다운을 누른 후 [파일 생성]을 눌러 파일을 직접 생성해보겠습니다(그림 11-19).

그림 11-19 리포지토리 파일 생성 화면

빈 텍스트 에디터가 뜹니다(그림 11-20). 여기에 다음의 코드를 입력합니다.

```
Hello Code Commit!!
```

파일명은 awslearner.txt로 만들어 텍스트 파일을 생성합니다. 다음 '작성자 이름' 및 '이메일 주소'는 여러분의 정보를 입력하면 됩니다. 마지막 '커밋 메시지'는 코드와 파일 변경에 대한 간단한 내용을 적는 곳이고, 다음의 내용을 넣어주세요.

참고로 개발 브랜치를 사용하지 않고 직접 마스터 브랜치에서 파일을 생성하고 있습니다. 실제로 코드 커밋을 사용할 경우 마스터 브랜치에서 바로 코드를 변경하는 일은 없어야 합니다. [변경 사항 커밋] 버튼을 눌러 파일을 생성합니다.

그림 11-20 리포지토리에서 파일을 생성하는 화면

[그림 11-21]을 보면 'aws-learner-repo' 원격 리포지토리 안에 `awslearner.txt` 파일이 생성되었으며 파일 콘텐츠를 바로 확인할 수 있습니다. 상단에 표시된 'main'은 현재 어떤 브랜치에 있는지 보여주며 이는 마스터 브랜치를 의미합니다.[4]

---

4 실제로 리포지토리를 만들면 main 브랜치가 생성되며 이는 환경설정을 통해 master로 이름을 바꿀 수 있습니다.

그림 11-21 파일 생성 후 코드 커밋 화면

만약 `awslearner.txt` 파일의 내용을 변경하고자 할 경우 어떻게 해야 할까요? 11.2절에서 살펴봤듯 마스터 브랜치에서 로컬 브랜치를 생성하고 개발 브랜치에서 테스트를 거친 후 마스터 브랜치로 합치면 됩니다. 다음 실습은 개발 브랜치 생성 과정을 건너뛰고 로컬 브랜치에서 검증 과정을 모두 거쳤다는 가정하에 진행합니다. 새로운 브랜치 생성을 위해 좌측에 [브랜치]를 클릭합니다.

[그림 11-22]처럼 리포지토리에 있는 모든 브랜치를 볼 수 있습니다. 현재는 'main' 브랜치 하나만 존재합니다. 새로운 브랜치를 만들기 위해 [브랜치 생성] 버튼을 누릅니다.

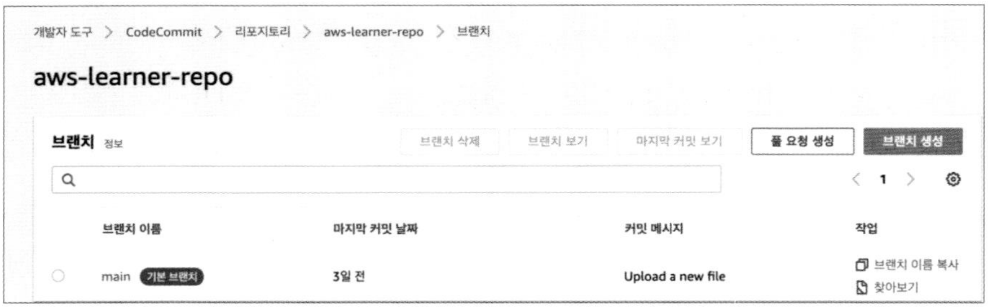

그림 11-22 브랜치 화면

브랜치 생성을 위해 이름을 입력해야 합니다(그림 11-23). 'awslearner-local-branch'라고 만들어봅시다. 참고로 브랜치 이름은 중복이 허용되지 않기 때문에 고유한 이름이어야 합니다. '다음으로부터의 브랜치'는 만들 브랜치가 어디서부터 파생될지를 묻는 것입니다. [그림 11-10]에서 마스터 브랜치에서 로컬 브랜치를 생성하는 것과 마찬가지로 'main' 브랜치에서 새로운 브랜치를 만들기 때문에 [main]을 선택합니다. 그다음 [브랜치 생성] 버튼을 누릅니다.

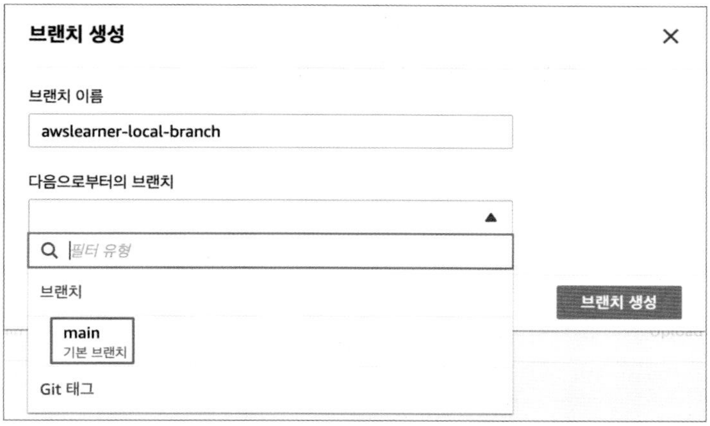

그림 11-23 브랜치 생성 화면

로컬 브랜치가 생성되었고 [awslearner-local-branch]를 클릭하면 'main' 브랜치와 동일한 파일이 들어있습니다(그림 11-24). 내용도 같습니다. 현재 브랜치 이름은 'main'이 아닌 'awslearner-local-branch'입니다. 여기서 파일 내용을 수정하겠습니다. 우측 하단에 [편집] 버튼을 누릅니다.

그림 11-24 브랜치 생성 후 보이는 화면

편집 창에서 Hello Code Commit!! 뒤에 느낌표를 하나 더 넣어줍니다. 그리고 다음 줄에 This is a second version. 문장을 넣습니다. 그럼 awslearner.txt는 다음과 같은 내용이 있어야 합니다.

```
Hello Code Commit!!!
This is a second version.
```

마찬가지로 '작성자 이름' 및 '이메일 주소'를 적습니다. '커밋 메시지'는 다음과 같이 입력합니다.

A second version

모든 것이 만족스럽다면 [변경 사항 커밋] 버튼을 누릅니다. 이제 로컬 브랜치에서만 aws
learner.txt 파일의 내용이 변경되었습니다. 마스터 브랜치는 변경 사항이 없습니다. 이를 확
인하고 싶다면 마스터 브랜치로 변경 후 awslearner.txt 파일을 열어서 콘텐츠를 살펴봅니
다. 뿐만 아니라 '마지막 커밋 날짜'도 다릅니다. [그림 11-25]를 보면 로컬 브랜치에서는 2분
전 무언가가 업데이트되었지만 마스터 브랜치는 15분 전이라고 확인됩니다(15분 전에 최초로
텍스트 파일을 생성한 시간입니다).

그림 11-25 마스터 브랜치와 로컬 브랜치의 커밋 날짜 확인 화면

개발 브랜치에서 검증을 마쳤고 로컬 브랜치가 마스터 브랜치로 병합하는 일만 남았습니다. 그
전에 다른 개발자의 리뷰가 필요합니다. 이러한 과정을 풀 요청^{pull request}이라 합니다. 풀 요청
을 하기 위해선 브랜치 이름 좌측에 라디오 버튼을 클릭 후 우측 상단에 [풀 요청 생성] 버튼을
누릅니다.

[그림 11-26]은 풀 요청 생성을 위해 필요한 항목을 기입해야 하는 화면입니다. '대상'은 마스
터(main) 브랜치이며 소스는 로컬 브랜치입니다. 그리고 다음과 같은 메시지를 확인할 수 있
습니다.

Mergeable
현재 awslearner-local-branch 및 main 사이에 충돌이 없습니다. 이 풀 요청은 AWS
CodeCommit 콘솔에서 병합하여 닫을 수 있습니다.

라는 메시지를 볼 수 있습니다. 여기서 '충돌'이란 단어에 주목해주세요. 1주일 전 로컬 브랜치를 마스터 브랜치로부터 만들었다고 가정합니다. 비로소 오늘 풀 요청을 하고 승인을 받아 마스터 브랜치에 병합하려 합니다. 그런데 다른 개발자가 3일 전 마스터 브랜치에 새로운 브랜치를 병합했다고 합시다. 내가 작업하는 파일과 똑같은 파일이고 똑같은 줄에서 코드 변경이 일어났다면, 이러한 경우를 '충돌'이라 합니다. 충돌이 발생하면 이를 해결해야 합니다. 현재 마스터 브랜치에 있는 내용을 받아들일지, 나의 변경 사항을 반영시킬지 생각해야 합니다.

풀 요청 시 [제목]을 입력해야 합니다. 'aws learner pull request'라 입력합니다. [설명]은 선택사항이며 건너뛰겠습니다.

그림 11-26 풀 요청 생성 화면 – 1

[그림 11-27]은 풀 요청 생성 전과 후를 비교하는 장면입니다. 빨간색 영역은 마스터 브랜치에 있는 내용이 삭제되었거나 변경되었다는 뜻이며, 초록색 영역은 마스터 브랜치에 있는 내용이 추가되었다는 뜻입니다.[5] 그림을 보면 `Hello Code Commit!!`이 원래 마스터 브랜치에 있는 내용이었으나 느낌표를 하나 추가했고, 다음 줄에 `This is a second version`이라는 문장을 넣었습니다. 이를 기반으로 다른 개발자는 코드에 하자가 없는지, 로직에 문제가 없는지 알 수 있습니다. 모든 것이 완료되었다면 [풀 요청 생성] 버튼을 누릅니다.

---

5 코드 옆에 (−) 사인은 무언가가 삭제됐다는 뜻이며, (+) 사인은 무언가가 추가되었다는 의미입니다.

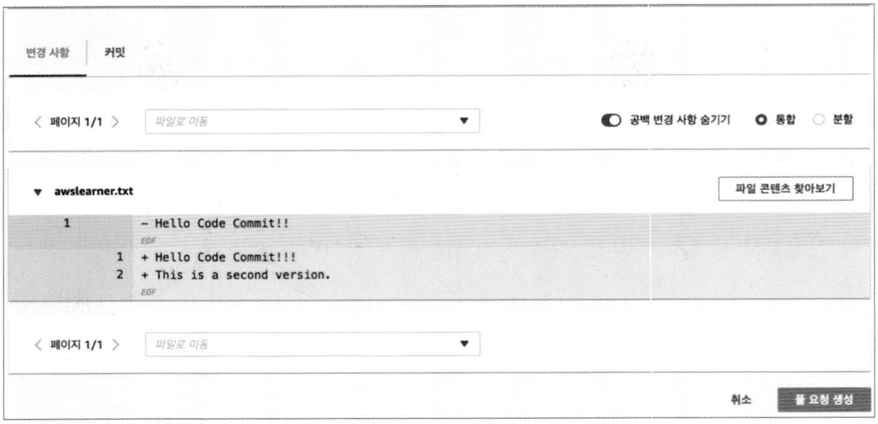

그림 11-27 풀 요청 생성 화면 – 2

원래는 다른 개발자의 승인을 받아야 하지만 현재 루트 유저로 리포지토리 및 브랜치를 생성했기 때문에 바로 마스터 브랜치로 병합할 수 있습니다(그림 11-28). 마스터 브랜치로 병합하기 앞서 풀 요청에 대해 간단히 살펴보겠습니다. '세부 정보'는 풀 요청 시 다른 개발자에게 어떤 내용이 변경되었고 왜 변경이 필요한지에 대해 간략한 문장을 적는 곳입니다. 선택사항이며 아무것도 입력하지 않아도 됩니다.

그림 11-28 풀 요청 화면 – 세부 정보 탭

다음으로 [활동] 탭을 누릅니다(그림 11-29). 누가 언제 풀 요청을 했는지에 대한 로그를 확인할 수 있습니다. 이는 팀 규모가 커질수록 유용하게 사용할 수 있습니다. [변경 사항] 탭은 [그림 11-27]에서 본 것과 동일합니다. [커밋] 탭은 브랜치에서 [변경 사항 커밋]을 누를 때마다 새로운 커밋 로그가 생성됩니다(그림 11-30). 커밋 ID는 커밋 고유 아이디이며 깃허브를

사용하는 분은 '깃 해시'와 똑같은 개념이라 이해하면 됩니다. 커밋에 대한 전반적인 정보(커밋 메시지와 커밋 날짜)를 확인할 수 있습니다.

그림 11-29 풀 요청 화면 – 활동 탭

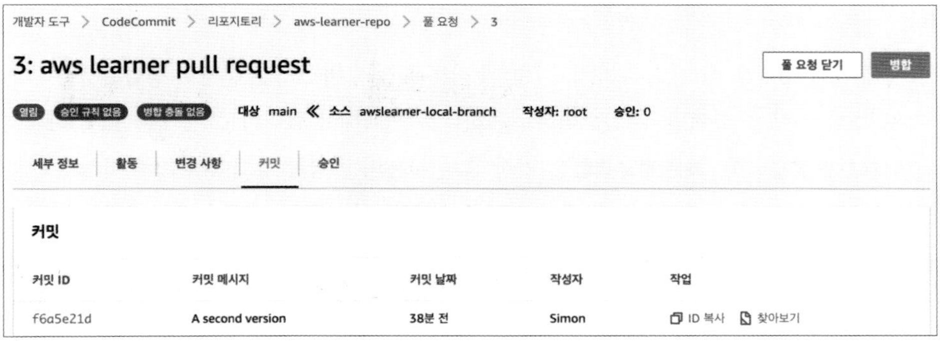

그림 11-30 풀 요청 화면 – 커밋 탭

마지막으로 [승인] 탭을 누릅니다. 현재 풀 요청은 '승인 규칙 없음'이며 이는 다른 개발자의 승인 없이 바로 마스터 브랜치로 병합할 수 있습니다. 이를 방지하기 위해서 승인 규칙을 재정의할 수 있습니다. 최소 몇 명이 승인해야 병합할 수 있는지에 대한 규칙을 이곳에서 설정할 수 있습니다.

그림 11-31 풀 요청 화면 – 승인 탭

풀 요청에 대한 설명은 이 정도로 마치고 [병합] 버튼을 눌러 마스터 브랜치로 병합하겠습니다. 세 가지 '병합 전략'을 확인할 수 있으며 이 중 하나를 선택해야 합니다(그림 11-32). 하나씩 간단히 살펴보겠습니다. '**빠른 전달 병합**'은 가장 흔히 사용되는 병합 방법이며 기존 마스터 브랜치 앞에 로컬 브랜치를 합쳐 로컬 브랜치가 기존 마스터 브랜치의 헤더가 되는 것입니다. [그림 11-32]처럼 검정색 점은 기존 마스터 브랜치이며 파란색 점은 병합될 로컬 브랜치입니다. 점선은 로컬 브랜치가 마스터 브랜치의 헤더가 되는 것을 의미합니다. 다음 '**스쿼시 및 병합**'은 마스터 브랜치로 병합되기 전 새로운 단일 커밋이 생성되며 이 커밋이 마스터 브랜치로 병합되는 것입니다. 즉 로컬 브랜치에서 기존에 생성한 커밋 정보는 사라집니다. 이는 커밋 정보를 단순화하고 싶을 경우 사용됩니다. 마지막 '**3방향 병합**'은 '스쿼시 및 병합'과 마찬가지로 새로운 단일 커밋이 생성되지만 기존에 생성한 커밋 정보를 모두 유지합니다. 지금은 기본 병합 [빠른 전달 병합] 방법을 사용합니다. 그리고 [병합 후 소스 브랜치 awslearner-local-branch을(를) 삭제하시겠습니까?]에 체크가 되었는지 확인합니다. 브랜치 병합 후 로컬 브랜치를 자동으로 삭제합니다. 추후 버그 수정이 필요하면 일반적으로 마스터 브랜치에서 새로운 로컬 브랜치를 생성하여 새로운 풀 요청을 합니다. 병합에 대한 이해가 끝났다면 [풀 요청 병합] 버튼을 누릅니다.

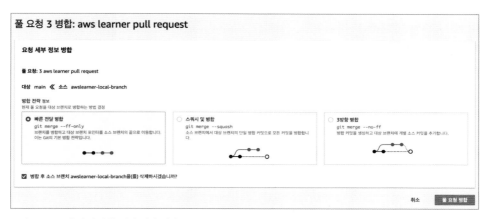

그림 11-32 세 가지 병합 전략 선택 화면

[그림 11-33]처럼 로컬 브랜치가 마스터 브랜치로 성공적으로 병합됐다는 메시지를 확인합니다. [활동] 탭을 누르면 풀 요청에 대한 새로운 업데이트를 볼 수 있습니다. 이제 마스터 브랜치로 가서 업데이트가 잘 반영됐는지 확인합니다. [그림 11-24]처럼 텍스트 파일을 엽니다.

그림 11-33 브랜치 병합 메시지 확인 화면

마스터 브랜치에서 텍스트 파일을 열면 `This is a second version` 문장이 두 번째 줄에 추가되어 콘텐츠가 변경된 것을 확인할 수 있습니다. 풀 요청 후 마스터 브랜치 파일이 업데이트됐습니다.

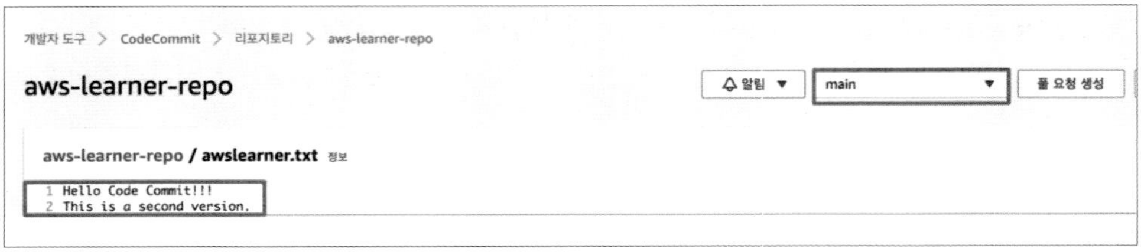

그림 11-34 업데이트된 마스터 브랜치 확인 화면

11.4 코드 배포

코드 배포는 CI/CD 파이프라인에서 가장 큰 비중을 차지합니다. 코드 커밋을 통해 코드가 마스터 브랜치로 병합된 후 실제 프로덕션으로 배포하기 위해 코드 배포를 거쳐야 하기 때문입니다. 코드 배포는 한 마디로 정의하면 '**자동 배포**automated deployment'라 할 수 있습니다. 리포지토리에 새로운 코드 수정 및 업데이트 발생 시 코드 배포는 이를 감지한 후 프로덕션으로 배포할 준비를 합니다. 자동 배포의 이점을 이해하는 것이 중요합니다. 첫 번째로 새로운 기능을 빨리 프로덕션으로 배포할 수 있습니다. 배포하는 중에 서버나 소프트웨어 다운타임이 발생하지 않습니다. 따라서 사용자는 불편함 없이 업데이트된 소프트웨어를 빠른 시간 내 사용할 수 있습니다. 만약 코드 배포가 없다면 개발자가 서버를 일시적으로 종료시킨 후 사용자에게 '현재 버그 수정 관련 패치 작업 및 배포로 인해 서버가 셧다운될 것입니다. 이용에 불편함을 드려 대단히 죄송합니다' 와 같은 문구를 메인 웹 페이지 창에 띄운 후 배포가 종료되면 다시 서버를 재가동시킬 것입니다. 이러한 문제점을 코드 배포가 해결해줍니다. 두 번째로 프로덕션 배포를 하는데 개발자의 개입이 전혀 필요 없습니다. 배포가 진행되기 위해 필요한 작업을 실행하며 사람의 간섭으로 발생할 수 있는 오류를 피할 수 있습니다.

코드 배포에는 크게 두 가지 방법이 존재합니다. 첫 번째로 **롤링 배포**rolling deployment입니다. 롤링 배포는 점층적 배포라고 이해하면 됩니다. 예를 하나 들어보겠습니다. 현재 프로덕션에서 돌아가고 있는 인스턴스가 다섯 개 있다고 가정해봅시다. 고객 요청에 의해 코드 업데이트를 했고 이를 프로덕션에 배포하려고 합니다. 이 업데이트의 비중을 20%라고 해봅시다. 그럼 첫 배포 시 현재 프로덕션에 있는 기능을 80%, 나머지 20%는 새로운 서버로 대체됩니다. 다시 말하면 네 개의 인스턴스는 기존 인스턴스를 사용하며, 한 개의 인스턴스는 새로운 인스턴스로 교체됩니다. 두 번째 배포 시 세 개의 인스턴스가 기존 인스턴스를 사용하며 이미 새로운 인스턴스로 교체된 것 이외에 추가적으로 다른 한 개의 인스턴스가 새로운 인스턴스로 교체됩니다. 결국 모든 인스턴스가 배포 과정을 거칩니다.

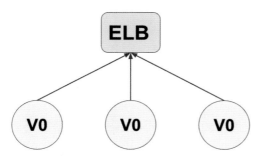

그림 11-35 롤링 배포 예제 – 1

[그림 11-35]는 세 개의 EC2 인스턴스가 돌아가고 있으며 하나의 ELB로 묶여있습니다. ELB 는 서버 트래픽을 각각의 인스턴스별로 균등하게 배분하여 서버의 부하를 줄이기 위해 사용됩니다. 현재 모든 인스턴스의 버전은 V0입니다. 개발자가 새로운 기능 구현을 마쳤고 롤링 배포 방식을 사용한다면 가장 먼저 발생하는 일은 첫 번째 인스턴스가 셧다운됩니다(그림 11-36). 하나의 인스턴스가 셧다운되기 때문에 서버의 성능은 다소 떨어집니다. 뿐만 아니라 첫 번째 인스턴스가 비활성화되었기 때문에 ELB에서 첫 번째 서버로의 트래픽 배분 관련 설정을 변경 해야 합니다.

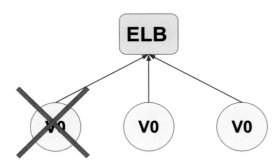

그림 11-36 롤링 배포 예제 – 2

배포가 끝났다면 첫 번째 인스턴스는 다시 활성화되며 인스턴스 버전은 V0에서 V1로 업데이트됩니다(그림 11-37). 똑같은 방식으로 두 번째 인스턴스가 셧다운되고 배포가 완료되면 인스턴스가 활성화되며 버전이 업그레이드됩니다. 이렇게 해서 점층적으로 모든 인스턴스의 배포가 끝나면 비로소 프로덕션 배포가 끝납니다.

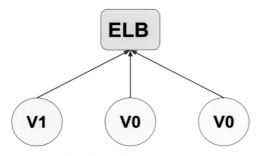

그림 11-37 롤링 배포 예제 – 3

여러분께 한 가지 질문을 던지겠습니다. 만약 최근에 배포한 기능에서 버그가 발견되어 이전 버전으로 돌아가야 한다면 어떻게 해야 할까요? 안타깝게도 롤링 배포 방식을 사용한다면 버전을 롤백하는 것은 매우 힘듭니다. 인스턴스마다 V1을 V0으로 낮춰야 하며 인스턴스 개수만큼 롤백 과정을 거쳐야 합니다. 즉 한 번에 이전 버전으로 돌아갈 수 없습니다. 이를 해결하려면 어떻게 해야 할까요?

두 번째로 **블루그린 배포**blue/green deployment입니다. 블루는 현재 돌아가고 있는 프로덕션을 뜻하며, 그린은 새로 배포할 인스턴스를 의미합니다. 쉬운 이해를 위해 예를 살펴보겠습니다. 유저는 프로덕션 서버에서 서비스를 사용하고 있습니다. 개발자는 프로덕션과 비슷한 개발 환경에서 새로운 것을 구현합니다. 구현을 마쳤고 프로덕션에 배포하려 할 때 블루 서버 트래픽 양이 100% 였던 것을 80%로 줄이고, 나머지 20%는 그린으로 옮겨 새로운 기능을 유저에게 제공합니다. 블루그린 배포 방식의 궁극적 목표는 블루를 완전 셧다운시키고 그린을 100% 활성화하는 것입니다.

롤링 배포와 똑같은 예제를 사용하여 블루그린 배포를 이해해보겠습니다. 다만 현재 프로덕션에서 돌아가고 있는 서버가 파란색 네모 안에 들어있는지 확인해줍니다. 코드 배포는 개발자가 코드 구현을 마친 후 새로운 애플리케이션이 돌아갈 인스턴스를 생성합니다. 이 인스턴스는 초록색 네모 안에 들어갑니다(그림 11-38).

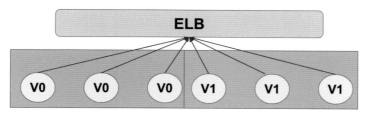

그림 11-38 블루그린 배포 예제

V1이 ELB에 등록되었다면 서버 트래픽을 파란색에서 초록색으로 천천히 옮깁니다. 결국 파란색 영역의 V0 인스턴스는 모두 비활성화되며 셧다운됩니다. 그렇게 초록색 부분만 남게 됩니다. 그렇다면 이전 버전으로 롤백해야 한다면 블루그린 배포를 통해 쉽게 해낼 수 있을까요? 네 맞습니다. ELB 설정만 수정하면 됩니다. 셧다운된 인스턴스를 다시 활성화시키고 서버 트래픽을 다시 보내면 됩니다. 그러면 초록색 영역의 인스턴스는 비활성화되며 이전 버전으로의 롤백은 끝납니다. 여기서 블루그린 배포 방식의 가장 큰 장점을 알 수 있는데 이전 버전과 최신 버전으로의 전환이 매우 용이하다는 것입니다.

지금까지 배운 내용을 놓고 보면 무조건 블루그린 배포를 사용해야 한다는 생각이 들 수 있습니다. 그러나 롤링 배포를 써야 할 때가 있습니다. 맨 처음 배포할 때 롤링 배포를 사용합니다. 이전 버전과 비교할 것도 없고 블루그린 배포와 비교했을 때 빠른 배포가 가능하기 때문입니다. 처음 배포 시 블루그린을 사용하면 안 될까요? 앞서 설명했지만 블루그린 배포는 배포 준비를 위해 새로운 프로덕션 환경(그린)을 만들며 추가 비용이 발생합니다. 시간이 지나면서 인스턴스의 개수가 늘어나고 인프라가 복잡해지면 그때 블루그린 배포 사용을 권장합니다. 롤링 배포는 초기 개발에 사용하면 좋습니다.

11.5 코드 배포 실습

이번 장에서는 지금까지 배운 코드 배포 이론 내용을 근거로 직접 코드를 배포하고 애플리케이션을 돌려보는 실습을 진행합니다. 실습은 IAM을 통해서 하겠습니다. 이후 EC2 인스턴스를 생성하고, 소스 코드가 있는 S3 버킷에 접근합니다. 인스턴스 내에서 'CodeDeploy Agent'를 설치할 것입니다.[6] 마지막으로 코드 배포를 사용하여 웹 애플리케이션을 배포합니다. 실습이 다소 길어질 수 있으니 섹션을 리소스별로 나눠서 진행하겠습니다.

11.5.1 IAM에서 필요한 역할 및 권한 생성하기

실습에서 필요한 역할은 EC2 인스턴스에서 S3 버킷에 접근할 수 있는 권한입니다. 이를 생성하기 위해 AWS 콘솔에서 IAM을 찾아서 들어갑니다. 그 후 좌측 [역할]을 누릅니다. 새로운 역할을 생성하기 위해 우측 상단 [역할 만들기] 버튼을 클릭합니다(그림 11-39).

그림 11-39 역할 만들기 화면

'신뢰할 수 있는 엔터티 유형'은 [AWS 서비스]를 사용합니다(그림 11-40). 사용 사례는 EC2 인스턴스이기 때문에 [EC2] 좌측 라디오 버튼을 선택하고 [다음] 버튼을 누릅니다.

---

6 CodeDeploy Agent는 인스턴스 내에서 코드 배포를 사용할 수 있게 해주는 소프트웨어 패키지입니다.

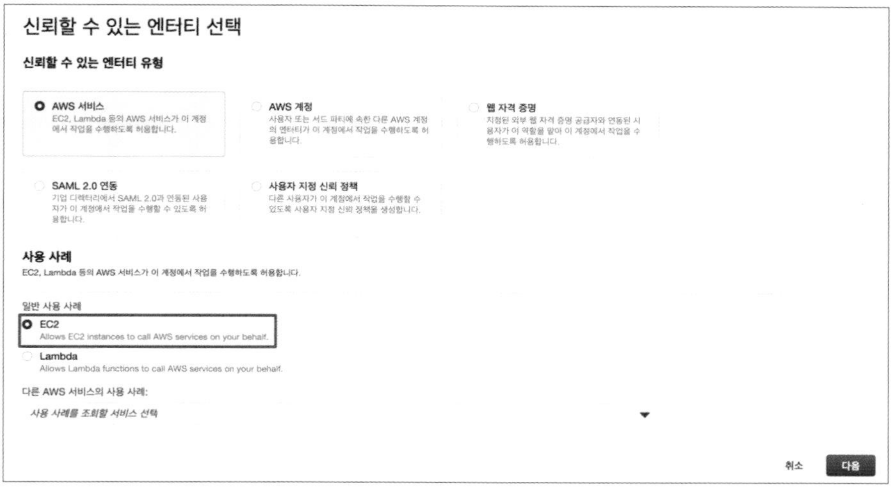

그림 11-40 S3 역할 생성 화면 – 1

검색 창에 's3'를 입력 후 찾아보면 S3 관련 다양한 권한을 확인할 수 있습니다. 여기서 'AmazonS3FullAccess'를 찾아 선택합니다. 'Full Access'란 버킷 접근, 오브젝트 읽기, 쓰기 등 모든 권한을 의미합니다. 개발자가 아닌 시스템 어드민 혹은 팀 리더만 이 권한을 가질 수 있으나 실습에서 사용하는 것은 큰 문제가 되지 않습니다. 스크롤을 아래로 내려 [다음] 버튼을 누릅니다.

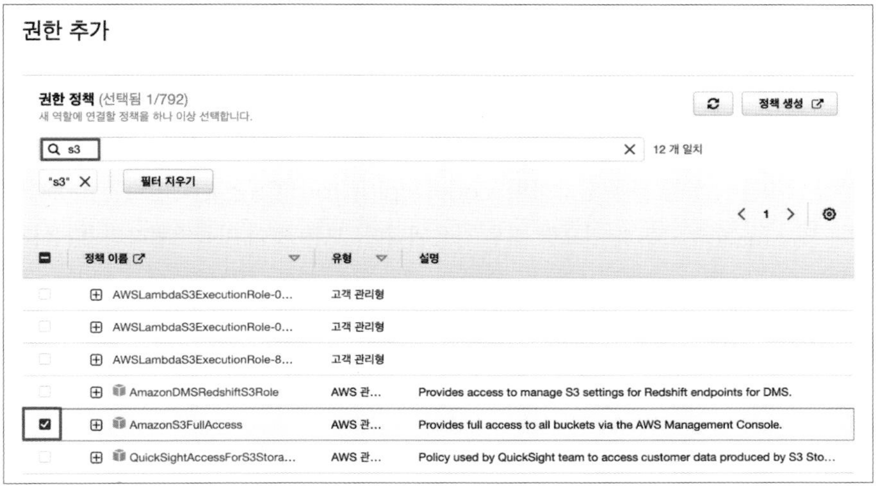

그림 11-41 S3 역할 생성 화면 – 2

생성할 역할 이름은 'awslearner_s3_access_role'로 만듭니다. 역할을 만들기 전 원하는 권한이 모두 포함되어 있는지 검토할 수 있습니다. 모든 것이 만족스럽다면 맨 아래 [역할 생성] 버튼을 누릅니다.

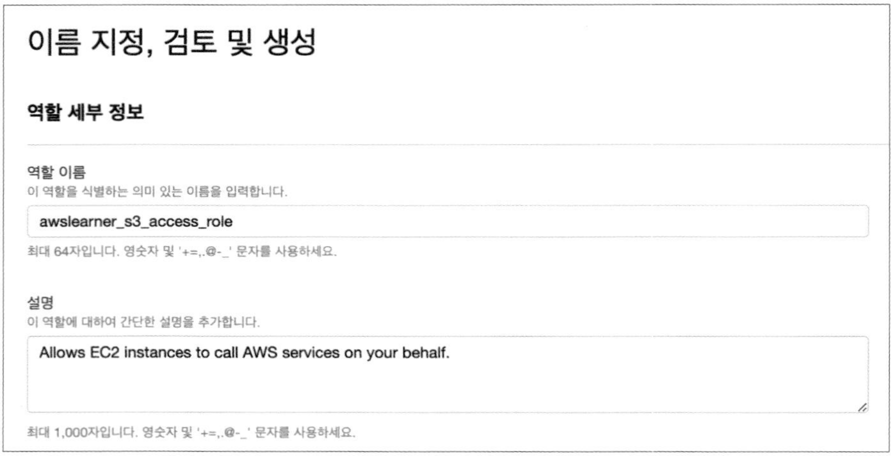

이름 지정, 검토 및 생성

역할 세부 정보

역할 이름
이 역할을 식별하는 의미 있는 이름을 입력합니다.

awslearner_s3_access_role

최대 64자입니다. 영숫자 및 '+=,.@-_' 문자를 사용하세요.

설명
이 역할에 대하여 간단한 설명을 추가합니다.

Allows EC2 instances to call AWS services on your behalf.

최대 1,000자입니다. 영숫자 및 '+=,.@-_' 문자를 사용하세요.

그림 11-42 S3 역할 생성 화면 – 3

역할이 잘 만들어졌는지 확인합니다. 추가로 코드 배포에 필요한 소프트웨어(예: CodeDeploy Agent)를 EC2 인스턴스에 설치하기 위한 권한이 있어야 합니다. [그림 11-39]에서 진행했듯이 [역할 만들기] 버튼을 다시 누릅니다.

사용 사례는 'CodeDeploy'이며 이를 '다른 AWS 서비스의 사용 사례' 검색 창에서 찾습니다. 그러면 세 가지 선택사항을 확인할 수 있으며 EC2 인스턴스와 관련된 권한을 부여해야 하므로 [CodeDeploy]를 선택합니다. 'CodeDeploy for Lambda'는 코드 배포 시 Lambda 함수를 사용하여 특정 로직을 구현할 경우 필요하며 'CodeDeploy for ECS'는 컨테이너를 사용하여 S3 버킷 접근 및 Amazon SNS가 필요할 경우 사용됩니다. 모든 것이 만족스럽다면 [다음] 버튼을 누릅니다.

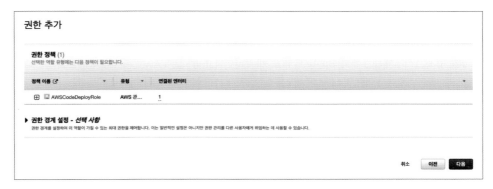

사용 사례

EC2, Lambda 등의 AWS 서비스가 이 계정에서 작업을 수행하도록 허용합니다.

일반 사용 사례

○ **EC2**
Allows EC2 instances to call AWS services on your behalf.

○ **Lambda**
Allows Lambda functions to call AWS services on your behalf.

다른 AWS 서비스의 사용 사례:

[CodeDeploy ▼]

● **CodeDeploy**
Allows CodeDeploy to call AWS services such as Auto Scaling on your behalf.

○ **CodeDeploy for Lambda**
Allows CodeDeploy to route traffic to a new version of an AWS Lambda function version on your behalf.

○ **CodeDeploy - ECS**
Allows CodeDeploy to read S3 objects, invoke Lambda functions, publish to SNS topics, and update ECS services on your behalf.

취소   다음

그림 11-43 코드 배포에 필요한 역할 생성 화면 – 1

추가될 역할은 'AWSCodeDeployRole'입니다(그림 11–44). 좌측 (+) 버튼을 누르면 코드 배포를 사용하기 위해 필요한 규칙이 정의되어 있는 것을 볼 수 있습니다. [다음] 버튼을 누릅니다.

권한 추가

권한 정책 (1)
선택한 역할 유형에는 다음 정책이 필요합니다.

정책 이름 ⏷	유형 ⏷	연결된 엔터티
⊞ ☐ AWSCodeDeployRole	AWS 관...	1

▶ **권한 경계 설정 - 선택 사항**
권한 경계를 설정하여 이 역할이 가질 수 있는 최대 권한을 제어합니다. 이는 일반적인 설정은 아니지만 권한 관리를 다른 사용자에게 위임하는 데 사용할 수 있습니다.

취소   이전   다음

그림 11-44 코드 배포에 필요한 역할 생성 화면 – 2

역할 이름은 'aws_learner_code_deploy_role'로 합니다(그림 11–45). 선택사항이지만 만들 역할에 대한 간단한 설명을 넣을 수 있습니다. 아래를 살펴보면 태그 설정을 확인할 수 있는데 이는 건너뜁니다. 모든 것이 만족스럽다면 우측 맨아래 [역할 생성] 버튼을 눌러 역할을 생성합니다.

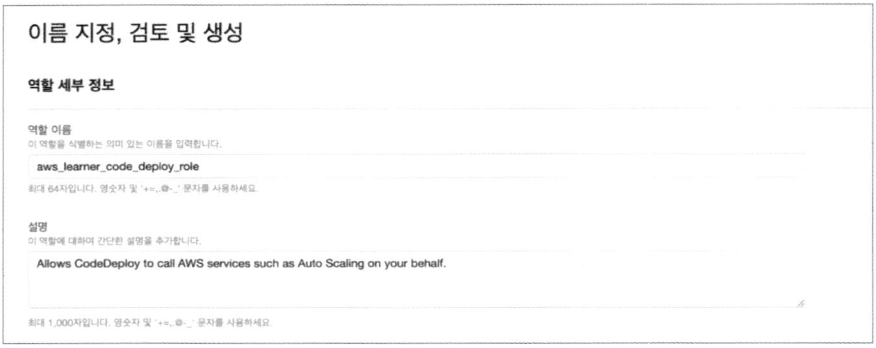

그림 11-45 코드 배포에 필요한 역할 생성 화면 – 3

이렇게 실습에 필요한 모든 역할을 생성했습니다.

11.5.2 EC2 인스턴스 생성 및 프로그램 설치하기

AWS 콘솔에서 EC2 인스턴스를 찾아 들어갑니다. 새로운 인스턴스를 만들어야 합니다. 생성할 인스턴스 정보는 다음과 같습니다(EC2 인스턴스 생성에 대한 자세한 내용은 3장 EC2 실습을 참고해주세요).

- **이름 및 태그**: [추가 태그 추가] 버튼을 누른 후 키는 'AppName', 값은 'AwsLearnerApp'으로 넣습니다. 태그는 코드 배포에서 어떤 인스턴스에 배포를 실행할지에 대한 식별자 역할을 하기 때문입니다.
- **애플리케이션 및 OS 이미지(Amazon Machine Image)**: Amazon Linux 2 AMI (HVM) – Kernel 5.10, SSD Volume Type
- **아키텍처**: 64비트(x86)
- **인스턴스 유형**: t2.micro(프리 티어 사용 가능)
- **키 페어(로그인)**: [새 키 페어 생성] 버튼을 누르고 키 페어 이름은 'aws_learner_code_deploy_kp'로 합니다. 키페어 유형은 'RSA', 프라이빗 키 파일 형식은 운영체제에 맞게 선택합니다.
- **네트워크 설정**: 첫 번째로 '퍼블릭 자동 IP 할당'으로 되어 있는지 확인합니다. 이는 웹 애플리케이션 설치 후 IP 주소를 사용해 서버에 연결할 것이기 때문입니다. 만약 자동 IP 할당이 되어 있지 않다면 바꿔줍니다. 두 번째로 보안 그룹 규칙을 추가해야 합니다. 유형을 'HTTP'로 선택하면 자동으로 프로토콜은 'TCP', 포트 범위는 '80'으로 정의됩니다. 원본을 '0.0.0.0/0'과 '::/0' 두 가지를 선택합니다.
- **스토리지 구성**: 디폴트 옵션 사용
- **고급 세부 정보**: IAM 인스턴스 프로파일은 앞서 생성한 'awslearner_s3_access_role'을 찾아 선택합니다. 나머지는 디폴트 옵션을 사용합니다.

다운받은 pem 파일의 권한을 변경합니다. 다음 명령어를 실행합니다.

```
$ chmod 400 <pem 파일>
ex) chmod 400 aws_learner_code_deploy_kp.pem
```

인스턴스 생성을 마쳤다면 SSH를 사용해 인스턴스에 들어갑니다. 첫 번째로 인스턴스가 돌아가기 위해 필요한 최신 패키지를 설치해야 합니다. 다음 명령어를 실행합니다(물어보는 항목은 'y'를 치고 넘어가면 됩니다).

```
$ sudo yum update
```

두 번째로 루비^{Ruby}라는 프로그래밍 언어를 설치해야 합니다. 이는 실습에서 활용할 웹 서버 애플리케이션 때문입니다. 다음 명령어를 실행합니다.

```
$ sudo yum install ruby
```

세 번째로 REST API를 사용해 파일을 다운로드받을 수 있게 해주는 'Wget'을 설치해야 합니다. 다음 명령어를 실행합니다.[7]

```
$ sudo yum install wget
```

위 과정을 모두 거쳤다면 현재 폴더 위치를 확인합니다. 위치가 '/home/ec2-user/'가 아니라면 'cd' 명령어를 사용해 현재 폴더 위치를 변경합니다.

```
$ pwd
/home/ec2-user
```

여기서 wget 명령어를 사용해 CodeDeploy Agent 설치 파일을 다운로드합니다. 다음 명령어를 실행합니다.

---

7 'Package already installed and latest version. Nothing to do'와 같은 메시지를 확인했다면, 이는 이미 설치되어 있다는 뜻이므로 다음으로 건너뛰면 됩니다.

```
$ wget https://aws-codedeploy-ap-northeast-2.s3.amazonaws.com/latest/install
```

다운로드받은 파일(install)에 대한 권한을 부여해야 합니다. 다음 명령어를 실행합니다.[8]

```
$ chmod +x install
```

이제 설치 파일을 실행하여 CodeDeploy Agent를 설치합니다.

```
$ sudo ./install auto
…….
pre hook : 1
Checking the ruby version.
Checking if there is already a process named codedeploy-agent running.
  Installing : codedeploy-agent-1.3.2-1902.noarch
1/1

post hook : 1
Check if there is a codedeployagent config file.
Start codedeploy-agent in post hook if this is a first install.
  Verifying  : codedeploy-agent-1.3.2-1902.noarch
1/1

Installed:
  codedeploy-agent.noarch 0:1.3.2-1902
```

별다른 에러가 발생하지 않는다면 성공적으로 설치가 끝난 것입니다. 정말 설치가 잘 됐는지 확인해보고 싶다면 다음 명령어를 실행해보면 됩니다.

```
$ sudo service codedeploy-agent status
The AWS CodeDeploy agent is running as PID 4381
```

명령어의 결괏값을 살펴보면 CodeDeploy Agent가 잘 돌아가고 있음을 알 수 있습니다.

----

8 '+x'는 파일에 x 권한을 부여하며 'execution'의 뜻을 내포하고 있습니다. 즉 사용자가 파일을 실행할 권한을 얻는 것입니다.

11.5.3 S3 버킷 생성 및 코드 살펴보기

코드 배포를 실행하기 앞서 개발자가 구현하고 있는 코드를 살펴봅시다. 궁극적으로 이 코드는 S3 버킷에 업로드되고 코드 배포를 통해 배포 파이프라인을 구축합니다. 먼저 코드를 살펴보 겠습니다. 앞서 진행했던 EC2 인스턴스에서 나온 후 로컬에서 새로운 폴더를 생성하여 그 안 으로 들어갑니다. 다음 명령어를 실행시켜봅시다.

```
$ mkdir code-deploy-ex
$ cd code-deploy-ex
```

code-deploy-ex 폴더는 다음과 같은 구조로 이루어집니다. appspec.yml 파일은 코드 배포를 돌리기 위해 필요한 구성 요소들을 내포하고 있는 청사진 역할을 담당합니다. AWS 콘솔에서 수동으로 파라미터를 넣을 수 있지만 yml 파일을 통해 한 번에 코드 배포 세팅을 손쉽게 할 수 있습니다. index.html 파일은 실제 웹에서 보여질 스크립트입니다. scripts 폴더 안에는 서 버의 시작과 종료뿐 아니라 서버를 돌리는 데 필요한 자원을 설치해주는 배시 스크립트가 들어 있습니다.

```
appspec.yml
index.html
/scripts
    install_dependencies.sh
    start_server.sh
    stop_server.sh
```

첫 번째로 appspec.yml 파일을 살펴봅니다. files 파라미터에 집중해주세요. 인스턴스 내에 서 어떤 파일을 어디로 보내는지에 대한 설정을 해줍니다. 'source'는 옮길 파일을 뜻하며 위에 서 이미 살펴본 index.html 파일입니다. 'destination'은 인스턴스 내에서 /var/www/html/ 폴더로 옮기라는 뜻입니다. 다음으로 hooks 파라미터가 나오는데 이는 배포가 진행되는 동안 필요한 명령어를 언제 어떻게 돌릴지에 대한 내용입니다. 'BeforeInstall'에는 두 개의 배시 스크립트를 돌리라고 되어 있으며, 우선 서버를 돌리기 위해 필요한 디펜던시들을 설치하고 그 다음 서버를 시작하는 스크립트를 실행합니다. 참고로 스크립트는 순차적으로 진행되기 때문 에 순서에 신경 써야 합니다. 'ApplicationStop'은 말 그대로 애플리케이션이 종료가 될 때 서

버를 멈추는 스크립트를 실행합니다. yml 파일에 명시된 모든 스크립트는 루트 유저 권한으로
실행될 것이므로 스크립트를 실행할 때 직면할 권한 문제는 없을 것입니다.

```yaml
version: 0.0
os: linux
files:
  - source: /index.html
    destination: /var/www/html/
hooks:
  BeforeInstall:
    - location: scripts/install_dependencies.sh
      timeout: 300
      runas: root
    - location: scripts/start_server.sh
      timeout: 300
      runas: root
  ApplicationStop:
    - location: scripts/stop_server.sh
      timeout: 300
      runas: root
```

다음으로 index.html 파일을 봅니다. 텍스트 파일을 화면에 출력하는 아주 간단한 파일입니
다. '현재 버전은 1.0입니다' 이 문장을 잘 기억해두세요.

```html
<!DOCTYPE html>
<html>
<head>
  <meta charset="utf-8">
  <title>CodeDeploy Lab</title>
  <style>
    body {
      color: #000000;
      background-color: #FFFF00;
      font-family: Arial, sans-serif;
      font-size: 14px;
    }

    h1 {
      font-size: 500%;
      font-weight: normal;
```

```
      margin-bottom: 0;
    }

    h2 {
      font-size: 200%;
      font-weight: normal;
      margin-bottom: 0;
    }
  </style>
</head>
<body>
  <div align="center">
    <h1>AWS를 공부하시는 여러분들 안녕하세요!</h1>
    <h2>현재 버전은 1.0입니다. 앞으로 더 나은 서비스로 찾아뵐 것입니다!</h2>
  </div>
</body>
</html>
```

배포할 코드는 모두 살펴봤습니다. 배시 스크립트는 파일명만 봐도 무엇을 하는지 알 수 있기 때문에 설명은 건너뛰겠습니다. 이제 파일을 업로드할 S3 버킷을 생성하겠습니다. AWS 콘솔에서 S3를 찾아서 들어간 후 다음과 같이 버킷을 생성합니다(버킷 생성에 대한 자세한 설명은 5장 실습을 참고해주세요).

- **버킷 이름**: awslearner-code-deploy-bucket
- **리전**: ap-northeast-2(서울)
- **객체 소유권**: ACL 비활성화됨
- **모든 퍼블릭 액세스 차단**: 활성화
- **버킷 버전 관리**: 비활성화
- **기본 암호화**: 비활성화

버킷을 생성했다면 이제 압축 파일을 생성해봅시다. 앞서 살펴본 파일을 모두 포함하고 있어야 합니다. 꼭 기억해야 하는 것으로 appspec.yml 파일은 반드시 최상위 폴더에 위치해야 합니다. 그렇지 않다면 코드 배포는 yml 파일을 찾을 수 없다며 실패하게 됩니다. 생성한 압축 파일을 awslearner-code-deploy-bucket에 업로드합니다. 이제 코드 배포를 실행할 준비를 마쳤습니다.

11.5.4 코드 배포 실행하기

콘솔에서 CodeDeploy를 찾아서 들어갑니다. 가장 먼저 애플리케이션을 생성해야 합니다. [그림 11-46]에서 좌측 [애플리케이션]을 클릭합니다.

그림 11-46 코드 배포 메인 화면

현재 애플리케이션이 존재하지 않으므로 '표시할 결과가 없습니다'라는 메시지를 확인할 수 있습니다(그림 11-47). 새로운 애플리케이션을 만들기 위해 [애플리케이션 생성] 버튼을 누릅니다.

그림 11-47 코드 배포 애플리케이션 메인 화면

생성할 애플리케이션 고유 이름을 'awslearner-codedeploy-app'로 만듭니다(그림 11-48). '컴퓨팅 플랫폼'에서는 코드 배포가 어디서 어떻게 진행될지에 대한 선택을 해야 하는데, EC2 인스턴스와 연동할 것이므로 'EC2/온프레미스'를 선택합니다. 모두 마쳤다면 [애플리케이션 생성] 버튼을 누릅니다.

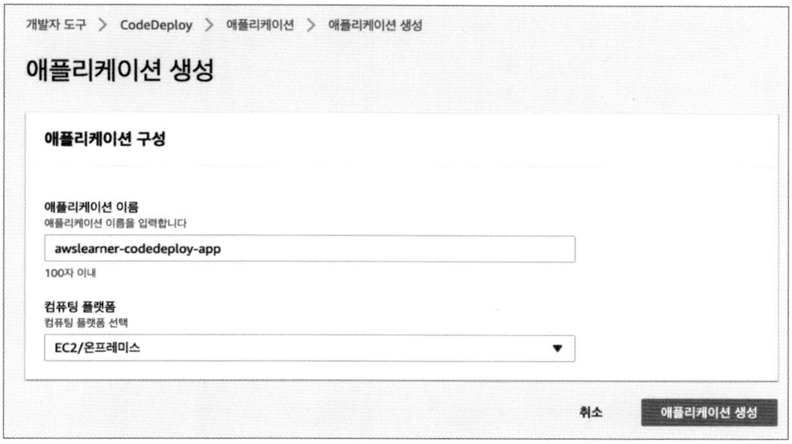

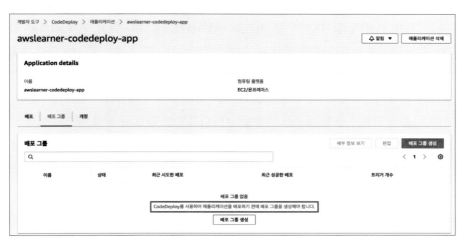

그림 11-48 애플리케이션 생성 화면

애플리케이션 생성을 마치면 다음으로 '배포 그룹'을 만들어야 합니다. [그림 11-49]처럼 배포 그룹이 없다면 코드 배포를 진행할 수 없습니다. [배포 그룹 생성] 버튼을 누릅니다.

그림 11-49 애플리케이션 생성 후 배포 그룹 만드는 화면

맨 위 애플리케이션 이름과 컴퓨팅 유형이 올바르게 설정되었는지 확인합니다(그림 11-50). 확인을 마쳤다면 배포 그룹 이름을 'awslearner-code-deploy-group'으로 지정합니다. 두 번째로 서비스 역할은 [그림 11-43]에서 생성한 역할을 찾아서 선택합니다. 'arn'과 함께 서비스 역할이 잘 선택되었는지 확인합니다.

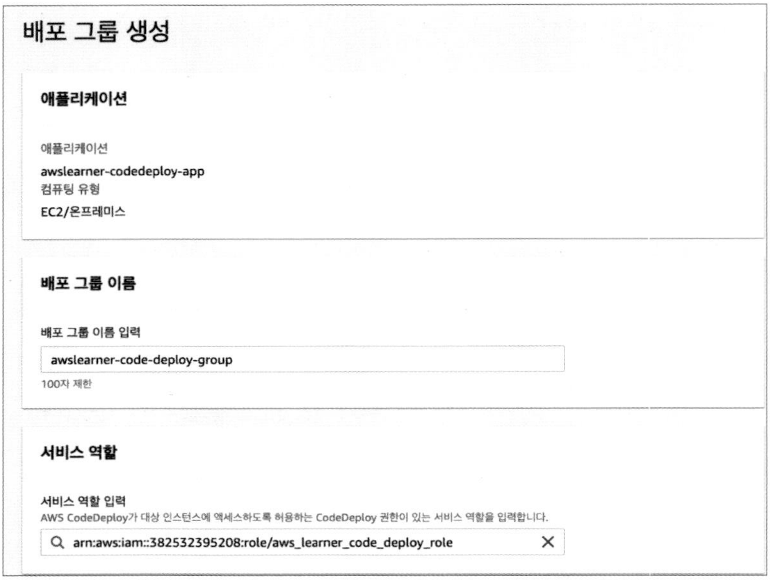

그림 11-50 배포 그룹 생성 화면 – 1

배포 유형은 '현재 위치'와 '블루/그린' 두 가지로 나뉩니다(그림 11-51). 현재 위치는 '롤링 배포'와 같은 것이며 배포가 진행 중일 때 특정 인스턴스가 셧다운되어 성능에 다소 영향을 줍니다. '블루/그린'은 새로운 인스턴스를 하나 생성하고 배포를 진행하며 배포가 끝나면 기존 인스턴스를 셧다운합니다. 현재 인스턴스는 하나밖에 없으며 맨 처음 배포하는 것이므로 [현재 위치]를 선택하여 롤링 배포를 진행합니다. 다음으로 '환경 구성'이 나오며 어떤 인스턴스를 사용할지에 대해 묻습니다. EC2 인스턴스를 사용할 것이므로 [Amazon EC2 인스턴스]를 선택합니다. 이때 태그를 물으면 11.5.2절에서 생성한 키와 값(키: AppName, 값: AwsLearnerApp)을 넣습니다. 그럼 코드 배포는 자동으로 올바른 인스턴스를 찾습니다.

그림 11-51 배포 그룹 생성 화면 – 2

다음으로 'AWS Systems Manager를 사용한 에이전트 구성'을 묻습니다(그림 11-52). 코드 배포를 EC2에서 진행하기 위해서는 'CodeDeploy Agent'를 설치해야 하고, 앞선 실습해서 이미 에이전트 설치를 마쳤습니다. 따라서 [안 함]을 선택합니다. 혹시라도 에이전트를 설치하지 않았다면 [한 번만] 버튼을 선택하세요. 코드 배포가 자동으로 에이전트를 설치해줍니다. 여러 개의 인스턴스를 사용하고 있다면 [지금 업데이트 및 업데이트 일정 예약] 버튼을 선택해 다수의 인스턴스에서 원하는 시간대에 에이전트를 편하게 업데이트할 수 있습니다. 다음으로 '배포 설정' 옵션이 나옵니다. 모든 인스턴스에 배포를 한꺼번에 진행할지, 50%로 나눠서 진행하지, 인스턴스 하나하나씩 진행할지의 여부를 묻습니다. 현재 돌아가고 있는 인스턴스는 하나밖에 없으므로 [CodeDeployDefault: AllAtOnce]를 선택합니다. 마지막으로 배포 중 인스턴스 트래픽을 어떻게 제어할지를 묻는 '로드 밸런서'가 있습니다. 간단한 애플리케이션을 구축할 것이며 인스턴스가 하나밖에 없기 때문에 [로드 밸런싱 활성화] 체크를 해제합니다. 모든 것이 만족스럽다면 [배포 그룹 생성] 버튼을 누릅니다.

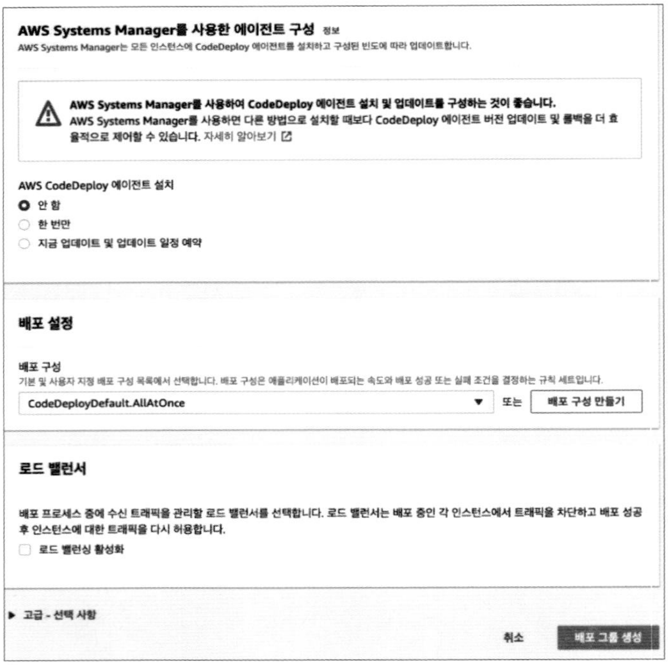

그림 11-52 배포 그룹 생성 화면 – 3

배포 그룹 생성을 마쳤다면 배포 그룹 세부 정보를 간단히 살펴봅니다. 배포 그룹 이름, 배포 유형, 애플리케이션 이름 등 모두 잘 정의되어 있는지 확인합니다. 이제 본격적으로 배포를 실행해보겠습니다. [그림 11–53]에서 [배포 생성] 버튼을 누릅니다.

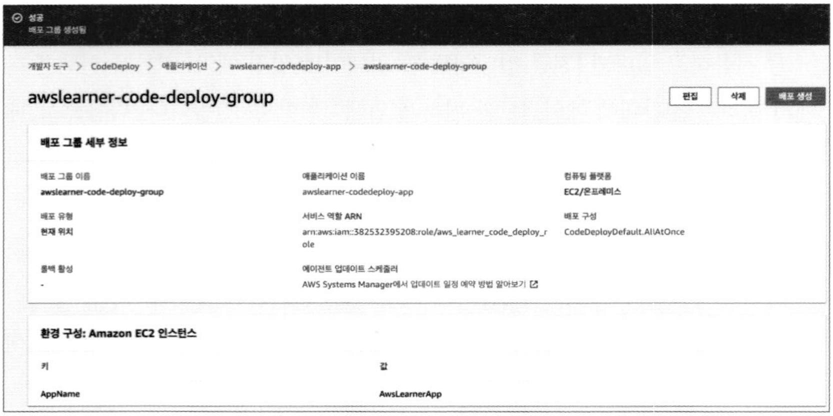

그림 11-53 배포 그룹 생성을 마친 화면

애플리케이션 이름 및 배포 그룹이 올바르게 선택되었는지 확인합니다(그림 11-54). '계정 유형'은 [애플리케이션을 Amazon S3에 저장]을 선택합니다. `appspec.yml` 파일이 있는 압축 파일이 현재 S3 버킷에 들어있기 때문입니다. '계정 위치'에서 압축 파일의 URI[9]를 찾아서 넣어줍니다.

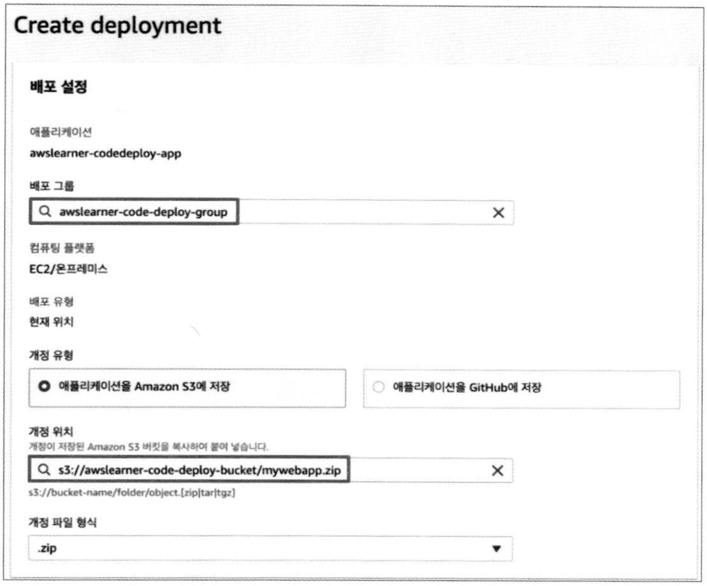

그림 11-54 배포 생성 화면 - 1

나머지는 모두 디폴트로 둡니다(그림 11-55). 모든 것이 만족스럽다면 [배포 만들기] 버튼을 눌러 배포를 진행합니다.

---

9 S3 URI는 버킷에서 오브젝트를 선택 후 '객체 개요'에서 찾을 수 있습니다.

그림 11-55 배포 생성 화면 – 2

배포가 성공적으로 완료되었다면 [그림 11-56]처럼 '배포 상태'에서 '성공'이라는 메시지를 볼 수 있습니다. 이제 EC2 인스턴스에서 S3 버킷의 콘텐츠를 기반으로 배포가 이루어졌으며 웹 애플리케이션이 활성화되었기 때문에 인스턴스 IP 주소를 가지고 웹 페이지에 접근할 수 있습니다. 배포가 실패의 가장 흔한 이유는 압축 파일에서 `appspec.yml` 파일의 위치가 최상위 폴더에 위치하지 않았을 때입니다.

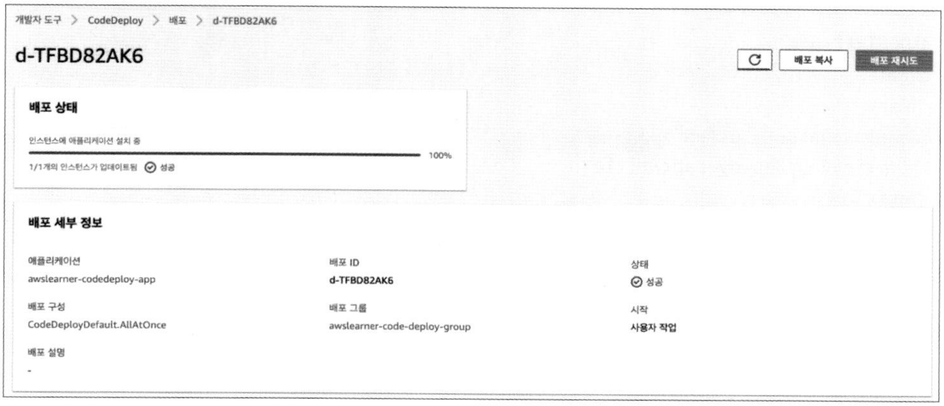

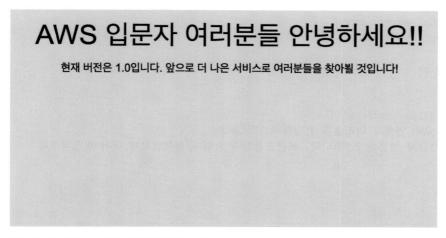

개발자 도구 > CodeDeploy > 배포 > d-TFBD82AK6

d-TFBD82AK6

배포 상태

인스턴스에 애플리케이션 설치 중
1/1개의 인스턴스가 업데이트됨 ⊘ 성공   100%

배포 세부 정보

애플리케이션   배포 ID   상태
awslearner-codedeploy-app   **d-TFBD82AK6**   ⊘ 성공

배포 구성   배포 그룹   시작
CodeDeployDefault.AllAtOnce   awslearner-code-deploy-group **사용자 작업**

배포 설명
-

그림 11-56 배포 완료 화면

EC2 인스턴스에서 퍼블릭 IPv4 주소를 가져온 후 새 탭에서 실행시키면 [그림 11-57]처럼 index.html 콘텐츠를 확인할 수 있습니다. 다시 한번 언급하지만 '**현재 버전은 1.0입니다**'를 잘 기억해주세요.

AWS 입문자 여러분들 안녕하세요!!

현재 버전은 1.0입니다. 앞으로 더 나은 서비스로 여러분들을 찾아뵐 것입니다!

그림 11-57 배포 후 실행한 웹 애플리케이션 화면

이제부터 코드 배포의 진면목을 알아보겠습니다. 개발자가 현재 돌아가고 있는 웹 애플리케이션에서 새로운 기능을 구현했다고 가정합시다. 그리고 index.html을 수정합니다. index.html 파일을 열어서 다음과 같이 변경합니다(볼드체 부분만 신경 써주세요. 배경화면 색 변경 및 웹 페이지에 보여질 텍스트 차이입니다).

```
<!DOCTYPE html>
<html>
<head>
  <meta charset="utf-8">
  <title>CodeDeploy Lab</title>
  <style>
    body {
      color: #000000;
      background-color: #87CEEB;
      font-family: Arial, sans-serif;
      font-size: 14px;
    }

    h1 {
      font-size: 500%;
      font-weight: normal;
      margin-bottom: 0;
    }

    h2 {
      font-size: 200%;
      font-weight: normal;
      margin-bottom: 0;
    }
  </style>
</head>
<body>
  <div align="center">
    <h1>AWS 입문자 여러분들 안녕하세요!!</h1>
    <h2>현재 버전은 2.0입니다. 뜨끈뜨끈한 기능이 구현되었으니 어서 확인해주세
요!</h2>
  </div>
</body>
</html>
```

변경된 index.html 파일을 담을 압축 파일을 새로 만듭니다. 파일명은 똑같이 사용해도 괜찮습니다. 압축 파일을 만들었다면 똑같은 버킷에 파일을 업로드합니다. 그리고 CodeDeploy에서 앞서 생성한 배포 그룹을 찾아 [배포 생성] 버튼을 누릅니다. 모든 내용은 [그림 11−54]와 동일합니다. [배포 만들기] 버튼을 눌러 다시 배포를 진행합니다. 배포가 완료되었다면 [그림 11−57]에서 열었던 웹 브라우저를 새로고침합니다. 이번에는 배경 색이 하늘색으로 변경되었고 보여지는 텍스트가 달라졌습니다(그림 11−58). 버전도 2.0으로 바뀌었습니다.

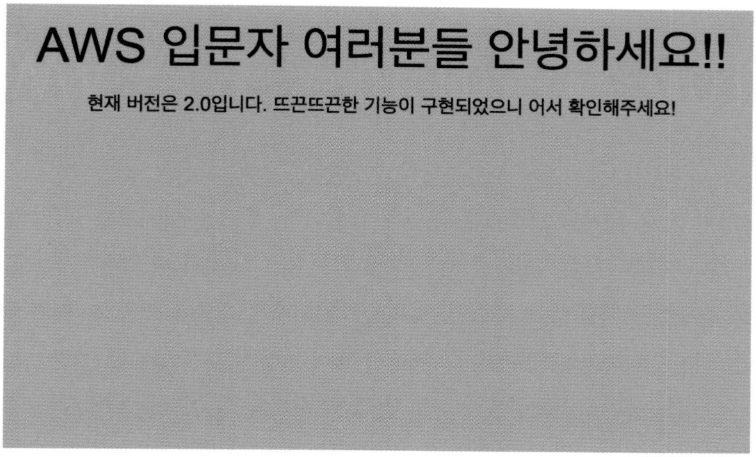

AWS 입문자 여러분들 안녕하세요!!

현재 버전은 2.0입니다. 뜨끈뜨끈한 기능이 구현되었으니 어서 확인해주세요!

그림 11-58 변경된 파일 S3 버킷 업로드 후 재배포 결과 확인 화면

11.6 코드 파이프라인

코드 커밋과 배포를 모두 이해했다면 CI/CD 리소스 코드 파이프라인을 살펴보겠습니다. 코드 파이프라인은 프로그램 빌드, 출시 전 테스트, 배포 과정에 개입하여 개발자의 부담을 많이 덜어줍니다. 개발자는 코드 커밋에서 리포지토리를 생성하고 끊임없이 코드를 수정하여 소프트웨어를 개발하고 버그를 해결합니다. 따라서 리포지토리에 있는 콘텐츠는 계속 변합니다. 변경된 코드를 적용시키기 위해서는 빌드, 테스트, 배포 과정을 거쳐야 하는데 지금까지는 개발자가 수동으로 관리했습니다. 그러나 코드 파이프라인은 모든 과정을 자동화합니다. 개발자가 해야 할 일은 이벤트와 그에 맞는 트리거를 적용하는 것입니다. 예를 들면 코드 커밋에서 특정 코드가 변경되었다면 코드 파이프라인은 이를 자동으로 감지하고 빌드를 진행하라는 트리거를 만들어 적용시킬 수 있습니다.

뿐만 아니라 코드 파이프라인은 소프트웨어 및 애플리케이션 출시를 자동화합니다. 배포와 출시라는 단어의 차이점을 잘 이해해야 하는데, **출시**^{release}는 최종적으로 소프트웨어나 애플리케이션이 모든 테스트와 배포 과정을 거친 후 사용자에게 전달되는 마지막 단계입니다. 반면 **배포**^{deployment}를 했다고 해서 사용자가 새로 구현된 기능 및 고쳐진 버그가 적용된 소프트웨어를 바로 사용할 수 있는 것은 아닙니다. 다시 말해 배포를 거쳤지만 회사에서 정식으로 출시하기 전

배포된 제품에 대해 더욱 정밀한 테스트를 돌릴 수 있고 새로운 기능을 추가하면서 출시를 연기할 수도 있습니다. 따라서 배포가 끝난 제품은 세상 바깥으로 나오기 바로 전 단계를 의미합니다.

코드 파이프라인의 작동 방법에 대해서 알아보겠습니다. [그림 11−59]를 살펴보겠습니다. 코드 파이프라인을 사용하기 앞서 **워크플로**^{workflow}를 정의해야 합니다. 워크플로는 코드 커밋 리포지토리에서 특정 파일의 콘텐츠 변경이 생겼을 때 실행됩니다. 기존 커밋과 비교하여 새로운 변경이 감지된다면 **코드 빌드**^{CodeBuild}를 통해 소스 코드가 컴파일되고 테스트를 거친 후 패키지가 생성됩니다. 코드 빌드는 AWS 리소스가 아니고 이 도서에서 다루지 않지만 간단히 언급하고 넘어가겠습니다. 코드 빌드는 리포지토리에서 코드 변경 시 컴파일 및 빌드를 관리하는 툴입니다. 매번 컴파일이 이루어질 때마다 어떤 파일의 어떤 코드가 언제 변경되었는지에 대한 히스토리가 저장되고 개발자는 이를 코드 빌드에서 확인할 수 있습니다. 상황에 따라 이전 버전으로 롤백해야 하는데 코드 빌드 히스토리를 참조하여 어떤 시점으로 롤백해야 하는지 정확히 진단할 수 있습니다. 패키지가 생성되었다면 개발 및 프로덕션 환경으로 코드 배포를 합니다. 개발 환경으로 배포한다는 의미는 개발자가 따로 테스트를 수행한다는 뜻이고 프로덕션 환경으로 배포한다는 것은 출시 바로 전 단계를 의미합니다. 코드 파이프라인은 모든 과정을 자동화시킵니다.

코드 파이프라인 실행 과정

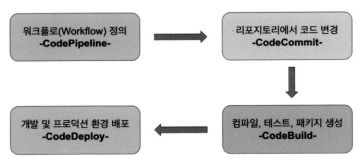

그림 11-59 코드 파이프라인 실행 과정 화면

11.7 코드 파이프라인 실습

11.5 실습에서 웹 애플리케이션 버전 1.0을 구현했고 코드 배포를 사용해 2.0으로 버전을 업그레이드했습니다. 이번 실습에서 코드 파이프라인을 구축하고 S3 버킷에 새로운 파일이 업로드되면 자동으로 빌드 및 배포 과정을 거쳐 애플리케이션 버전이 자동으로 변경되는지 살펴보겠습니다. 콘솔에서 CodePipeline을 찾아 들어간 후 [파이프라인 생성] 버튼을 누릅니다(그림 11-60).

그림 11-60 코드 파이프라인 메인 화면

파이프라인 이름을 정의해야 합니다(그림 11-61). 'awslearner-code-pipeline'으로 만들면 [역할 이름]이 자동으로 생성됩니다. 서비스 역할은 [기존 서비스 역할]을 사용해 이미 생성된 역할을 불러올 수 있지만, 지금은 [새 서비스 역할]을 선택해서 코드 파이프라인이 자동으로 필요한 역할을 가져오도록 합니다. 나머지 선택지는 디폴트 값으로 사용하며 [다음] 버튼을 누릅니다.

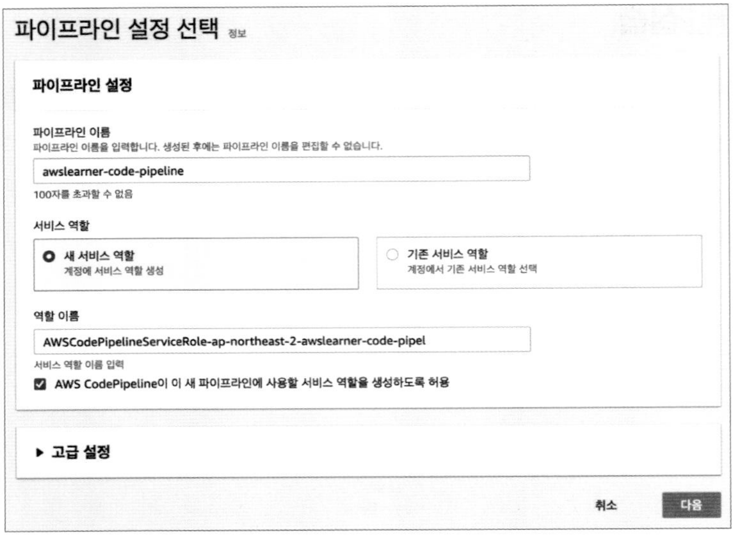

그림 11-61 코드 파이프라인 생성 화면 - 1

다음으로 '소스 스테이지 추가' 화면이 뜹니다(그림 11-62). 애플리케이션 파일이 들어있는 저장소를 선택해야 합니다. [Amazon S3]를 찾아서 선택합니다. 참고로 코드 커밋 리포지토리 및 비트버킷^{Bitbucket}, AWS 깃허브 저장소를 사용할 수 있습니다. S3 버킷을 선택하면 버킷 이름과 객체 키를 입력해야 합니다. 버킷 이름은 이전 실습에서 생성한 'awslearner-code-deploy-bucket'을 선택하고, 객체 키는 확장자를 포함한 파일명이므로 'mywebapp.zip'을 입력합니다. 그리고 '변경 감지 옵션'은 S3 버킷에 **mywebapp.zip** 파일이 재업로드될 때 배포를 자동화할지 아니면 자동으로 파이프라인이 실행되는 것이 아니라 먼저 변경 사항을 확인한 후 수동으로 파이프라인을 실행시킬지 여부를 묻는 것입니다. CloudWatch 옵션을 사용해 이벤트를 감지한 후 자동으로 파이프라인을 시작할 것이므로 [Amazon CloudWatch Events(권장)]를 선택합니다. 모든 것이 만족스럽다면 [다음] 버튼을 누릅니다.

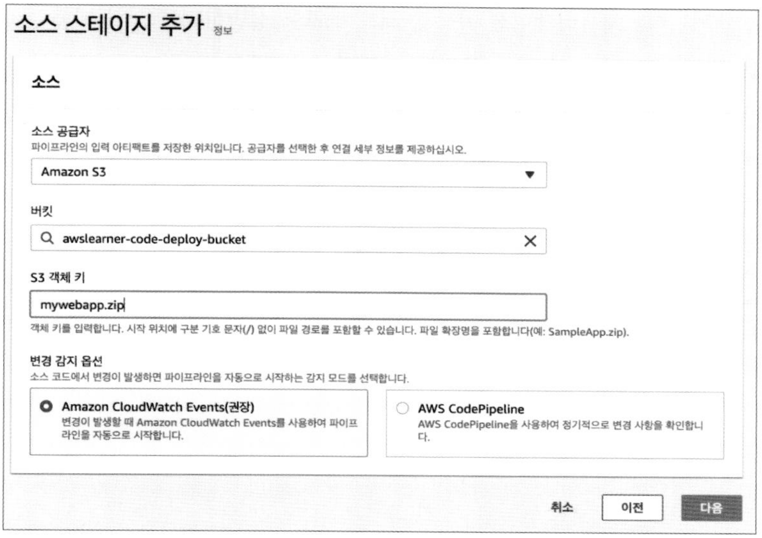

그림 11-62 코드 파이프라인 생성 화면 – 2

'빌드 스테이지 추가' 화면을 확인할 수 있습니다(그림 11-63). 빌드 공급자는 코드 빌드와 CI/CD 오픈소스 Jenkins 두 가지 옵션이 있습니다. 이번 실습에서 빌드를 실행할 일이 없기 때문에 [빌드 스테이지 건너뛰기] 버튼을 클릭합니다.

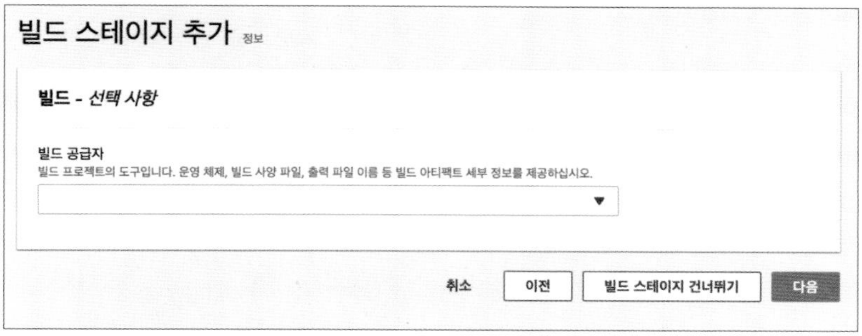

그림 11-63 코드 파이프라인 생성 화면 – 3

다음으로 '배포 스테이지 추가' 화면을 확인할 수 있습니다(그림 11-64). 앞서 빌드 스테이지를 건너뛰었기 때문에 배포 스테이지는 무조건 넣어야 합니다. 코드 파이프라인은 빌드와 배포 중 최소 하나는 정의되어야 하기 때문입니다. 코드 배포를 통해 배포를 진행하므로 '배포 공급자'에서 'CodeDeploy'를 찾아서 선택합니다. '리전'은 현재 서울 지역이라면 '아시아 태평양

(서울)'이 자동으로 선택됩니다. '애플리케이션 이름'은 코드 배포를 실습하며 생성한 애플리케이션('awslearner-codedeploy-app')이 자동으로 선택됩니다. '배포 그룹'도 앞서 만들어둔 것이기 때문에 자동으로 확인됩니다. 'awslearner-code-deploy-group'을 선택합니다. 모든 것이 만족스럽다면 [다음] 버튼을 누릅니다.

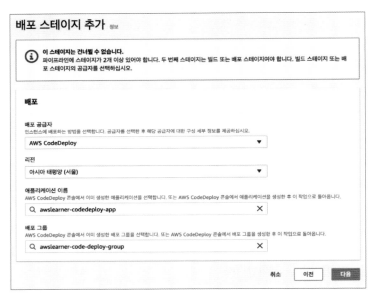

그림 11-64 코드 파이프라인 생성 화면 - 4

지금까지 정의한 코드 파이프라인을 검토해봅시다(그림 11-65). 파이프라인 이름을 포함해 스테이지별 설정이 올바르게 정의되었는지 확인합니다. 모든 것이 만족스럽다면 맨 아래 [파이프라인 생성] 버튼을 누릅니다. 파이프라인 생성은 길게는 몇 분이 걸릴 수 있습니다.

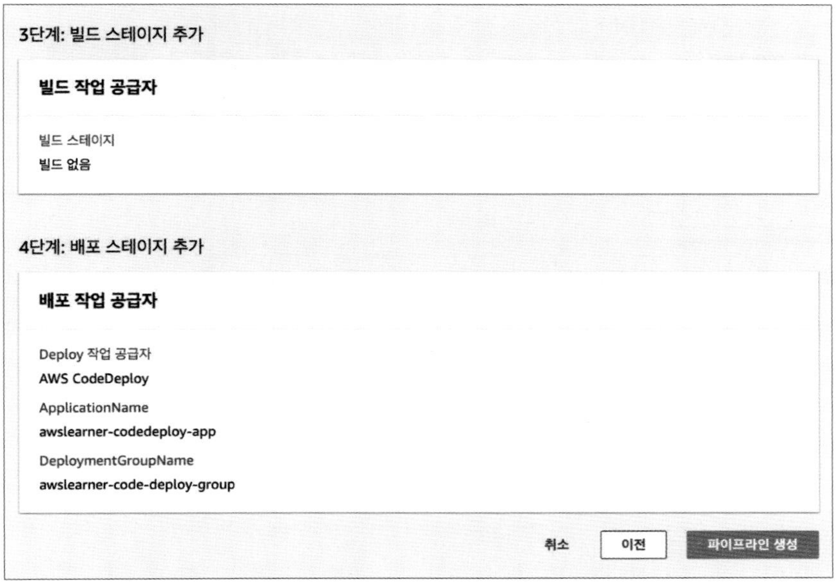

3단계: 빌드 스테이지 추가

빌드 작업 공급자

빌드 스테이지
빌드 없음

4단계: 배포 스테이지 추가

배포 작업 공급자

Deploy 작업 공급자
AWS CodeDeploy

ApplicationName
awslearner-codedeploy-app

DeploymentGroupName
awslearner-code-deploy-group

취소   이전   **파이프라인 생성**

그림 11-65 코드 파이프라인 생성 화면 – 5

안타깝게도 코드 파이프라인은 '실패' 메시지를 띄웁니다(그림 11-66). 소스 코드가 들어있는 버킷의 버전 관리가 이루어지고 있지 않기 때문입니다. 버전 관리가 활성화되어야 똑같은 파일을 업로드하더라도 다른 버전으로 보관되며, 파일을 삭제하더라도 현재 버전만 삭제될 뿐 기존 버전은 여전히 존재하기 때문에 파일에 대한 관리가 더 용이해집니다. 코드 파이프라인 은 이러한 버전 관리를 통해 새로운 파일 업로드를 감지하고 배포를 진행합니다. 따라서 S3 버킷에 대한 설정을 변경해야 합니다. 콘솔에서 S3 버킷을 찾아 들어간 후 'awslearner-code-deploy-bucket'을 선택하고, [속성] 탭 '버킷 버전 관리' 항목에서 [편집] 버튼을 클릭합니다.

그림 11-66 코드 파이프라인 실행 후 에러 화면

그림 11-67 S3 버킷 속성 탭 화면

버킷 버전 관리 편집 창을 확인할 수 있습니다(그림 11-68). '버킷 버전 관리'를 활성화한 후 [변경 사항 저장] 버튼을 눌러줍니다.

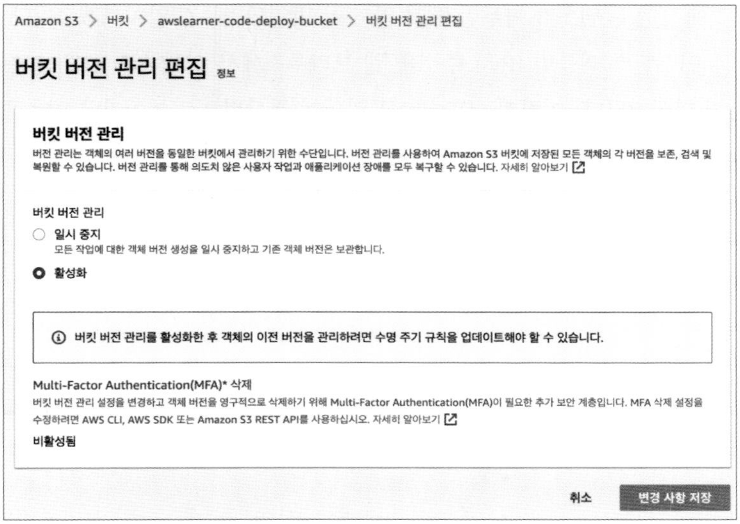

그림 11-68 버킷 버전 관리 편집 화면

코드 파이프라인으로 다시 돌아와서 우측 상단에 [재시도] 버튼을 누릅니다(그림 11-69). 소스에 대한 작업이 성공적으로 끝났다면 'Amazon S3' 아래 '성공'이라는 메시지가 뜹니다. 그렇지 않다면 '실패' 메시지를 확인하게 되며 실패 사유를 확인할 수 있습니다. 마찬가지로 코드 배포가 끝났다면 'AWS CodeDeploy' 아래 '성공' 메시지가 뜹니다. 축하합니다. 코드 파이프라인을 성공적으로 구축했습니다.

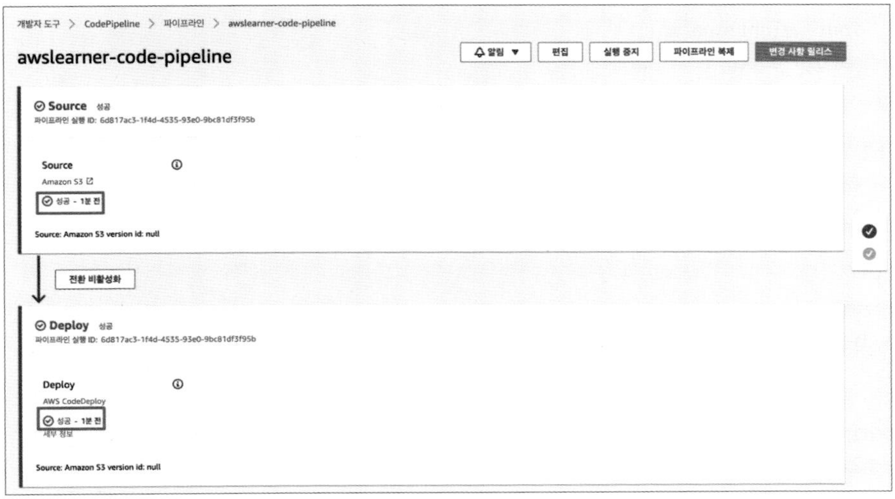

그림 11-69 코드 파이프라인 성공 화면

파이프라인 구축 후 버킷에 있는 콘텐츠가 아무런 에러 없이 잘 반영되었는지 알아보겠습니다. 앞서 11.5.2절에서 만든 인스턴스 퍼블릭 IPv4 주소를 웹 브라우저에서 실행하고 [그림 11-58]처럼 화면이 보이는지 확인합니다. 이렇게 코드 파이프라인이 정상적으로 돌아가고 있음을 점검할 수 있습니다.

코드 파이프라인을 통해 버전 3.0으로 업그레이드해보겠습니다. 코드 배포 때 했던 작업을 코드 파이프라인이 모두 처리할 것이고, 개발자는 단순히 S3 버킷에 새로운 파일을 업로드하여 배포가 자동으로 진행되는지 확인합니다. `index.html` 파일을 열어 다음과 같이 변경합니다 (볼드체 부분만 신경 써주세요).

```html
<!DOCTYPE html>
<html>
<head>
  <meta charset="utf-8">
  <title>CodeDeploy Lab</title>
  <style>
    body {
      color: #000000;
      background-color: #87CEEB;
      font-family: Arial, sans-serif;
      font-size: 14px;
    }

    h1 {
      font-size: 500%;
      font-weight: normal;
      margin-bottom: 0;
    }

    h2 {
      font-size: 200%;
      font-weight: normal;
      margin-bottom: 0;
    }
  </style>
</head>
<body>
  <div align="center">
    <h1>AWS 입문자 여러분들 안녕하세요!!</h1>
    <h2>현재 버전은 3.0입니다. 코드 파이프라인으로 배포가 진행되었습니다!!</h2>
```

```
        </div>
    </body>
    </html>
```

변경된 `index.html` 파일을 담을 압축 파일을 새로 만들고, 파일명은 `mywebapp.zip`으로 진행합니다. 그리고 기존 `mywebapp.zip` 파일이 있는 'awslearner-code-deploy-bucket' 버킷에 업로드하여 덮어씌워줍니다. 재빠르게 코드 파이프라인 콘솔로 돌아오면 S3 버킷에 새로운 파일이 감지되었음을 인식하고 파이프라인을 실행하여 배포를 준비하는 것을 볼 수 있습니다 (그림 11-70).

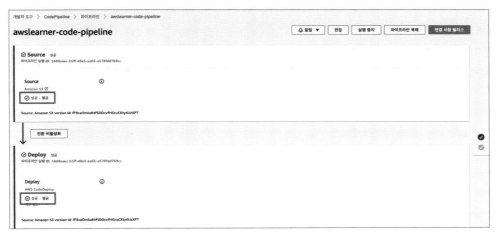

그림 11-70 버킷에 새로운 파일 업로드 후 파이프라인 실행 확인 화면

앞서 열었던 웹 브라우저를 새로고침해보겠습니다. [그림 11-71]을 보면 앞서 업데이트한 html 파일이 잘 반영된 것을 볼 수 있습니다. 이렇게 코드 파이프라인을 통해 전반적인 배포 과정이 매우 용이해졌습니다. 이번 실습에는 S3를 주된 리포지토리로 사용했지만 코드 커밋 리포지토리뿐 아니라 깃허브 등 다양한 리포지토리와 연동하여 코드 파이프라인을 거쳐 프로덕션 배포를 할 수 있습니다.

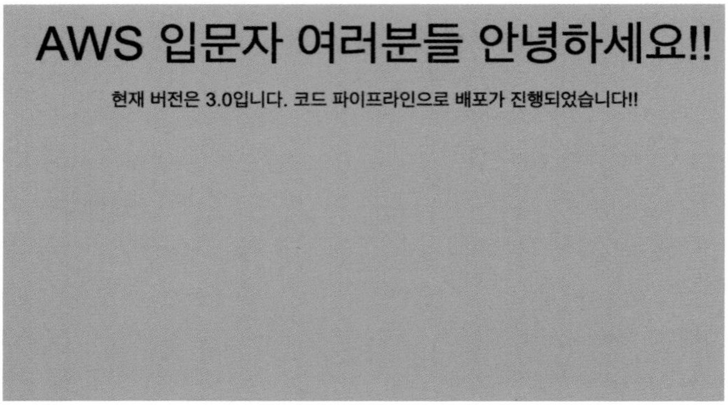

그림 11-71 파이프라인 결과 확인 화면

12장 마치며

이 책에서 다루는 AWS 리소스에 대한 모든 설명을 마칩니다. AWS를 여러분의 것으로 만드는 데 최선을 다해보세요. 마지막까지 따라오느라 진심으로 고생 많았습니다. 아직 배워야 할 것은 많지만 최소한 AWS가 무엇인지, 어디서, 어떻게 사용되는지 이해하는 데 도움이 되었을 겁니다.

시간이 지날수록 기술은 굉장히 빠르고 끊임없이 변화하며 이러한 과정을 통해 또다시 새로운 기술이 탄생합니다. 하지만 기억하세요. 기술의 근본을 잘 이해하면 됩니다. 이 책에서 다루는 내용은 전반적으로 그 근본을 이해하는 데 집중했기 때문에 향후 몇 년, 길게는 몇십 년 동안 유효할 겁니다. 근본을 기반으로 새로운 기술이 계속해서 생겨납니다. 근본만 잘 이해한다면 새로운 기술을 접하는 데 큰 어려움은 없을 겁니다. 뒤처지지 않기 위해 끊임없이 공부하고 연습하며 우리 자신의 것으로 만들어 나갑시다. 여러분의 성공을 진심으로 소망합니다.

INDEX

INDEX

INDEX

INDEX

INDEX